한국기독교 정교분리 연구서

# 한국 기독교와 정치
# 그 엇갈림의 시작

**한국 기독교와 정치,
그 엇갈림의 시작**

▄▄▄▄▄

**초판인쇄** 2017.5.9
**지은이** 박태영
**펴낸이** 민대홍
**디자인** 신별나(byul_na@naver.com)
**펴낸곳** 여울목
**출판등록** 2014.4.30
**주소** 서울시 마포구 마포대로 173 현대하이엘 1805
**전자우편** pfpub@naver.com
**팩스** 0303-0941-9484

Copyright ⓒ 여울목 2017

*이 책은 저작권법에 따라 보호받는 저작물이므로 무단 전재와 복제를 금합니다.
*잘못된 책은 바꾸어 드립니다.

ISBN 979-11-87254-13-3 (03230)
값 16,000원

한국기독교 정교분리 연구서

# 한국 기독교와 정치
# 그 엇갈림의 시작

박태영 지음

여울목

# 차례

추천사 8

## 제1장 왜 우리는 정교분리를 말해야 하는가? 11

## 제2장 선교사들의 정교분리 정책 19

### 1. 청교도적인 신앙을 가진 미국선교사들 21
  1) 미국선교사들의 청교도적 신앙관 23
  2) 미국 선교사들의 청교도적 신앙의 가르침 24

### 2. 웨스트민스터 신앙고백서에 나타난 정교분리 원칙 28
  1) 웨스트민스터 신앙고백의 배경 28
  2) 미국장로교의 발전 29
  3) 미국장로교의 웨스트민스터 신앙고백서 채택 31
  4) 웨스트민스터 신앙고백서에 나타난 정교분리 원칙 34

### 3. 선교사들의 선교전략 38
  1) 기독교의 주체적 수용 38
  2) 네비우스 선교방법 41
  3) 초기 한국 기독교의 민족주의 45

### 4. 선교사들의 정교분리 정책 48

## 제3장 종교개혁자들의 국가에 대한 신학적 이해 61

### 1. 루터의 두 왕국 사상 62
### 2. 칼빈의 국가관 68

      1) 칼빈의 국가에 대한 이해  68

      2) 칼빈의 저항교리  70

   3. 존 낙스의 정부에 대한 저항  73

## 제4장 17세기 미국에서의 정치와 종교의 관계  79

   1. 초기의 종교적 관용  82

   2. 종교의 자유 확립  88

   3. 정교분리의 원칙  93

## 제5장 선교사들의 정치적인 활동  99

   1. 을미사변과 선교사들의 대응  100

   2. 을사늑약과 선교사들의 저항  105

      1) 미국 친일정책에 대한 알렌의 반대  105

      2) 을사늑약 무효성을 폭로한 헐버트의 활동  108

      3) 헐버트의 워싱턴 밀사 활동  113

      4) 헐버트의 헤이그 밀사 활동  115

   3. 105인 사건과 선교사들의 대응  121

   4. 3·1운동과 일제의 종교탄압, 선교사들의 저항  131

      1) 에비슨의 저항논리  133

      2) 스코필드의 저항  140

      3) 3·1운동과 선교사들의 정교분리 원칙 이해  145

      4) 〈건백서〉에 나타난 선교사들의 정교분리 원칙 이해  152

## 제6장 총독부의 기독교정책과 정교분리 문제 167
### 1. 총독부의 조선 기독교 통제 정책 168
### 2. 포교규칙에 나타난 기독교 통제 173
1) 포교규칙의 시행배경 173
2) 포교규칙의 종교의 자유와 정교분리 침해요소 178
3) 선교사들의 포교규칙 폐지요구 186
### 3. 사립학교 규칙을 통해 나타난 기독교 통제 191
1) 사립학교 규칙 시행의 배경 194
2) 조선총독부의 교육정책과 선교사들의 대응 197
3) 감리교와 장로교의 대응 비교 201
### 4. 종교단체법을 통한 기독교 통제 204

## 제7장 신사참배를 통한 조선교회의 국가 예속화 209
### 1. 신사참배 강요의 목적 210
### 2. '천황제 이데올로기'와 '국가신도'의 종교성 검토 216
### 3. 신사참배 강요와 선교사들의 항거 221
1) 언더우드의 대응 221
2) 매큔의 저항 223
3) 헌트의 저항 228
4) 남장로교 풀턴의 저항 233
### 4. 신사참배 반대운동의 민족주의적인 성격 236

5. 조선 기독교의 신사참배 결의의 의의 242

    6. 조선교회의 정교분리원칙의 폐기와 국가예속 247

        1) 미나미의 조선인 황민화정책과 선교사 추방정책 247

        2) 조선 기독교의 일본정부 예속과 도구화 254

## 제8장 로마서 13장 해석과 민주주의 발전의 연관성 263

    1. 근대시대의 로마서 13장 해석 265

        1) 왕권신수설 265

        2) 밀턴의 해석 266

        3) 로크의 해석 270

    2. 한국 교회의 로마서 13장 해석 273

        1) 로마서 13장 해석에 대한 한국기독교계의 상반된 주장 273

            ㄱ) 왕권신수설적인 해석 273

            ㄴ) 국민 주권론적인 해석 279

        2) 한국에서의 로마서 13장 적용사례 285

            ㄱ) 불의한 정권에 복종하고 민주주의 발전을 저해 했던 적용 285

            ㄴ) 불의한 정권에 항거하고 민주주의 발전에 공헌했던 적용 288

## 제9장 결론 293

도움받은 글 308

부록 332

찾아보기 338

## 추천사

박정신(숭실대학교 전 부총장)

 지은이 박태영 박사는 지금까지의 한국기독교 대다수의 교회지도자들과 신자들이 아무런 비판 없이 받아들여 왔던 "정교분리 원칙에 대한 잘못된 이해"를 바로 잡을 기회를 제공하고 있는 탁월한 안목을 가진 학자이다.

 지금까지 보수적인 한국교회 구성원의 대다수는 정교분리 원칙을 "교회는 정치에 대해서 말해서는 안 되고, 오직 영적인 일에만 몰두해야 하며, 정부를 비판하거나 정치에 관여해서는 안 된다."라고 이해하여 왔다. 그런데 박태영 박사는 수많은 1차 사료들을 근거로 철저한 학문적인 분석과 예리한 시각을 통해서 정교분리 원칙은 "정부가 교회의 종교적 자유와 권리를 침해해서는 안 되고 교회를 통제하거나 교회의 일에 관여해서는 안 된다." 라고 하는 종교의 자유와 천부적인 인권을 보장하는 법적인 장치라고 주장한다. 이것이 우리에게 기독교를 전해준 세계에서 최초로 헌법에 정교분리원칙을 명시한 미국의 국민들이 이해하고 있는 정교분리 원칙이라고 설명하고 있다.

 그리고 현재 한국교회가 정교분리 원칙을 '교회가 정치에 대하여 말하지 않고 교회는 정치에 관여해서는 안 된다.'라는 것으로 받아들이고 체득하게 된 것은 일제강점기에 일본 식민지 지배세력이 한국교회를 길들이기 위해서 행한 다양한 종교정책을 시행하는 과정에서 '만들어 진 것'이라고 말한다. 식민지시대에 총독부가 민족주의적이고 독립운동의 온상의 역할을 했던 조선의 기독교를 통제하고 정부의 도구로 삼으려는 목적으로 실시했던 여러 가지

기독교정책을 시행하는 과정에서 습득된 것이라고 주장한다. 일본제국이 조선을 영원히 식민지로 고착시키고 조선 교회에서 민족혼을 빼내고 순종하는 기관으로 길들이기 위해서 '교회는 정부의 일에 관여 하지 말고, 정부는 하나님이 세우신 권세이므로 교회는 무조건 순종해야한다.'고 거듭 주장 해온 것을 한국의 교회는 마치 진리처럼 받아들이게 된 것이라고 설명한다.

또한 박태영 박사는 본서를 통해서 한국기독교인들이 정교분리원칙을 '교회는 정치에 대해서 비판하지 말고 정부가 하는 일에 무조건 복종해야 한다.' 것으로 이해하도록 하나의 원인제공을 했던 로마서 13장 해석과 적용상의 문제를 다루고 있다. 그는 로마서 13장을 왕권신수설의 입장에서 해석하고 적용하는 사람들의 사례와, 같은 본문을 국민주권설의 입장에서 해석하고 적용하는 사람들의 사례를 제시하고 있다. 이런 사례를 통해서 그동안 로마서 13장을 왕권신수설의 입장에서 해석하고 적용하는 사람들이 '정부는 하나님이 세우신 것이니 무조건 복종해야 한다.'고 주장하면서 일제강점기에는 친일행위를 했고, 해방이후에는 부패한 독재정부에, 1980년에 철권통치로 국민의 인권과 자유를 억압했던 군사정부에 적극 협조하여 불의하고 악한 권세자들을 동조해 왔고, 한국 민주주의 발전에 큰 폐해를 끼쳐 왔다고 주장한다. 박태영 박사의 이러한 주장은 현대사를 통해서 나타난 명백한 역사이다. 그래서 그의 정교분리에 대한 주장은 지극히 타당하다.

나는 기독교와 한국역사사회 변동을 연구하고 평생을 미국과 한국에서 학생들을 가르쳐 왔던 사람으로서 이 연구서를 기쁜 마음으로 추천한다. 박태영 박사가 이 연구서에서 펼쳐내고 있는 정교분리에 대한 주장을 한국교회 모든 목회자들과 신자들이 꼭 귀 기울여 듣기를 바란다.

제1장

왜 우리는 정교분리를
말해야 하는가?

# 제 1 장  왜 우리는 정교분리를 말해야 하는가?

　세계 최초로 헌법에 정교분리원칙을 천명한 나라는 미국이다. 그리고 미국 헌법에서 말하는 정교분리원칙은 "정부가 교회의 일에 관여하지 말고, 교회를 통제해서는 안 되며, 교회의 권리와 자유를 침해해서는 안 된다."는 것이다. 그런데 한국 교회는 이러한 정교분리원칙에 대한 이해를 잘못하고 있다. "정부는 하나님이 세우신 것이니 교회는 정부에 무조건 복종해야 하고, 정부를 비판해서는 안 되고, 정치에 대해서 말하지 않아야 한다."라는 왜곡된 정교분리 논리에 빠져 있는 것이다.

　한국의 보수적 성향의 목회자들과 성도들은 교회는 영적인 일에만 관여해야 하며, 정치에 대해서는 관여하지도 말고 비판도 하지 않아야 한다고 말한다. 그리고 만약 어떤 교회 지도자나 교회 공동체가 정부가 잘못한 일을 비판하면 그런 사람은 정치 목사요, 경건하지 못한 목사라고 욕을 먹기도 한다. 심한 경우에는 '빨갱이', '종북세력' 이라고 공격당한다. 한국 교회가 이런 현상을 보이는 것은 정교분리 원칙에 대한 이해가 잘못되어 있기 때문이다.

　지난 해, 그러니까 2016년도 말에 대한민국은 최순실-박근혜 게이트로 인해 몸살을 앓았다. 이로 인해 국회는 대통령의 탄핵을 결정했다. 국민의 대다수가 대통령이 탄핵을 받은 것은 지극히 당연한 일이라고 여겼으며, 2016년 말부터 수십만 명의 시민들이 주말마다 광화문에 모여 촛불집회를 열었다. 이것이 '민심'이다. 그런데 이러한 일반 국민의 촛불행진과는 너무나 동떨어진 행동을 일부 기독교인들이 보이고 있다. 어처구니없게도 한국의 한 대형교회 목사는 예배시간에 교인들에게 탄핵반대 집회에 태극기를 들고 나가라고 촉구하는 설교를 했다. 또한 수천 명의 보수주의 목사들이 대형십자가를 끌고 거리로 나와서 행진을 하면서 '대통령 탄핵 반대'를 외치고 있다. 한국의 일부 보수주의 교회 지도자나 교인들이 이러한 행태를 보이는 것은 한국교회가 정교분리 원칙에 대한 이해를 잘못하고 있는 까닭이다.

일부 교회 지도자들은 부패한 정부를 비판하는 기독교인들에 대하여 '교회는 정치를 비판하지 말고 정치에 관여하지 말라.'고 강조하면서도 자신들은 정치와 영합하는 태도를 취해온 적이 많았다는 점은 매우 역설적이다. 그리하여 필자는 해방이후 한국의 보수적인 교회들이 정교분리를 주장하면서도 권력과 유착 하며 정치권력의 불의에 대하여 침묵하는 신앙 형태를 가지게 되었는지에 대해 문제를 제기한다. 언제, 무엇때문에 이러한 문제가 발생되었는가에 대한 질문을 갖고 해답을 구하고자 구한말과 일제강점기에 국가와 교회와의 관계를 분석해 보고자 한다.

지금이야말로 한국교회가 정교분리원칙에 대한 바른 이해를 가져야 할 때라고 판단되어 본 저자는 이 글을 쓰게 된 것이다.

구한말 조선의 기독교인들은 민족주의의 색채가 강했다. 그리고 한국 교회는 3·1운동 때에 독립운동의 거점역할을 했다. 그러나 일제강점기 말기에 가면 을사늑약이 체결 될 때와 1919년 3·1운동 때 민족독립운동에 앞장섰던 기독교공동체가 친일 및 부일의 기독교 공동체로 변질이 된다. 그것은 일본 당국이 조선교회를 통제하고 정치의 도구로 사용하고자 하는 의도를 가지고 실시했던 여러 가지 조선 기독교 정책에 의해서 그렇게 변한 것이다. 그런데 일부 한국기독교 역사학자 중에서는 한국기독교가 민족주의적인 성향을 잃어버리고 인간의 영혼구원과 심령상의 은혜만을 추구하는 성향이 된 것은 미국선교사들이 선교초기에 한국교회에 정교분리원칙을 선포하고 교회를 비정치화 했기 때문이라고 주장한다.

그러나 미국선교사들이 청교도 후예로서 미국에서 교육받고 체득한 '정교분리'는 교회가 정치문제에 대해서 무관심해야 한다거나 교회에서는 정치에 관한 견해를 말하는 것을 금지하는 조항이 아니라 오히려 정부가 권력을 이용하여 교회의 일에 관여하지 못하도록 하는 법적인 장치요, 인간의 천부적인 권리에 속하는 종교의 자유가 확실하게 보장되도록 하는 인권선언인 것이었다. 1791년부터 미국 헌법에 명시되어 있는 정교분리원칙은 완전한 종교의 자유를 보장해주는 것이요, 천부적인 인권보장의 근거조항이다. 그리고 이러한 의미의 정교분리원칙의 내용은 이미 미국장로교회에서 1788년 웨스트민스터 신앙고백서를 개정할 때 '정부관리에 관한 조항'에 들어가게 된다. 즉 '정부가 교회를 통제하지 말고 교회의 일에 관여하지 말라.'는 내용으로 개정되는 것이다. 따라서 이것은 구한말 한국에 들어온 미국선교사들이 정부가 교회의 일에 관여하면 안 되고 종교적인 견해를 이유로 정부가 교인들에게 불이익을 주거나 처벌 할 수 없다는 의미의 정교분리원칙을 체득한 사람들이라는 것을 말해주는 것이다.

미국선교사들이 이러한 정교분리이해를 가지고 있었기 때문에, 그들은 일본정부가 한국인들의 생명을 짓밟고 인권을 유린하는 행위를 할 때 단호하게 일어서서 일본정부의 악행을 비판하고 시정을 요구 하였다. 이것은 한국개신교 보수주의자들이 말하는 '권세는 하나님이 주신 것이니 교회는 정부에 복종해야 한다.'는 정교분리 개념과 다른 것이다.

3·1운동이 일어나자 일본정부는 크게 당황했다. 이때 일본정부 측은 선교사들에게 조선인들을 설득하여 시위운동을 금지시켜달라고 주문했고 선교사들은 이런 주문에 대하여 정치에 대하여는 중립이라고 말하며 거절했다. 교회는 정부에 복종하고 또한 정치적인 일에 관여하지 말라는 식의 일본

정부가 주장하고 있는 정교분리를 반대하며, 교인이라도 자유가 억압되고 자신의 복지에 고통이 되는 정책이 시행될 때는 그 문제점을 지적하고 시정을 요구해야 한다고 말했다. 또한 조선인이 독립운동을 하는 것은 당연한 일이며, 조선백성으로서 지금까지 일본 정부가 시행한 정책과 법규들이 조선인의 복지에 불이익을 주고 자유를 침해하는 것이라면 그 법을 폐지하라고 요구할 수 있다는 입장을 분명히 밝혔다.

우리는 선교사들의 이러한 주장들이 한국의 보수적인 교단의 교회 목사들이 말하는 '권세는 하나님이 세운 것이므로 교회는 이에 복종해야 하고, 교회가 정치에 대하여 말하지 않고 관여하지 않은 것'이 정교분리원칙이라는 주장과 전혀 동일하지 않다는 것을 알 수 있다.

그렇다면 해방 이후에 보수적인 교파 교회 지도자들이 가지고 있는 정교분리원칙에 대한 이해는 어떻게 습득된 것일까?

식민지시대에 일본정부가 민족주의적이고 독립운동의 온상 이었던 조선 기독교를 통제하고 정부의 도구로 삼으려는 목적으로 실시했던 여러 가지 기독교정책을 시행하는 과정에서 습득된 것이다. 조선을 영원히 일본의 식민지로 고착시키고, 조선 교회에서 민족혼을 빼내고 순종하는 기관으로 길들이기 위해서 일본정부가 '교회는 정부의 일에 관여 하지 말고, 정부는 하나님이 세우신 권세이므로 교회는 무조건 순종해야한다.'고 거듭 주장해온 것을 조선 교회는 마치 진리처럼 받아들이게 된 것이다. 보수적인 교회 지도자들이 정교분리를 말하면서도 체제 우호적이고 권력의 하수인 노릇을 하는 한국교회의 비정치화는 선교사들이 심어 준 것이 아니라 일제강점기 식민지시대의 산물인 것이다.

본 저자는 한국교회와 성도들 그리고 한국의 국민들이 올바른 '정교분리원칙'에 대한 이해를 가지는데 도움을 드리고자 펜을 들었다.

본서에서 종교개혁자들이 국가와 교회와의 관계를 어떻게 이해했는지를 살펴볼 것이며, 미국 헌법에 정교분리원칙이 천명되기까지의 역사적인 과정을 살펴볼 것이다. 또한 일제강점기에 일본정부가 어떻게 독립운동의 온상 역할을 했던 한국 교회를 비정치적인 교회로 만들고, 더 나가서는 교회를 일본정부 정책에 적극 협조할 뿐만 아니라 일본정부를 위해서 일하는 정부의 도구로 만들기 위해서 어떤 정교정책들을 시행했는지 살펴볼 것이다. 나아가 북미국선교사들이 일본정부가 105인 사건과 3·1운동, 그리고 신사참배 강요 때 한국인의 생명을 죽이고 핍박을 가할 때 어떻게 항거하고 비판했는지를 보면서 북미국선교사들이 가지고 있었던 정교분리 원칙이 무엇이었는지를 밝힐 것이다.

그리고 우리 한국기독교인들이 정교분리원칙을 '교회는 정치에 대해서 비판하지 말고 정부가 하는 일에 무조건 복종해야 한다.' 것으로 이해하도록 하나의 원인제공을 했던 로마서 13장 해석과 적용상의 문제를 다루게 될 것이다. 로마서 13장을 왕권신수설의 입장에서 해석하고 적용하는 사람들의 사례와, 같은 본문을 국민주권설의 입장에서 해석하고 적용하는 사람들의 사례를 살펴볼 것이다. 이런 사례를 통해서 독자 여러분들은 로마서 13장을 왕권신수설의 입장에서 해석하고 적용하는 사람들이 '정부는 하나님이 세우신 것이니 무조건 복종해야 한다.'고 주장하면서 일제강점기에는 친일행위를 했고, 해방이후에는 부패한 독재정부에, 1980년에 철권통치로 국민의 인권과 자유를 억압했던 군사정부에 적극 협조하여 불의하고 악한 권세자들에게 동조자가 되었고 민주주의 발전에 큰 저해의 역할을 했음을 알게 될 것으로 기대한다.

## 제2장
## 선교사들의 정교분리 정책

## 제 2 장 선교사들의 정교분리 정책

19세기 말 주자학에 터한 조선사회는 안팎의 도전으로 흔들리고 있었다. 전국각처에서 민란이 일어나고 서양 제국들이 밀려오고 있었다. 이 시기에 조선의 지도층은 이러한 현실 상황을 극복하기 위한 방안을 내놓고 대립하고 있었다. 한쪽은 중화사상에 젖어있는 집권층에서 주도한 것으로, 조선조 정치체계의 주자학적 이상과 운영체계를 원형 그대로 보존하려는 위정척사운동이며, 다른 한쪽은 사대주의를 버리고 자주독립을 꿈꾸는 신진 정치세력이 주도한 것으로, 기존 유교적 정치체계의 목표와 운영체계를 점진적으로 또는 급진적으로 개혁, 수정하려고 한 개화운동이다.

이 두 세력의 기독교 도입에 대한 입장 차이는 분명하게 달랐다. 보수적인 집권층은 서양에서 온 문물을 반대하는 입장이었기 때문에 기독교에 대하여 거부감을 나타냈고, 개혁적인 신진 세력은 서양문물을 받아들여야 한다는 입장에서 기독교에 대하여 호의적인 태도를 가졌다. 그래서 기독교가 한국에 들어오는데 중요역할을 한 사람들은 바로 개혁파 인사들이었다.

1882년 조미수호통상조약이 이루어진 후 '은둔의 나라 조선'(Corea, the Hermit Nation)[1]을 통해 조선에 관한 많은 것을 알게 되었던 존 가우처(John F. Goucher)가[2] 샌프란시스코에서 시카고에 이르는 여정에서 우연히 조선에서 온 사절단을 만났다. 이 사절단과의 만남이 한국 선교에 대한 염원을 갖게 했고, 1883년에 11월에 와일리(Wiley) 감독에게 편지를 써서 한국에 선교사를 파송해 줄 것을 촉구하고 선교비의 일부로 2천불을 보냈다.

---

1 조미통상조약이 체결되던 10월에 그리피스(W. E. Griffis)가 *Corea, the Hermit Nation*, 『은둔의 나라 조선』을 간행하였다. 한국기독교사연구회, 『한국 기독교의 역사 Ⅰ』, (서울: 기독교문사, 2006), 176.
2 가우처는 뒷날 볼티모어 여자대학을 창설한 사람으로 해외선교에 많은 관심을 가진 감리교 목사였다. 윗글, 173.

그리고 가우처는 일본의 선교사로 활약하고 있던 로버트 매클레이(Robert .S. Maclay)에게 연락해 한국으로 가서 선교의 타당성 여부를 탐사해 보도록 했다. 그런데 이 매클레이는 한국의 개혁파 김옥균과 교제가 있었고, 매클레이가 한국을 방문했을 때 김옥균의 중개로 선교 사업에 대한 고종의 윤허를 받게 된다. 조선에서 병원과 학교사업을 해도 좋다는 고종의 윤허가 있었고, 조선에서의 초기 선교는 학교와 의료사업을 통해서 조용히 진행되었다.³ 이에 따라 조선에서의 초기 선교는 학교와 의료사업을 통한 간접선교 방식을 취하게 되었고, 이를 바탕으로 서양의 기독교 선교사들이 조선에 들어오게 되었다.

## 1. 청교도적인 신앙을 가진 미국 선교사들

1884년 9월에 미국 북장로회의 의료선교사 호레이스 알렌(Horace Newton Allen)이 맨 처음 제물포를 통해서 조선에 들어온 이후에 조선 땅에는 많은 선교사들이 줄을 이어 들어 왔다. 1885년 4월에 미국 북장로회의 호레이스 언더우드(Horace Grant Underwood)와 미국 북감리회의 헨리 아펜젤러(Henry Gerhart Appenzeller)가 선교사로 들어왔고, 그 뒤를 이어 영국성공회(1889), 오스트레일리아 빅토리아장로회(1889), 미국 남장로회(1892), 미국감리회(1895), 캐나다장로회(1898), 성결교회의 모체인 동양선교회(1907), 영국 계통인 구세군(1908) 등의 선교사들이 속속들이 조선에 들어왔다.⁴

개신교의 선교사들이 여러 나라에서 다양한 교파들의 배경을 가지고 한국에 들어왔다. 이들은 모두 영·미계 출신들이었다. 그리고 선교사들 중

---

3  윗글, 173-199.
4  윗글, 185-194.

대다수가 미국인들이었다. 1884년부터 1910년까지 조선에 들어온 미국 선교사들이 전체 선교사들의 77.6%를 차지하고 있었다. 그리고 교파로는 남·북 장로회와 남·북 감리회선교사들이 거의 대다수였다.[5] 그렇다면 미국선교사들의 신학사상은 무엇이었는지를 살펴보기로 한다.

윌리엄 허치슨(William R. Hutchison)은 19세기 말 제국주의 시대의 미국 해외 선교를 뉴잉글랜드 청교도들이 가졌던 자기 정체성의 연장선상에서 해석한다. 이것은 청교도의 종교적, 정신적 유산이 그 당시에도 영향력을 미쳤다고 보는 것인데, 미국해외선교는 뉴잉글랜드 청교도들의 자기 정체성의 한 중심을 이루었던 "광야에로의 사명"(errand into the wilderness)이 제국주의화 된 모습이라는 것이다. 광야에로의 사명이란 청교도들이 미국에 식민지를 만들면서 가졌던 '광야' 즉 원주민 세계에 대한 종교적, 문화적 사명감을 일컫는 것이었다. 19세기 말에 이르러 미 대륙 내의 광야가 없어진 상태에서, 종교적 사명감을 지닌 미국 기독교인들에게서 해외 선교지는 그것을 대신할 수 있는 대상이었다는 해석이다.[6]

사실 미국에서 3차 대부흥운동이 전개되어 가면서, 미국의 많은 시민들은 청교도적인 신앙의 순수성을 회복하였고, 많은 젊은 청년, 대학생들은 미국

---

5 [표 1], 내한 선교사 총수(1884-1910)

|  | 미북 장로교 | 미남 장로교 | 미북 감리교 | 미남 감리교 | 호주 장로교 | 캐나다 장로교 | 영국 교회 | 기타 |
|---|---|---|---|---|---|---|---|---|
| 수효 | 165 | 63 | 114 | 46 | 27 | 15 | 16 | 54 |
| % | 33.1 | 12.4 | 22.9 | 9.2 | 5.4 | 3.0 | 3.2 | 10.8 |

    기타는 구세군, 동양선교회, 제칠일 안식교 등 포함
    Harry A. Rhodes, *History of the Korea Mission Presbyterian Church, U.S.A. 1884~1934*, (Seoul: Chosen Mission, Presbyterian Church, U.S,A., 1934) 625-632.; 류대영,『초기 미국 선교사 연구 1884-1910』, (서울: 한국 기독교역사 연구소, 2007), 27.; 김승태·박혜진 엮음,『내한 서교사 총람 1884-1984』(서울: 한국기독교역사연구소, 1994). 참조.

6 William R. Hutchison, *Errand to the World*, (Chicago and London: The University of Chicago Press,1993), 1~14., 91~124.

그리스도인으로서 사명감을 가지게 된다. 그 사명감이란 바로 허치슨이 말한바와 같이, 아직 복음을 알지 못하는 문명화 되지 못한 나라 백성들에게 그리스도의 복음을 전하는 일이었다. 이 복음전파의 사명에 불타는 미국의 청년들은 중국으로, 인도로, 한국으로 떠났다. 그리고 그들이 품고 있었던 신앙은 바로 미국의 청교도 신앙이었다.

### 1) 미국선교사들의 청교도적 신앙관

미국 북장로교 해외선교회의 총무 아더 브라운(Arther J. Brown)은 1884년부터 1911년까지 한국에 와서 선교하고 있던 선교사들에 대해서 다음과 같이 논평한바 있다. "나라를 개방한 이후 처음 25년간의 선교사들은 "청교도적인 사람"(a man of Puritan type)이었다.[7] 이 퓨리턴형의 선교사는 안식일을 지키되 우리 뉴잉글랜드 조상들이 한 세기 전에 행하던 것과 같이 지켰다. 춤이나 담배 그리고 카드놀이 등은 기독교 신자들이 빠져서는 안 될 죄라고 보았다. 신학이나 성경을 비판할 때 이러한 선교사는 강력하게 보수주의적이었으며 그리스도의 재림에 관한 전천년의 견해는 없어서는 안 될 진리라고 주장했다. 고등비평주의와 자유주의 신학은 위험한 이단으로 생각하였다. 그러나 미국과 영국의 복음주의 교회에 있어서는 대부분 보수주의자들은 진보적인 신학을 가진 사람들과 평화스럽게 같이 살고 같이

---

[7] 청교도란 영국 엘리자베스 1세 여왕 시대의 종교적인 관행과 정책을 비판하고 교회의 예배와 통치방식을 개혁하려 했던 개신교도들을 비난하는 어조로 불렀던 말에서 유래되었고 영국과 신대륙 미국에서 전개된 종교운동을 말한다. 이들은 로마 교회의 미신적인 잔재들을 제거하여 예배를 정화시키고 세례의식에서 미신적으로 십자가의 표를 사용하는 것 등을 반대하였다. 이들은 기독교 신앙의 기초는 성서위에 세워져야 한다고 주장했다. 이들이 교회를 정화하려 하였기 때문에 청교도라 불렀다. Williston Walker, *A History of the Christian Church* (New York: Charles Scribner's Sons,1970), 402-403.

일하는 것을 배웠다.⁸

초기 한국 선교사들의 신앙과 신학의 맥락은 미국 장로교회의 양대 산맥을 형성하고 있던 칼빈주의 구학파와 신학파의 전통이 동시에 조화를 이루면서 한국 교회에 전승되었다고 볼 수 있다.⁹ 여기서 우리는 미국 선교사들이 미국의 청교도 신학을 답습한 사람들이고, 또한 그들이 미국에서 습득한 이 신학사상을 그대로 조선 교회에 전해주었다는 것을 확인하게 된다.

### 2) 미국 선교사들의 청교도적 신앙의 가르침

교회에 상당한 기간 출석하던 사람이 세례 받기를 청하면 선교사는 그를 먼저 학습인으로 받아들였다. 회중 앞에서 학습자, 즉 세례 후보자로 받아들이는 제도는 1894년 북장로교 선교회가 처음 시작했지만, 학습 제도 자체는 그 이전부터 있었다. 학습인은 최소한 6개월 동안 큰 과오 없이 교인으로서의 의무를 하면서 자신이 세례 받을 자격이 있음을 보여주어야 했다. 최소한 6개월이었고, 선교사들이 1년 이상을 두고 보면서 자격 심사를 하는 경우도 많았다.¹⁰

세례 후보자로 지내는 동안 학습교인은 기독교인으로서 마땅히 실천해야 할 생활규정을 준수해야 했다. 기독교인으로서의 삶은 한 마디로 세상과 단절되는 것, 즉 비기독교적 믿음과 관습으로부터 단절되는 것을 의미했다. 이 단절의 가장 중요한 표현은 "높은 기준"에 의해 "안식일"을 지켜야

---

8   Arthur J. Brown, *The Mastery of the Far East : The Story of Korean's Transformation and Japan's Rise to Supremacy in the Orient* (New York: Charles Scribner's Sons, 1919), 540.
9   박정신, "구한말 조선에 온 칼뱅주의 구학파." 『현상과 인식』제33집 제3호. (2009. 가을). 171.
10  Huntley, 『새로운 시작을 위하여』 *To Start a Work*, 차종순 옮김, (서울: 쿰란출판사, 2009), 692-697.; 박정신, 윗글, 171-173.

하는 것이었다. 높은 기준이란, 소일거리를 포함, 생계를 위한 모든 근로를 중단하고 예배에 참석하며 성경을 공부하며 일요일을 지내는 것이었다.

선교사들은 세례를 받는 사람들에게 엄격한 생활기준을 정해서 지키도록 가르쳤다. 1, 그들은 매일 매일 성경을 읽고 하나님과 교제하며, 2, 어디를 가든지 전도할 것이며, 3, 하나님께 욕을 돌리는 일은 삼가고 4, 담배를 피워서도 안 되고, 5, 계속해서 예배에 참석하지 않으면 교적부에서 이름을 삭제할 수 있는 충분한 이유가 되었고 안식일을 철저히 강조했다. 그리고 조상숭배를 금하는 사람만 교인으로 받아들였다. 조상숭배는 기독교 근본원리에 위배된다고 선언하였다.[11] 세례 후보자는 어떤 형태의 '조상숭배'(ancestor worship)도 해서는 안 되었다. 물론 조상숭배란 각종의 제사 의식을 지칭하여 선교사들이 부르던 말이었다. 제사는 유교적 세계관에서 나온 엄밀한 의미에서 종교적 행위라고 할 수 있는 예식이었지만, 유교가 국가의 지배 이데올로기로 자리 잡아 가던 조선시대를 통해서 이것은 국가의 집단적 의례와도 같은 것이 되었다. 유교적 가치관·세계관이 붕괴되어 가던 한말에 이르러서도 절대다수의 한국인들에게서 제사는 여전히 유교적 전통이 남긴 가장 가시적이고 집요한 버릇이었다. 미국 선교사들이 제사가 가지는 이런 이데올로기적, 사회 통합적 차원을 깊이 이해했을리 없다.

그들은 음식을 차려 놓고 절하면서 죽은 조상의 영혼을 청하여 대접하는 그 형식의 종교적인 모습에 경악하여 제사를 영혼 숭배의 한 형태라고 단정 짓고 철저히 저주했다. 어떤 형태로건 제사에 참여한 것이 알려진 사람은 우상 숭배자였고, 따라서 기독교인으로 공인되는 의식인 세례를 받을 수 없었다.[12] 기독교 윤리 규정 가운데 특별히 관심을 끄는 것은 술을 먹는 사람, 혹은 술을 생산, 판매하는 일에 종사하는 사람도 세례 받을 자격이 없었다는

---

11  Huntley, 윗글. 693.
12  Chung-Shin Park, 윗글, 54-56.

점이다. 선교사들은 한국인들에게 음주는 건강에 좋지 않고 비도덕적이고 비경제적인 뿐 아니라 죄를 짓는 일이라고 가르쳤다.

17세기 청교도 목회자와 19세기 말 한국에 온 미국 선교사들이 신앙의 겉과 속을 일치시켜 교회를 순결하게 만들고자 하는 태도에서는 다를 바 없었다. 그러나 청교도들은 동족인 미국인들을, 선교사들은 이방인들을 다루고 있었다. 따라서 선교사들이 훨씬 더 엄격할 수 있었다. 미국선교사들은 이 세기 전에 그들의 조상들이 했던 것 같이 주일을 지켰고, 춤, 음주, 흡연, 카드놀이 등을 진실한 그리스도의 제자들이 결코 해서는 안 될 죄악으로 보았다.[13] 이것은 구한말 내한한 미국 선교사들이 그들의 선조들의 청교도 신앙을 그대로 이어온 사람들인 것을 확인 할 수 있는 점이다.

미국 선교사들의 "청교도적인" 모습은 여러 가지 면에서 찾아 볼 수 있다. 그 가운데 가장 두드러진 것은 이미 살펴 본 교회의 신앙적 순결과 그것을 유지하기 위해 요구되는 신자들의 높은 윤리성에 대한 요구였다. 민경배는 초기 선교사들의 신학이 복음주의적이며 경건주의에 기초할 수밖에 없었던 당시의 미국 기독교신학을 다음과 같이 말하고 있다.

> 한국에서 프로테스탄트교가 성공한 직접적인 동기와, 그리고 또 한국 개신교의 초기 신앙형태, 이 이중의 근거 노릇을 한 것이 경건주의요, 복음주의이다.… 우리나라에 들어오게 되었던 최초의 미국 선교사들의 배경이 바로 이것이었다. 이런 의미에서 한국에 들어온 선교사들은 한마디로 복음주의자들이라 할 수 있었다.[14]

---

13 Arthur J. Brown, 윗글, 540.
14 민경배, 『한국기독교회사』(서울 : 대한기독교출판사, 1989), 148.; Chung-Shin Park, 윗글, 53-54.

초기 선교사들은 대체로 복음과 전통문화의 조화라든가 복음의 토착화 혹은 한국적 기독교 유형을 만드는 일에는 별로 관심을 갖고 있지 않았다. 이들은 미신에 빠진 무지한 민중들을 계몽하고 교육하는 데 공헌을 했다. 그러나 동시에 전통문화와 미풍양속들 중의 많은 부분을 미신이나 우상숭배 정도로 격하하여 타파하는 데 주로 역점을 두었다. 전통문화와 재래종교의 자리에 기독교문화와 사상이 들어가기 위해서 이들을 몰아내야 했던 것이다.

이상에서 살펴본 바와 같이 구한말 조선에 파송된 미국 선교사들은 청교도 신앙사상을 가지고 한국 땅에 들어왔다. 그리고 동시에 미국 독립선언문에 선언되어 있는 평등, 생명, 자유 행복 추구권 등 민주주의적인 사상, 그리고 뉴잉글랜드 청교도 사회에서 오랜 기간 동안 논쟁되고 점진적으로 수정되고 발전하여 만들어진 정교분리 원칙을 가지고 들어왔다.[15] 미국 선교사들은 웨스트민스터 신앙고백서와 미국의 헌법에 명시되고 생활 속에서 시행되고 있는 정교분리 원칙을 체득한 사람들이다. 그야말로 정교분리원칙이 신앙

---

15  위에서 살펴본바와 같이 조선 선교초기에 다수의 선교사들을 파송한 신학교는 프린스톤 신학교와 맥코믹 신학교이다. 그런데 조선에 파송된 선교사들이 이들 신학교에서 수학할 당시에, 이 두 신학교가 경건한 청교도 신앙의 풍토를 유지하고 있었고, 성서의 고등비평을 반대하고 성경의 영감과 무호성을 강조하였으며, 웨스트민스터 신앙고백을 신봉하고 있었다. 그런데 웨스트민스터 신앙고백서의 정부와 공직자에 대한 조항에서 정교분리 문제를 분명하게 천명하고 있다. 미국 장로교총회는 1788년 대회에서 장로교 헌법을 채택했다. 또한 총회는 헌법을 준비하면서 웨스트민스터 신앙고백서를 표준문서로 채택했다. 여기서 우리가 주목해야 할 점은 웨스트민스터 신앙고백서의 내용 중에서 일부를 수정해서 채택했다는 사실이다. 특히 23장 3절 정부와 정치 권력자에 대한 내용에서, 교회의 질서와 통일을 유지하기 위해 또한 불경건한 자와 이단을 억제하기 위해 국가정부에 부여된 기존의 교회에 대한 의무 조항(1647년판)을 삭제하고, 정부가 교회에 대하여 관여하는 권한을 가지고 있지 않으며 믿음에 관한 일에 간섭해서는 안된다는 내용으로 수정된다. 같은 해에 미국의 헌법이 제정되었고 1791년에는 헌법 수정안에 정교분리 원리가 자리 잡게 된다. A. A. Hodge, *Confession of Faith: A Handbook of Christian Doctrine Expounding The Westminster Confession*, (London : The Banner of Truth Trust , 1961), 22-33.

처럼 몸에 배인 사람들이 조선에 온 것이다.

## 2. 웨스트민스터 신앙고백서에 나타난 정교분리 원칙

우리는 위에서 조선교회의 신앙의 꼴을 결정짓는 중요한 역할을 했던 선교사들을 파송한 미국 장로교회 구학파의 신학사상을 살펴보았다. 프린스톤 신학교 출신이거나 맥코믹 신학교 출신이거나 동일하게 성경을 인간의 구원을 위한 유일한 진리의 말씀으로 믿는다는 것을 확인했다. 그런데 구학파 신학 사상 중에서 신앙의 중추를 이루었던 것은 웨스트민스터 신앙고백서이다. 여기서 우리는 구한말 조선에 들어온 구학파 신학 사상을 가졌던 선교사들은 웨스트민스터 신앙고백서에서 교회와 정치의 관계에 대하여 어떤 내용 배우고 습득하였는지 살펴보고자 한다.

### 1) 웨스트민스터 신앙고백의 배경

찰스 1세는 감독 제도를 내세워 청교도를 괴롭혔다. 그는 의회를 무시하였으며 학정을 계속했다. 그러자 박해를 견디지 못하여 수많은 청교도들이 미국으로 건너가 플리머스(Plymouth)에 식민지를 개척하였다. 이러한 찰스 왕의 학정은 영국의회와 사이에 충돌을 일으켰다. 장로회를 지지하는 스코틀랜드인들이 잉글랜드로 진격해 오자 왕은 장기의회(長期議會)를 소집하여 자금의 지출을 요구하였다. 그러나 의회는 자금의 지출 결의는 하지 않고 찰스 1세의 고문관을 투옥하여 처형했다. 이에 1542년 찰스 1세가 다섯 의원을 체포하려 하자 내란이 일어나 1646년까지 계속되었다. 그러다가 1648년 올리버 크롬웰이 이끄는 철기병이 국왕을 처형하므로 전쟁은 끝이

났다.[16]

한편 의회는 1643년 감독제도(Episcopacy)를 폐지하였으며 웨스트민스터 회의(The Westminster Assembly of Divinnes)를 소집하였다. 회의는 목사 121명, 평신도 30명으로 잉글랜드 청교도와 8명의 스코틀랜드 장로교인이 참석했고 상원에서 10명과 하원에서 20명의 대표가 참가하였다. 총회는 1643년 7월 1일부터 1649년까지 연일수 1,163일간 계속되었다. 안건으로는 1644년에 장로회 방식에 따른 예배모범과 1645년에는 장로회 행정체제가 채택되었다. 그리고 가장 중요한 성과로 1646년 칼빈주의적 〈웨스트민스터 신앙고백〉을 완성하였으며 1647년 스코틀랜드 의회가 이를 승인했고 잉글랜드 의회는 1648년에 채택하였다.[17]

### 2) 미국장로교의 발전

초기 미국 장로교 구성원들은 크게 둘로 나눌 수 있다. 첫째는 '스코틀랜드계 아일랜드(Scottish-Irish) 계통'이다. 이들은 미국 장로교회 발전에 가장 강력한 영향력을 미쳤고 미국 교회의 특성을 형성하는 데 중요한 역할을 하였다. 이들은 존 낙스(John Knox, 1509-1564)와 그의 후계자들로부터 상속받은 장로교의 전통에 열렬하게 충성을 바쳤다.[18] 낙스를 통해 칼빈의 사상을 받아들인 스코틀랜드 사람들은 장로교회의 조직과 정신을 그대로 가지고 있었다. 그들은 칼빈주의 전통을 이어가고 있었다. 다킨이 말한바와 같이 그들은 '존 칼빈의 사자'였다.[19] 많은 스코틀랜드 장로교인들이 미국

---

16  김광수, 『세계장로교회역사』(서울: 한국교회사 연구, 1982), 102.
17  P. Schaff, *Creeds of Christendom, Vol. Ⅲ*, (Michigan: Baker Books, 1983), 598~673.
18  Stanford W. Reid, *John Calvin: His Influence in the Western World*, 홍치모 이훈영 역, 『칼빈이 서양에 끼친 영향』(서울: 크리스챤 다이제스트, 1993), 323-325.
19  A. Dakin, *Calvinism*, (London: Duckworth, 1949), 149.

으로 왔으며 이들은 뉴저지와 남·북 캐롤라이나 또는 다른 식민지에 정착하면서 미국 장로교회를 설립하는데 크게 이바지 하였다. 특히 1685년 스코틀랜드의 언약신학 사상을 가진 사람들(Covenanter)이 대량으로 미국으로 건너오게 되며, 이들이 장차 미국 장로교회의 중요한 일군(一群)을 이루게 된다.[20] 1705년 이후부터 15년 사이에 북 아일랜드에서 미국에 건너온 아일랜드인의 숫자도 50만 명을 초과하였다. 이들은 스코틀랜드계 아일랜드 사람들이었다. 그들은 주로 뉴저지와 펜실베니아에 정착지를 마련하였으나 점차 피츠버그로 진출하여 후일에 그곳이 미국 장로교회 최대의 도시가 되었다.[21] 둘째는 청교도 전통에서 온 사람들로서 영국의 청교도들과 독일의 경건주의 적인 신앙을 가진 사람들을 포함한다. 미국 청교도들은 뉴잉글랜드에 국한 되었고, 미국의 청교도 기원이 된 것은 청교도 뉴잉글랜드였다.[22] 이들은 1620년 '메이플라워'(May Flower)호를 타고 대서양을 65일이나 항해하여 매사추세츠 플리머스(Plymouth)에 상륙하였다. 이들의 뒤를 이어 더 많은 청교도들이 건너와 매사추세츠와 그밖에 뉴잉글랜드 각 지역에 정착하게 되었다. 그들은 칼빈주의자 이면서도 회중파에 속한 사람들이 많이 있었고 물론 그 가운데 장로교인들도 상당한 수가 포함되어 있었다. 유능한 뉴잉글랜드의 청교도 Cotton Mather는 1620년으로부터 20년 동안 2만 1천 명의 청교도가 뉴잉글랜드에 왔으며 약 4천명이 장로교인이었다고 했다.[23]

이처럼 뉴잉글랜드 청교도들과 스코틀랜드 칼빈주의 장로교 교인들이 세력을 확산해나가고 있을 때 1706년 필라델피아의 근교에서 프란시스

---

20　Robert H. Nichols, The Growth of the Christian Church, Vol. Ⅱ, pp.188~189.
21　김광수, 윗글, 108.
22　신종철,『한국장로교회와 근본주의』(서울: 그리심, 2003), 25.
23　김광수, 윗글 107-108.

매케미(Francis Makemie)는[24] 필라델피아 장로회라는 노회를 창설하게 된다. 그는 아메리카 식민지에 여기 저기 흩어져있는 장로교회를 수습하여 조직체를 갖추게 했으며 미국 최초의 노회를 조직한 인물이다. 노회가 설립되고 난 이후에 장로교회는 크게 발전하였다. 뉴저지와 롱아일랜드의 일부 청교도가 장로교에 가담하였고 유럽에서 이민 온 많은 장로교 목사와 신자들이 노회에 가입하게 되었다. 그러나 교회 수가 늘어나고, 교회들이 광활한 지역에 흩어져 있음으로 노회가 여러 교회를 돌아볼 수 없게 되자 필라델피아 노회는 지역별로 분할을 결의하고 펜실바니아의 필라델피아 노회, 델라웨어의 뉴캐슬노회, 메릴랜드의 스노우힐 노회와 뉴욕과 뉴저지의 롱아일랜드 노회로 나누었다. 그리고 이 노회들이 1년에 한 차례 모이면서 교회연합이 실현되었다. 1717년 9월 17일에는 필라델피아에서 메릴랜드의 스노우힐 노회를 제외하고 3개 노회가 모여 미국 최초의 대회가 열렸다. 대회에 40여개의 교회에서 17명의 목사가 참석하였다. 17명의 목사 중에는 뉴잉글랜드인 2명, 웨일즈인 2명, 영국인 1명, 스코틀랜드-아일랜드 계통이 12명이었다. 이렇게 스코틀랜드 계통의 목사의 수가 많게 된 것은 왕정복고이후 찰스 2세의 박해로 많은 장로교도가 신대륙으로 이민을 시도 하였기 때문이다.[25]

### 3) 미국장로교의 웨스트민스터 신앙고백서 채택

1706년에 노회가 창설된 이후 1729년까지 노회는 공식적인 교리의 표준서를 마련하지 않았다. 뉴잉글랜드 측 사람들은 성경만으로 교회

---

[24] 프란시스 매케미는 1658년 북 아일랜드에서 태어나 스코틀랜드에서 교육을 받았다. 그는 1680년 메릴랜드 협의회에서 요청한 목사 파송의 뜻을 받아들여 미국으로 건너가게 되었다. 윗글, 109-110.

[25] George David Henderson, *Presbyterianism*, (Aberdeen: The University Press, 1955), 150.

의 순결과 일치를 유지하는 표준이 될 수 있다는 입장에서 교리 표준서의 필요성을 절감하지 못하고 있었다. 이에 반하여 스코틀랜드와 북아일랜드에서 온 목사들은 교회의 순결을 유지하기 위해서는 고백적 서약이 필수적이라는 견해를 가지고 있었다. 그러다가 인간의 완전 타락을 부정하며 이성의 최종적이 권위를 주장하는 알미니우스(Arminianism)와 같은 합리주의 신학이 신대륙에 상륙하게 되자 장로교회는 신앙의 동질성을 유지하기 위해서 신앙고백을 중심으로 하나가 되어야 할 필요성을 느끼게 되었다. 이러한 인식은 스코틀랜드 계통에 있는 목사들을 중심으로 일어났다. 그들은 신앙을 보존하기 위한한 방법으로 모든 목사 후보생에게 「웨스트민스터 신앙고백」, 「대요리문답」, 「소요리문답」이 '기독교 교리'의 가장 기본적이고 중요한 조항이요. 건전한 표현일 뿐 아니라 체계'임을 고백하고, 이에 서명할 것을 요구하였다.[26] 그러면서 대회가 「웨스트민스터 신앙고백」을 채택해야 한다고 주장 하였다. 그러자 조나단 디킨슨(Jonathan dickinson, 1688-1747)을 비롯한 영국과 뉴잉글랜드 출신의 목사들은 신조에 서약하기를 거부하였다. 그는 1722년 뉴저지 노회의 개회 예배 설교에서 성경만이 신앙과 예배의 유일한 규칙이며, 성경에 대한 인간의 해석은 그리스도인의 양심을 묶어 놓을 수 없으므로 서약을 강조하는 것은 양심과 개인적인 자유를 제한하는 죄악이라고 지적함으로 서명운동에 반대하는 입장을 나타냈다.[27]

그러나 존 톰슨(John Thomson) 목사는 신앙고백 표준이 없는 교파는 '성벽 없는 도시'와 같다고 주장하였다. 그는 만약 대회의 결의에 의해 정해진 신앙고백에 서약하지 않거나 또한 인정하지 않는다고 한다면

---

26  오덕교, 『장로교회사』(수원: 합동신학교출판부, 1995), 175-176.
27  Maurice W. Armstrong, L.A. Loetscher, and C.A. Anderson ed., The Presbyterian Enterprise, (Philadelphia: The Westminster Press, 1956), 22-23.

교리적인 것에 부패한자들을 목회에서 제거하는 데 사용될 제도적 장치가 없게 된다고 말했다. 그는 홍수처럼 범람하는 알미니안주의, 자연신론 등 잘못된 사상들로부터 올바른 신앙을 지키기 위해서 신앙고백의 표준서가 마련되어야 한다고 주장하였다.[28] 그는 그리스도인들의 신앙과 생활을 이신론자들의 치명적인 공격으로부터 보호하기위해서는 「웨스트민스터 신앙고백」과 「대·소요리문답」에 대해 설교하고 가르치기로 공적인 맹세를 하는 것에 서명해야 한다고 주장한 것이다.[29]

웨스트민스터 표준문서들을 미국 장로교회의 신앙의 표준서로 채택하자는 건의에 대한 응답으로 대회는 1729년 새로운 교회의 표준으로서 「웨스트민스터 신앙고백」과 「대·소요리문답」을 채택했다. 1729년 9월 19일 아침에 대회에서 각 회원들은 「웨스트민스터 신앙고백」의 "필수 불가결한 신조들"에 수락 동의할 것을 다음과 같이 가결하였다.

> 우리는 웨스트민스터 신앙고백서와 대소요리문답이 본질적이고 필수적인 그 모든 조항에 있어서, 건전한 말의 바른 형태와 기독교 교리의 체계인 것으로 동의하고 수용하는 것을 선포할 것을 동의한다. 또한 동 신앙고백서와 대·소요리문답을 우리의 신앙고백으로 채택하는 바이다. 모든 노회는 동 신앙고백의 본질적이고 필요한 모든 조항과 의견에 일치를 선언하지 않고서는 어떤 목사 후보생도 받아들이지 않도록 항상 조심할 것이다. 어떤 목사나 또는 목사 후보생이 동 신앙고백과

---

28  Charles Hodge, *The Constitutional History of the Presbyterian Church in the United Church of America V.1*, (Philadelphia: Presbyterian Board of Publication, 1997), 137. ; 신종철, 윗글, 29.

29  James H. Smile, *A Brief History of The Presbyterians*, 김인수 역, 『간추린 미국 장로교회사』(서울: 대한 기독교서회, 1998), 77.

대·소요리문답의 어떤 조항 또는 조항들과 관련하여 어떤 거리낌이 있는 경우에 그가 상기 선언을 할 때 노회나 대회에 자기의 취지를 선언할 것이며, 대회나 노회가 그의 거리낌이나 실수가 교리, 예배, 정치에 있어서 본질적이고 필수적이 아닌 조항에 관한 것뿐이라고 판단된다면, 노회나 대회가 그를 목회 사역에 받아들일 것이다. 그러나 이러한 목사나 후보생이 신앙의 본질적이고 필수적인 조항에 있어서 오류가 있다고 대회나 노회가 판단한다면, 대회나 노회는 그들과 교제를 나눌 수 없다고 그들에게 선언할 것이다. 또한 우리들 중 어느 누구도 비본질적이고 필수적이 아닌 교리 조항에 있어서 우리와 다른 사람들을 비방하거나 또는 모욕적인 언사를 사용하지 않을 것을 대회는 엄숙히 동의하는 바이다.[30]

이렇게 1729년에 필라델피아 대회에서 웨스트민스터 신앙고백과 요리문답을 교리적 표준으로 채택하여 여기에 찬성을 원칙으로 하는 목사의 채용법규를 인준하였다.

### 4) 웨스트민스터 신앙고백서에 나타난 정교분리 원칙

미국 선교사들의 정교분리 원칙이 무엇이었는지 이해하기 위해서 우리는 미국 헌법에 나타나 있는 정교분리 원칙을 살펴봐야 하는 것은 물론이고 특히 미국 장로교 교인들이 생활 속에서 실천해야 할 교리로서 미국 장로교회 총회에서 채택한 웨스트민스터 신앙 고백서 조항가운데 정교분리

---

30 Armstrong, M. W, and Loescher. L. A, eds, *The Presbyterian Enterprise : Sources of American Presbyterian History,* (Philadelphia ; Westminster Press, 1955), 31-32.

문제를 어떻게 말하고 있는지를 살펴보는 것은 중요한 일이 될 것이다. 미국 장로교 총회의 형성에 관해 한 가지 주목할 점은 1788년 대회에서 '장로교 헌법'을 채택했고 같은 해에 미국헌법이 제정되었다는 것이다. 1788년 대회에서 채택된 장로교 헌법은 성경 다음으로 "장로교회 최고의 권위"였다. 장로교 헌법을 준비하면서 웨스트민스터 표준문서들이 채택되었는데, 이때 웨스트민스터 신앙고백서에서 정부와 교회의 관계를 새롭게 수정하게 되었는데 그 내용을 살펴보고자 한다.

정부에 대한 규정, 23장 3절을 보면 다음과 같다.[31]

〈수정 전 1647년판〉

공무원은 주의 말씀을 주관하거나 성례전을 집행해서는 안 된다. 또는 하나님의 나라의 열쇠와 권세를 사용할 수도 없다.(대하26:18, 마18:17, 고전12:28, 엡4:11,12, 롬10, 15, 히 5:4). 그러나 교회의 질서를 보장하고 따라서 통일과 평화를 유지하며, 하나님의 진리가 순수하게 또는 하나도 빠짐없이 보존되며 모든 불경건한 자와 이단을 억제하며 모든 부패와 예배나 훈련에 있어서의 악용을 방지하거나 개혁하고 하나님의 모든 제도가 정당하게 조직되고 집행되고 지켜져 나가도록(사49:23, 시122:9, 스7:23-28, 레24:16, 신13:5,6,12, 왕하18:4, 대상13:1-9, 왕하 23:1-26, 대하34:33, 15:12,13) 하는 권한을 가지고 있으며 또한 그것이 관공리의 의무이다. 이 일을 더 효과적으로 하기 위하여 그들은 회의를 소집하고

---

31  A. A. Hodge, *Confession of Faith: A Handbook of Christian Doctrine Expounding The Westminster Confession*, (London : The Banner of Truth Trust , 1961), 22-33.

거기서 참석하고 무엇이든지 거기서 처리되는 것은 하나님의 뜻에 따라서 처리되도록 노력해야 한다.(대하19:8-11, 29:30, 마2:4,5).

〈수정 후 1788년 판〉

공무원은 그들 자신의 말씀과 예전을 취급할 행정권을 가지고 있지 않다. 하늘 왕국의 열쇠를 취급할 권세도 가지지 않는다. 하물며 믿음에 관한 일에 간섭해서는 안 된다. 그러나 양육하는 아버지와 같이 어떤 한 교파에다 다른 교파보다 우선권을 부여해주는 일이 없이 우리의 동일한 주의 교회를 보호하는 것이 공무원의 임무다. 모든 신자들이 폭력에나 위험에 부딪치지 않고 그들의 성스러운 기능에 모든 부분은 발휘할 수 있는 충분하고 의심의 여지가 없는 자유를 즐길 수 있도록 보호해야 한다. 그리고 예수 그리스도가 그의 교회 안에서 정규적인 치리회와 훈련책을 정하셨으므로 어떠한 국가의 법이라도 교회의 어떤 교파의 자발적인 회원들에 간섭하거나 방해를 해서는 안 된다. 공무원이 할 일은 아무도 종교의 구실로나 불신의 이유로 괴로움을 받지 않도록 그들의 모든 시민을 보호하고 그들의 신앙을 지켜주는 동시에 어떠한 다른 사람에게든지 냉대나 폭력이나 악용이나 손상을 주리 않도록 지켜주며, 모든 종교적 교회적 모임이 방해나 소란을 받지 않고 가질 수 있도록 명령을 내리는 일이다.

이상에서 살펴본 바와 같이 미국 장로교회에서 채택하여 실천윤리로서 사용하고 있는 웨스트민스터 신앙고백서에서는 정교분리에 대해서 정부는 교회에 대하여 어떠한 간섭도 해서는 안 되고, 심지어는 교회의 유익을 위해서도 정부는 교회의 일에는 아무런 관여를 해서는 안 된다는 내용이다.

우리가 잘 아는 바와 같이 조선의 선교초기 조선에 선교사들을 가장 많이 파송한 신학교는 프린스톤 신학교와 맥코믹 신학교이다. 그런데 조선에 파송된 선교사들이 이들 신학교에서 수학 할 당시에, 이 두 신학교가 경건한 청교도 신앙의 풍토를 유지하고 있었고, 성서의 고등비평을 반대하고 성경의 영감과 무호성을 강조하였으며, 웨스트민스터 신앙고백을 신봉하고 있었다. 그런데 웨스트민스터 신앙고백서의 정부와 공직자에 대한 조항에서 정교분리 문제를 분명하게 천명하고 있다. 특히 23장 3절 정부와 정치 권력자에 대한 내용에서, 교회의 질서와 통일을 유지하기 위해 또한 불경건한 자와 이단을 억제하기 위해 국가정부에 부여된 기존의 교회에 대한 의무 조항(1647년판)을 삭제하고, 정부가 교회에 대하여 관여하는 권한을 가지고 있지 않으며 믿음에 관한 일에 간섭해서는 안된다는 내용으로 수정된다. 같은 해에 미국의 헌법이 제정되었고 1791년에는 헌법 수정안에 정교분리 원리가 자리 잡게 된 것이다.

그리고 우리가 미국의 역사를 통해서 아는 바는 영국 식민지로부터 미국이 독립하여 새 역사를 창조한 과업에 있어서 장로교 교인들이 적극적으로 참여하였다는 점이다. 그들은 미국 독립전쟁(The American Revolution)에서 애국적인 활동에 가담하였다. 많은 목사들은 전쟁이 계속되는 동안 사회계약 이론을 이용하여 설교에 가미하였으며 영국 국왕 조지 3세가 폭정을 하여 미국 문제에 대해 계약을 어겼다고 비난함으로써 전쟁 수행에 지대하게 공헌하였다. 전쟁의 분위기로 24명의 목사와 5명의 장로만이 참석했을 뿐이었다. 그럼에도 불구하여 '거룩한 금식, 겸손과 기도의 날'을

전국 교회가 지키도록 결의하였으며 또한 목회자들의 결의문은 독립전쟁을 끝까지 지지한다는 내용이었다.[32]

### 3. 선교사들의 선교전략

**1) 기독교의 주체적 수용**

미국 선교사들은 의료 활동을 통해서 왕실의 신임을 얻게 되었고, 선교하기에 좋은 토양을 만들어 갈 수가 있었다. 그러나 개화파의 혁명 실패로 인한 사회불안과 반서양, 반기독교의 사회분위기 등으로 직접적인 선교활동이 어려운 상황이었다. 그래서 선교사들은 조용히 의료, 교육 사업을 펼쳐나가는데 의외의 반응이 일기 시작했다. 알렌이나 언더우드 등 선교사들이 아직 조선인들에게 복음을 전하지도 않았는데 조선에는 이미 기독교로 개종하여 세례를 기다리는 사람들이 많이 있었다. 선교사들이 서울에서 조심스럽게 의료 활동과 교육에 힘을 쏟고 있을 때 소래와 의주의 기독교인들이 그 지역을 방문해 달라는 요청을 해온 것이다.

1887년 가을에 언더우드는 송도, 소래, 평양, 의주로 첫 번째 여행을 떠났다. 이 여행길에 언더우드는 20명 이상에게 세례를 베풀었다. 그리고 1889년 3월에 언더우드는 의사 릴리아스 호튼(Horton, Lillias Stirling)과 결혼을 하고 신혼여행을 평양, 강계, 의주를 순회하는 것으로 대신했는데, 이때에도 언더우드는 여행도중 4월 27일에 의주에서 백 명의 세례지원자를

---

[32] 미국교회의 그와 같은 행동은 정치적 혹은 사회적 문제에 대해 성명서(聲明書)를 낸 최초의 사실로서 19세기 전반과 20세기에 걸쳐 더욱 더 그러한 면으로 나서게 되었다. Loetscher, Lefferts Augustine, *A Brief History of the Presbyterians*, (Philadelphia: Westminster Press, 1978), 63.

만났다. 그중에 33명에게 강 건너 만주에서 세례를 주었던 것이다.[33]

언더우드가 압록강 너머 만주까지 가서 세례를 베푼 것은 조선 땅에서는 아직 선교의 자유가 허용되지 않았기 때문이었다. 당시에 선교사들은 조선 왕국과의 관계에서 문제가 발생하면 선교가 어려워진다고 판단했기 때문에 선교활동이 자유로워질 때까지 인내하며 기다렸던 것이다.[34] 그렇다면 조선 땅에 기독교 포교의 자유가 허용되지 않고 있고, 또한 선교사들이 직접 전도도 하지 않았는데 어떻게 조선의 젊은이들이 복음을 믿고 세례를 자원하게 되었는지 하는 의문이 생긴다.

여기에서 박정신은 한국 기독교사를 주체적 수용사의 시각으로 읽어야 한다고 주장한다. 주체적 수용사관은 서양 선교사들이 조선에 들어오기도 전에 조선 사람들이 나라 밖으로 나가서 기독교를 받아들인 사실에 주목한다. 이는 세계선교사상 그 유례가 없는 일로서 한국개신교 특징이요 자랑이다.[35]

이와 같이 한국 기독교 역사는 서양선교사들이 이 땅에 들어오기 전에 조선인들이 기독교를 수용함으로 시작이 되었다. 이 주체적 수용사 인식에서 빼놓을 수 없는 없는 것이 바로 '서북 청년들'과 '이수정' 이야기 이다.

1872년 만주 우장에서 스코틀랜드 출신 존 로스(John Ross)와 존 맥킨타이어(John MacIntyre)가 선교활동을 하고 있었는데 그곳으로 생업을

---

33  Harry A. Rhodes, *History of the Korea Mission Vol.1 1884-1934*, (Seoul: Chosen Mission, Presbyterian Church, U.S.A., 1934.), 82-83.

34  Lillas H. Underwood, *Fifteen Years Among The Top-knots*, American Tract Society, 1904. 19.; 박영신, "초기 개신교 선교사의 선교 운동 전략."『동방학지』제46-48합집, (1985,), 542-546.; 이만열, "한말 구미 제국의 대한 선교정책에 관한 연구." 『동방학지』제84집, (1994.), 10-11.

35  김양선,「한국기독교사 (하):개신교사」『한국문화사대계』제12권 (종교, 철학사), (서울: 고려대학교 민족문화연구소,1982), 574.; 박정신,『한국기독교사의 새로운 이해』, (서울: 도서출판 새길, 2008), 38.

위해 갔던 서북 청년들 이응찬, 백홍준, 이성하, 김진기, 서상륜 등이 그들 선교사를 만났다. 이 청년들은 조선의 옛 유교질서가 무너져가는 것을 보면서 세상이 변하기를 갈망하던 사람들인데 로스 목사가 묵고 있던 여관으로 찾아가 하루 종일 필담을 나누며 새로운 문명세계와 지식에 대한 갈망을 나타냈다. 이러한 만남과 대화는 이 서북 청년들의 개종으로 이어졌고 그들은 세례를 받게 되었다. 그리고 조선선교를 위해 준비하던 선교사들은 이 청년들과 함께 성경을 우리말로 번역하였고, 1882년에는 누가복음과 마가복음이 간행되었다. 바로 이 청년들이 자기들이 번역한 성경책을 들고 고향인 소래, 의주, 신천으로 돌아가 복음을 전하기 시작한 것이다. 그래서 1885년 언더우드가 조선에 들어 왔을 때는 이미 조선 땅에 세례 받기를 원하는 사람이 수백 명에 이르렀던 것이다.[36]

이수정의 이야기도 주체적 수용사 시각을 강화시켜 준다. 그는 1882년 임오군란 이후 수신사 박영효와 함께 일본으로 갔다. 그는 일본에 남아 동경외국어학교 한국어 교사로 일하면서 일본 기독교 지식인들과 그곳에 와있던 미국선교사들과 교류하게 된다. 그러면서 그는 기독교로 개종하게 되고 세례를 받았다. 이수정이 기독교로 개종하게 된 것은 미국의 청교도 사상이 자기 개인뿐만 아니라 앞날의 향방을 알지 못하여 갈팡질팡하는 당시의 조선 사람들을 구원할 수 있는 종교라고 여겨 기독교를 받아들인 것이다.[37]

이수정 역시 서북청년들이 만주에서 성서를 번역한 것처럼 일본에서 성서 번역 사업에 참가하였다. 마가복음을 1885년 초에 간행하였고, 당시 조선에 선교 사업을 펼치려고 일본에 와있던 미국 선교사 조지 낙스

---

36  김양선, 『한국기독교사연구』Ⅱ, (서울: 기독교문사, 1971), 52-53.; 박정신, 윗글, 40.
37  이광린, "이수정의 인물과 그 활동," 『한국 개화사 연구』, (서울: 일조각, 1969), 234-251.

(George W. Knox), 맥클레이(Robert S. Maclay) 그리고 헨리 루미스(Henry Loomis)를 설득하여 세계 잡지에 글을 싣게 하는 한편, 스스로 글을 써서 세계선교잡지에 조선의 선교를 역설하기도 하였다. 이러한 이수정의 설득과 호소가 있어 감리교는 1884년 맥클레이 목사를 조선에 파송하여 사전답사를 하게 하였고, 장로교는 1884년 중국에 있던 의사 알렌을 조선 선교사로 파송하였다.[38] 그리고 언더우드 선교사는 조선에 들어오기 위해 1884년 12월에 이수정에게서 조선말을 두 달 정도 배우기도 하였고, 1885년에 조선에 들어올 때 이수정이 번역한 마가복음을 가지고 왔다. 이와 같이 서북청년들과 함께 이수정도 서양선교사들에 앞서 조선 선교의 길을 예비하였다고 할 것이다. 이것이 바로 우리 조선에서 나타났던 기독교의 주체적 수용의 본보기이다.

### 2) 네비우스 선교방법

위에서 살펴 본바와 같이 조선에는 기독교를 주체적으로 수용하려는 젊은 청년들이 있는 중에 선교사들이 들어왔고, 또한 갑신정변 때 민영익 치료 후 선교사들이 의료 활동과 교육 사업을 통해서 보여준 삶의 모습을 통해서 왕실에서도 선교사들에 대해 호의적인 분위기가 만들어 졌다. 이런 토양을 바탕으로 선교사들이 초기에 선택했던 선교전략은 소위 네비우스 선교방법이다.[39] 선교사들은 복음의 씨앗을 뿌릴 때 그 나라의 역사와 문화 풍습 등을 잘 알아서 적절한 방법을 찾는 것이 중요한 일이었다. 그래서 1890

---

38  윗글, 241-246.
39  변창욱은 네비우스 선교방식에서 중요한 점은 자립정신이라고 말한다. 이 자립정신으로 조선 교회는 선교사의 도움에 의존하지 않고 자력으로 예배당을 세웠다. 자립과 관련된 미국 북장로교 선교부의 교회건축 정책은 외국 선교비를 쓰지 않고 한국 교인들 스스로의 헌금으로 세우게 하는 완전 자립이 원칙이었다. 변창욱, "한국 교회 자립 선교전통과 비자립적 선교 형태", 『선교와 신학』제27집, (2011.) 247-253.

년 6월 중국 산동에서 수십 년간 풍부한 선교의 경험을 가진 네비우스(John L. Nevius)목사를 서울에 초청하여 약 2주일 동안 선교방법에 대한 진지한 토의를 계속한 끝에 자급자치의 교회 운영과 조직적인 성경공부를 근간으로 하는 10개조의 선교 정책을 결정하였다. 이것이 조선의 선교전략의 토대가 되는 네비우스 선교전략이다.

1893년 제 1회 선교사 공의회에서 결정된 10개조의 선교정책은 다음과 같다.

> 1, 노동자 계급에 우선 전도 할 것. 2, 가정주부의 개종을 중요시 할 것. 3, 지방도시에 소학교를 설립하여 기독교 교육을 실시할 것. 4.한국인 교역자 양성에 유의할 것. 5, 성서역간에 힘쓸 것. 6, 모든 종교서적은 한글로 출판할 것. 7, 자급 자치하는 교회를 만들 것. 8, 신자는 누구나 전도자가 되게 할 것. 9.의료선교사는 그리스도의 사랑으로 시료(무료로 치료)하여 환자를 감화시킬 것. 10. 지방 환자의 경우 왕진의 기회를 만들어 그리스도의 사랑을 체험하게 할 것.[40]

여기에 미래의 조선 교회의 특징을 결정짓는 몇 가지 중요한 요소가 나타난다. 첫째는 성경을 번역하여 가르침으로써 한국교회를 성경중심의 교회가 되게 하는데 토대를 놓았다는 점이다. 국내에 들어온 선교사들이 의료와 교육 사업을 우선적으로 착수한 것 외에 성경번역에도 즉각 착수했다. 이 성경번역 사업은 선교사들에게 조선의 말을 가르쳐 주던 어학 선생이나 조사들과 공동 작업으로 이루어 졌다. 물론 선교사들이 조선에 들어오기 이전에 이미 우리말 성경이 번역·발행되었고 그중 상당수가 국내에 유입되어 성경이 읽혀졌고 그 결과 상당수의 구도자들이 생겨났다.

---

40 김양선,『한국기독교사 연구』, (서울: 기독교문사, 1971), 73.

사실 개신교 선교는 성경 번역과 발행 및 전파사업과 함께 시작되었다 해도 과언이 아니다. 그리고 일찍이 성경을 우리말로 번역해 냄으로 기독교의 본질을 파악하고 주체적으로 복음을 수용하는데 결정적인 도움을 주었다고 할 수 있다.[41] 이러한 성경 중심의 선교전통은 1885년 선교사의 입국으로 기독교 선교가 본격화된 이후에도 계속 이어졌다.

둘째, 네비우스 선교전략에서 나타난 특징 중 하나는 한글 사용이다. 선교사들이 성경을 한글로만 번역하고 교리서나 찬송가를 한글로 번역하여 쓴 것은 전도의 주요 대상을 가난한 농부들이나 가정주부로 정한 일과 맞물리고 있다. 첫 개신교 선교사가 조선에 들어온 이후로 선교사들은 주기도문, 사도신경, 웨스트민스터 소요리문답 등을 번역했고, 그 번역된 책을 가지고 다니면서 전도를 했다.[42] 선교사들과 한국인 조사들은 교리서와 초기 성경 번역에서 유식계층이 아닌 민중계층을 염두에 두고 번역하려고 애썼다. 초기부터 성경 번역을 주도 했던 언더우드는 '아주 무식한 사람들까지도 이해할 수 있도록 문체가 간결하면서도 식자층의 마음에도 들도록 깔끔하고 순수한 것을 추구했다.'고 말한바 있다.[43]

일반 민중을 대상으로 한 언어, 민중이 이해 할 수 있는 문체로 성경을 번역하려고 노력한 점은 높이 평가 할만하다. 그것은 민중계층이 성경을 쉽게 읽을 수 있게 한 공로뿐만 아니라 유교 중심의 봉건체제 속에서 소외당했던 한글을 적극 수용함으로 한글문화를 창출하는 데 공헌한 점에서 더욱 그렇다.[44]

---

41 한국기독교역사연구소, 『한국 기독교 역사 Ⅰ』, 199.
42 변창욱, "윌리엄 베어드의 선교방법과 교육선교 정책", 『한국 기독교 신학논총』제74집, (2011.) 326-327.
43 H. G. Underwood, "Bible Translating," *Korean Mission Field*. Vol.7, No. 10 (Oct. 1911), 297.
44 이덕주, "초기 한글성서 번역에 관한 연구," 『한글 성서와 겨레문화』, (서울: 기독교문사,

물론 선교사들이 네비우스 선교방법에 의해서 조선의 하층민들을 선교의 대상으로 삼았고, 순수 한글로 번역된 성경을 가지고 전도를 했기 때문에 처음 기독교인으로 개종한 사람들은 하층민들이 다수를 이루었다. 그러나 양반들 중에서도 당시 몰락해 가는 조선의 유교사회를 새롭게 변혁시키고자 하는 개혁적인 성향을 가진 사람들이 상당수 기독교로 개종을 하게 되었다. 그리하여 조선 교회 안에서 유교의 조선사회에서 소외되고 무거운 과세나 관리들의 착취에 시달리면서 유교적 질서에 대항하고 도전하는 세력이 된 하층민들과 낡은 유교의 구질서를 타파하고 사회를 변혁시키고자 하는 소수의 엘리트 양반들이 함께 만나 개혁공동체를 이루게 된다.[45] 유교사회를 바꾸기를 원하는 개혁 성향의 사람들이 서양의 종교인 기독교를 받아들인 것이다.

이들이 성경 말씀을 하나님이 인간에게 주신 계시로 받아들이고, 인간이 따라야 할 불변의 법칙[46]이라고 믿는 선교사들의 가르침을 받고 유교적 가치들과 관행들을 거부하고 깨뜨리는 조직공동체로 성장을 해 간 것이다. 그리하여 선교사들과 조선 교회공동체는 당시에 널리 행해지고 있던 담배, 술, 도박, 축첩, 우상숭배와 같은 습속을 버리고 새로운 공동체를 만들어 나갔다. 당시에 교인이 되는 최소한의 요구조건이 유교적인 모든 것을 버리는 것이었다.[47]

개신교가 소개되었던 역사적 상황, 이 종교 공동체 구성원들의 사회적

---

1985), 499.

45  박정신,『근대한국과 기독교』(서울: 민영사, 1997), 96-97.; Chung-Shin Park, 윗글, 28-29.

46  선교사들은 네비우스 정책을 통해서 미국 청교도 신앙에서 핵심적인 요소라 할 수 있는 성경을 강조 한 것이다. 곽안련은 네비우스 정책에서 핵심은 '성경강조 정책'이라고 말했다. Charles A. Clark, *The Nevius Plan for Mission Work in Korea*(Christian Literature Society, Seoul, 1937), 19-21.

47  박정신, 윗글, 100-101.

배경, 그리고 정통주의 신학의 비타협적 특성은 초기 기독교인들에게 유교 사회인 조선을 개혁시키는 활동을 전투적으로 펼치게 하였다. 당시 개신교는 개혁 운동을 자극하고 지원했을 뿐만 아니라 일한 운동의 이념적, 조직적 바탕이 되었다.[48] 왜냐하면 대부분의 개혁 운동의 지도자들과 운동꾼들이 교회 구성원이었기 때문이다. 그리고 이러한 개혁공동체로써의 교회는 일본이 조선의 국권을 유린하고 지배하게 될 때는 반일공동체로 민족주의 독립운동의 근거지가 되는 것이다.

## 4. 초기 한국기독교의 민족주의

19세기 후반 조선을 지탱해 오던 유교가 정치·사회적으로 지도적인 이념의 구실을 다할 수 없었을 때, 역사사회변동의 운동세력으로 등장한 것이 동학과 기독교였다. 그 중에 동학의 혁명적인 농민운동은 대외적으로 청일전쟁을, 대내적으로는 갑오개혁을 유발하여 외세가 개입할 수 있는 빌미를 주어 오히려 더 큰 사회적인 혼란과 불안을 초래하는 결과를 낳았지만, 기독교의 조심스런 등장과 사회활동은 가치적 급변주의의 에너지의 요인이 되었을 뿐만 아니라 기독교의 가치지향성이 지닌 힘이 온 조선에 구체적으로 전개[49]되어 갔다. 양반과 상놈이 함께 예배드리고,[50] 함께 독립협회의 일원이 되어 나라의 독립과 민권을 부르짖기도 했으며,[51] 불결한 환경을 정화하고 질병을 치료하며, 미신을 타파해 나갔다.[52] 그리고 아편, 무절제, 형정의

---

48  윗글, 103.; 박정신, "구한말 조선에 온 칼뱅주의 구학파.", 175-178.
49  박영신, "기독교와 사회발전", 『기독교사상』제28집 제5호, (1984.), 150-51.
50  박영신, "조선시대 말기의 사회변동과 사회운동", 『현상과 인식』제2집 제 1호, (1978) 163.
51  주재용, "한국 기독교의 사회발전적 조명", 『신학연구』제25집, (1983), 177.
52  閔庚培, 『韓國基督敎 社會運動史 1885-1945』, (서울: 대한 기독교 출판사, 1981), 34-35.

가혹함, 고문의 비인도성, 지적 발전의 보수성과 고루함, 결혼제도, 음주와 흡연 등의 문제점을 개선하고 해소해 나갔다.[53]

조선의 개혁파 지도자들은 처음에는 일본을 통해서 발전된 문물을 받아들여서 나라의 부흥을 꾀하고자 했다. 그러나 먼저 개항하고 서양문물을 받아들여 경제력과 군사력을 키운 일본이 점차 한국의 분명한 적으로 등장하게 되자 조선의 개혁가들이 이제는 일본을 대항하여 국권을 지키면서 우월성이 증명된 서양문물을 수용하여 빨리 부강한 나라를 만드는 것이 조선의 민족과제라고 확신하게 되었다. 그리고 전에는 개혁의 지원을 일본에 구했던 개화파 계통의 인사들이 이른바 정동구락부(貞洞俱樂部)라는 친 서양 정치 집단으로 변신해갔고, 서양과 기독교에 대하여 점점 더 호의적이 되었다.[54]

이러한 역사적인 상황이 전개될 때 선교사들의 사업 즉 의료, 교육, 사회사업들이 쉽게 먹혀들어갔고, 한국 기독교는 급속도로 성장하게 되었다. 선천의 경우, 1904년에 6,597명이던 신도수가 1905년에는 11,943명으로 한해 동안 거의 배가 불어났다.[55] 일본과 맞선 상황에서 서양문물을 수용하여 조선을 부강한 나라로 만들려는 꿈을 가진 '개혁적 조선 사람들'이 학교와 병원을 세우고 서양문물을 전하고 가르치는 기독교로 줄이어 들어온 까닭이다. 따라서 이때의 한국 교회는 개혁적 또는 반일적 개혁 세력이 응집된 곳이 되었다. 그리하여 이 시기에 한국교회의 성장이란 조선의 개혁 또는 민족주의 세력의 인원, 연락망, 활동 거점의 확대를 의미하는 것이었다.[56] 이 시기의 조선 기독교의 역할을 그린피스는 '조선 사람의 가슴 속에 기독교가

---

53  윗글, 36-40., 이만열, 『한국기독교사 특강』, 62-80.
54  박정신, 『근대한국과 기독교』(서울:민영사, 1997), 28.
55  James S. Gale, *Korea in Transition* (New York :Eaton and Mains, 1909), 195.
56  박정신, 윗글, 29.

스며들자 그들은 민족을 생각하게 되었고, 자신과 이웃의 복리 증진을 시도하게 되었으며, 조선에 자유 경쟁의 사상이 주입되었다.'고 평가하였고[57], 1919년 3·1운동 이후 공산 게릴라 운동에 뛰어 들었던 김산 역시 "개신교 공동체는 조선 독립의 모태가 될 것이다."[58]라고 기대할 정도였다.

 미국 망명 때 기독교인이 된 서재필, 윤치호를 비롯하여 수많은 개혁 세력들이 기독교로 개종하여 기독교 친화적인 인사가 되었다. 이들은 독립협회를 만들어 활동을 했고, 서재필은 독립신문을 통해 여러 차례 교육의 필요성[59]을 강조하였다. 또한 독립협회 활동을 하면서 배재학교와 협성회원들을 중심으로 이승만, 신흥우, 주상호, 안창호와 같은 기독교 사상을 가진 애국, 애민하는 열성스런 인재들을 육성하였다. 그리고 얼마 되지 않아 서재필에 의해 독립협회활동과 만민공동회가 본격화되자 그들은 숨겨두었던 본성을 드러내고 자주 국권과 민권확립을 부르짖으며 스스로 독립협회의 지부가 되어 불을 붙인 듯이 민족운동을 전개하기 시작하였다.

 한국 민족주의 운동은 이렇듯 중요한 동기를 가지고 있다. 그것은 '기독교' 와의 만남이었다. 서양의 제국들이 식민지를 개척할 때 비록 기독교가 그들의 앞잡이로 활용되었다고 하지만 조선에서만은 그 사정이 달랐다. 조선은 서양이 아니라, 일제의 야욕과 식민지배 앞에서 그 일제와 맞설 수 있는 절대의 힘이 필요했고, 그 힘이 서양을 부강하게 했던 기독교였다는 것을 알았다. 그래서 그 기독교가 중국이나 일본에서는 서양제국의 앞잡이로 들어갔을지 몰라도 조선에 들어온 기독교는 우리 민족과 더불어 고난의 길을

---

57   W. E. Griffis, 『은자의 나라 한국』, 신복룡 역 (서울: 탐구당, 1976), 582.
58   Nym Wales and Kim San, 윗글, 75.
59   『독립신문』, 1896년 4월 25일, 4월 30일, 5월 12일, 6월 30일, 1898년 1월 4일, 6월 14일, 1899년 1월 12일, 6월 27일, 9월 9일, 9월 20일.

걸었던 동반자일 수밖에 없었다.[60] 일본의 침략이 시작된 시점에서 조선에 들어온 선교사들은 기꺼이 조선 인민들과 함께 그 고난에 동참하였고, 과거에 조선의 혁명을 꿈꾸다가 실패하여 망명하였던 개화파들도 스스로 기독교인이 되어 조선의 자주 독립을 이끌어, 기독교공동체는 조선 독립의 모태가 되었던 것이다. 일제가 소위 105인 사건을 조작 하여 서북지방의 기독교 지도자들을 말살하려고 했던 것도 한국의 기독교가 반 일본 독립운동의 핵심세력이었기 때문이다. 그리고 기독교의 연계성을 가진 역동적인 민족운동의 힘은 계속적으로 기독교공동체에 뿌리를 내리고 3·1운동이라는 거대한 민족운동의 집합행동의 결실을 맺게 된 것이다.

국권이 뿌리째 뽑혀 희망이 사라졌던 조선 사회에서 기독교는 민족의 희망이었고, 사회 변화의 역동적인 힘이 되었다. 기독교가 들어오자 한국 사회의 변화를 원하던 개혁세력들이 기독교에 들어오게 된 것이 더해져 초기 한국 기독교는 개혁적인 성격을 가지게 되었다. 그리고 당시의 상황이 일본의 침략행위가 있는 시기였기 때문에 조선 기독교인들은 독립을 위한 운동을 하게 된 것이다.

## 4. 선교사들의 정교분리 정책

조선에서 정치와 종교가 분리되어야 한다는 주장을 처음으로 한 사람들은 구한말 조선에서 복음을 전하던 미국의 선교사들이었다. 조선에 거주하는 선교사들은 1901년 9월 장로회 공의회에서 '교회와 정부 사이의 교제할 몇 가지 조건'이라 하는 5개항의 원칙을 천명한 바 있다.[61]

---

60  박정신, 『한국 기독교사 인식』, (서울: 혜안, 2004), 75-76.
61  『그리스도 신문』5권 40호, 1901년 10월3일.

1. 우리 목사들은 대한나라 일과 정부일과 관원 일에 대하여 도무지 그 일에 간섭하지 아니하기를 작정한 것이요.

2. 대한국과 우리나라들과 서로 약조가 있는데 그 약조대로 정사를 받되 교회일과 나라일은 같은 일이 아니라 또 우리가 교우를 가르치기를 교회가 보는 회가 아니요. 또한 나라일은 간섭할 것도 아니요.

3. 대한 백성들이 예수교회에 들어와서 교인이 될지라도 그전과 같이 백성인데 우리 가르치기를 하나님 말씀 거스림 없이 황제를 충성으로 섬기며 관원을 복종하며 나라 법을 다 순종할 것이요.

4. 교회가 교인이 사사로이 나라일 편당에 참예하는 것을 시킬 것 아니요, 금할 것도 아니요. 만일 교인이 나라 일에 실수하거나 범죄하거나 그 가운데 당한 일은 교회가 담당할 것 아니요, 가리울 것도 아니요.

5. 교회는 성신에 붙인 교회요, 나라일 보는 교회 아닌데, 예배당이나 교회학당이나 교회 일을 위하여 쓸 집이요 나라일 의논하는 집은 아니오. 또한 누구든지 교인이 되어서 다른 데 공론하지 못할 나라 일을 목사의 사랑에서 더욱 못할 것이요.

이만열은 이를 가리켜 한국교회의 비정치화 선언이라 하며, 그 가운데 당시 재한 선교사들의 입장이 잘 시사되어 있다고 말하였다.[62] 이 결의안은 마태복음 22장 15-21절의 예수의 가르침과 같이 국가와 교회는 가이사의 것과 하나님의 것만큼은 분리되어 서로 간섭하지 않아야 한다는, 소위 정교분리 원칙의 강조와 교회가 정치에 관여하지 말라는 정신으로 일관되어

---

62　이만열, 『한국 기독교사 특강』(서울: 성경 읽기사, 1985), 137.

있다. 조선인 목사가 아직 한 사람도 나오지 못했던 그때, 선교사들만으로 이루어진 공의회에서, 정교분리를 내세우며 교회로 하여금 정치에 대하여 말하지 말고, 정치에 관여하지 말라고 강조하게 된 배경은 무엇인가?

첫째, 정치로부터 교회를 보호하기 위한 조치였다. 아더 브라운(Arthur J. Brown)은 아직 유아에 불과한 어린 교회를 정부를 향해서 포진하도록 허용하는 것은 어리석은 일이라고 말했다.[63] 이만열은 기독교인과 상당히 깊이 관련되어 있는 것으로 보이는 독립협회사건과 그 이후의 일련의 반기독교적인 풍조 때문에 정교분리 정책이 나왔다고 본다. 그는 독립협회 사건으로 몇 차례에 걸쳐 신진 개화론자들이 투옥 당하게 되고 지방에서 교회 박해운동이 일게 되자, 선교사들은 아직 성숙되지 못한 교회를 정치적 와중(渦中)으로부터 보호하기 위해서 그와 같은 결의를 남긴 것 같다고 말한다.[64]

윤경로는 한국 기독교가 정치 세력화되는 것을 통감부측 못지않게 선교사측도 반대하였는데, 선교사들의 이런 태도는 통감 이토 히로부미(伊藤博文)와 선교사 해리스 사이에 묵계된 이른바 정교분리의 실체가 규명되어야 한다고 했다.[65] 그러나 이러한 주장은 공의회에서 정교분리문제를 공지한 때가 1901년이고 이토 통감과 해리스 감독이 만나서 종교와 정치의 역할에 대해 말한 것은 조선 통감부 설치(1905년) 이후 이토오가 조선에 부임했을 때 이므로, 공의회에서 정교분리 원칙을 만들게 된 것이 일본정부 당국자와 선교사들의 묵계에 의한 것이었다고 주장하는 것은 지나친 비약으로 보인다. 사실 선교사들이 정교분리 원칙을 강조하고, 교회는 정치에 관여하지 말라는

---

63  Arthur J. Brown, "Politics and Missions in Korea," *The Missionary Review of the World (Ⅰ)* 1889-1902., 188.
64  이만열, 『한말 기독교와 민족운동』(서울: 평민사, 1981), 103.
65  윤경로, "일제의 기독교 정책과 조선전도론 Ⅱ" 『기독교사상 제 34권 제5호』, 1990, 111.

지침을 내놓은 이후부터 선교사들 가운데 일부는 민족운동을 공개적으로 비판, 매도하는 자도 있었다. 예를 들면, 1907년 군대해산을 기점으로 전국적으로 무장 의병이 궐기하여 그 여파가 교회 안에까지 파급될 조짐이 보이자 일부 선교사들은 "우리는 의병에 반대하며, 여기에 교회가 말려들지 않도록 유의 하여야 한다."[66] 라고 했으며, 심지어 의병 봉기를 가리켜 "위조된 광란의 애국주의라고 매도하는 선교사도 있었다.[67]

선교사들의 이러한 입장이 조선 교회에 영향을 미쳤을 것으로 본다. 그래서 기독교의 지도자들이 민족공동체가 요구하는 정치·사회적 문제를 외면한 채 '비정치화' 경향이 현저하게 드러낸 것도 부인할 수 없는 일이다. 또한 이 정책 때문에 기독교가 조선 사회의 비판의 표적이 된 것도 사실이다. 이런 현상은 일제의 변화된 통치정책을 틈타 '무단통치기'에 억눌린 정치·사회적 욕구들이 폭발적으로 분출될 때 이전에 그 욕구를 채워주고 역할을 감당했던 종교공동체들의 역할이 대폭 줄어들었다는 점에서 확인할 수 있다. 또한 기독교공동체를 주도하던 기독교 지도자들의 정치적 태도 변화를 들 수 있겠다.

3·1운동 후에 기독교 지도자들 중에 많은 수가 '비정치적' 지도자가 되었고, 종교적 행위를 통해 현실에 안주하는 모습이 나타났다.[68] 이러한 기독교 지도자들의 현실 안주의 비정치적 태도에 대한 언론의 반응은 조선의 기독교가 인민들에게 정신과 물질의 분리를 강조하면서 세상과 물질을 부정하고 죽은 뒤의 천당만 생각하는 '시대착오적인' 발상을 한다고 비판하였다.[69] 일제 강점 이후 조선사회의 가장 역동적인 조직체였던

---

66 백낙준, 『한국 개신교사』, (서울: 연세대학교출판부, 1973) 436-437.
67 J. S. Gale, *Korea in Transition*, 38-39.
68 Park Chung-Shin, 윗글, 148-149.
69 "朝鮮基督教의 覺醒을 促求 하노라,", 『東亞日報』, 1923년 5월 19일자; "時代錯誤的

기독교를 가리켜 "조선 독립의 모태"라고 예견하였던 김산은 3·1운동 이후 다음과 같이 조선 교회를 비판했다.

> 이 사건을 본 이후에는 내 믿음이 깨어져 버렸다. 나는 신은 분명히 존재하지 않으며 그리스도의 가르침은 내가 태어난 투쟁의 세계에는 별로 적용되지 않는다고 생각한다. 특히 한 가지 사실이 나를 화나게 만들었다. 그것은 어느 미국 선교사의 말 때문이었다."[70]

3·1운동 전에는 종교를 싫어하면서도 기독교 공동체만은 긍정적으로 보았던 신채호도 1920년대에 들어서면서 기독교를 혹독하게 비판하기 시작했다.[71] 이렇게 3·1운동 후 조선의 기독교가 이전의 기대와는 달리 혹독한 비판을 받게 된 데는 몇 가지 이유 중에 하나가 바로 정교분리 정책인 것이다. 그러나 보편적으로 서구 문명국가들이 주장하고 지켜오고 있는 정교분리 정책이 잘못이 아니라 일본제국주의자들이 악용하고 오용한 그 정교분리정책이 문제가 있었던 것이다.

둘째, 중국에서 일어난 의화단 사건의 영향으로 정교분리 원칙을 강조하게 되었다. 1900년에 중국에서는 의화단 사건이 발생했다. 8-10만 명에 이르는 의화단들이 기독교를 몰아내고 파괴하는 폭력적인 운동을 전개해 나간 것이다. 처음에는 기독교만을 공격 목표로 삼았지만 점차로 서양인 전체를

---

　見解를 克服하라," 『東亞日報』, 1924년 4월 1일자.
70　여기서 미국선교사가 했다는 발언은 다음과 같다.
　　 "조선이 잘못을 저질렀기 때문에 하나님께서 조선에 벌을 내리고 계시는 것입니다. 지금 조선은 그 대가를 지불하기 위해 고통을 당하고 있는 것입니다. 하나님께서는 죄의 보상이 끝난 다음에 조선을 원래대로 돌려놓으실 것입니다. 만일 하나님의 보상이 끝났다고 생각하신다면 조선은 독립을 얻게 될 것입니다" Nym Wals and Kim San, 『아리랑』, 67-68.
71　박정신, 윗글, 78-79.

공격의 대상으로 삼았다. 그들은 교회와 선교부 건물을 불태우고 중국인 기독교인들을 약탈하고, 종국에는 선교사들과 기독교인들을 살해하기에 이르렀다. 중국인들이 이처럼 서양인들에게 적개심을 가지고 또한 기독교를 공격하게 된 데는 이유가 있었다. 중국의 경우 영국 프랑스 등 유럽의 제국주의 국가들이 중국을 식민지화하는 과정에서 선교사들이 제국주의의 앞잡이 노릇을 한 측면이 있었다. 천진조약문을 초안한 마틴 목사는 말하기를 '우리 선교사들은 외국상인에게 중국을 자세히 소개해야 한다. 선교사들은 변함없는 중국인의 친구이며 동시에 통상의 선구자이다. 선교사들은 백인이 한 번도 들어가 본적이 없는 내지까지 들어가 이 나라의 심장부까지 확보하고 있다. 외국상인들은 선교사들을 따라 무역을 시작하였다. 우리는 중국시장 개척의 선구자이며 자본주의의 선행자이다.' 라고 했다.[72] 선교사의 신분으로 모국의 식민지 정책에 적극 협력한 태도가 역력하게 드러나고 있다.

1900년 6월 24일 중국의 황제는 모든 외국인을 사살하라는 칙령을 내렸다. 그래서 전국적으로 외국인들과 교회를 습격하고 철도와 전신을 파괴하고 외국 제품을 불태웠다. 이 위기의 시기에 선교사들과 중국의 기독교인들이 많이 희생되었다. 가톨릭 쪽에는 중국인 신자들이 많이 희생되었고. 개신교 쪽에서는 선교사들이 많이 희생되었다. 개신교 선교사 중에서 135명이 희생되었고, 또한 53명의 어린이들이 희생되었다.[73] 많은 선교사들이 모든 것을 포기하고 고국으로 돌아갔다. 전국이 적대적인 분위기였기 때문에 귀국길도 엄청난 위험을 수반해야 했다.

이때 한국에 있던 선교사들은 바로 이웃나라 중국에서 일어난 의화단 사건이 한국에서도 일어날 것을 염려하였다. 왜냐하면 한국에서도 선교사

---

72  이관숙, 『중국 기독교사』(서울: 쿰란출판사, 1997), 443-444.
73  Stephen Neill, *A History of Christian Missions* (London: Penguin Books, 1986), 288.

배척운동이 일어나고 있다는 소문이 돌기 시작했기 때문이다. 이때 주한 미국공사로 일하던 알렌은 중국과 국경을 접하고 있는 의주 구성 용천 등지에서 불리한 소문이 있음을 알게 된다. 즉 북쪽 변방에 살고 있는 한국인들이 중국에서 기독교를 박해하는 분위기에 영향을 받아 그곳에서도 역시 선교사들과 모든 선교사들을 내어 쫓으려 한다는 것이었다. 이 긴박한 분위기는 북방 지역으로 선교 여행을 다녀온 미북장로교의 사무엘 모펫 선교사가 1900년 9월 10일 알렌 공사에게 보낸 보고서에서 잘 드러난다.

> 1. 운산광산 지구의 서쪽에 위치한 구성에서 두 명의 지방 관리가 현지 기독교인들을 욕하고 체포하면서 많은 문제를 일으키고 있습니다. 이들은 천마면과 사기면의 집강(執綱)인데 천마면의 집강은 기독교인 두 명을 체포하여 많은 심문을 하고 심하게 때린 후에 방면하였는데, 그는 추수가 끝나면 외국인들과 현지 기독교인들을 살해할 것이라는 말하였습니다.
> 2. 의주, 구성, 영천 등의 변방 지역에서는 음력 10월에 보부상과 동학도들이 일어나 모든 기독교인들과 외국인들을 살해할 것이라는 보고가 널리 펴져 있습니다.[74]

중국에서 의화단 사건이 일어나고 한국에서는 중국의 영향을 받아 선교사들과 기독교인들에 대한 박해의 조짐이 나타나고 있을 때, 미북장로교 해외 선교부에서는 브라운 목사를 중국에 파견하여 상황을 파악하도록 하였다. 브라운은 중국에서 일어난 의화단 사건의 성격을 조사하고 돌아왔다. 그리고 그는 보고서를 작성하였는데, 그 보고서에 조선 교회가 왜 정치문제에

---

74 "선교사 및 교민보호 요청"『舊韓國 外交文書』弟 12卷, 美案 三, 1900년 9월 14일. (서울: 고려대학교 출판부, 2005.)

개입하는 것을 금지해야 하는지 이유를 설명하고 있다. 물론 조선에서는 중국에서 일어난 의화단 사건과 같은 일은 일어나지 않고 있지만, 한 세대 전 1866년도에는 조선에서도 2만여 명의 가톨릭 신자들이 몇 사람 권력자들과 보수적인 유교 학자들에 의해 죽임을 당한 일이 있고, 작년 겨울을 기점으로 반 외국인 정서가 확산되고 있음을 말하고 있다.[75] 따라서 개신교 선교사들과 한국 기독교인들이 민감하고 어려운 처지에 놓이게 되었으므로, 선교본부의 선교사들은 합법적으로 세워진 권력자에 대해서는 존경을 표해야 하며, 쓸데없이 그들을 당혹하게 하는 일이 없도록 특별한 주의를 기울여야 하고, 그 나라의 법에 복종해야 하며, 교회가 정부에 대하여 적개심을 키워가는 것 보다는 다소간의 불의를 참을성 있게 견디는 것이 그리스도의 제자들에게는 더 좋을 수 있다고 보았다. 이미 조선 교회에는 야심 있는 정치 지도자들이 교회와의 협력을 시도하여왔다. 그러나 선교사들은 이 정치지도자들의 활동으로 아직 유아기 상태에 있는 조선 교회가 정치적 음모에 말려들어 자멸하는 일이 발생하지 않도록 해야 한다고 주장하고 있다.[76] 선교본부의 이러한 권고 사항이 받아들여져서 조선의 선교사 공의회에서 정교분리 원칙을 만들어 공지하게 된 것이다.

셋째, 미국 정부의 재조선 선교사 정책 때문이었다. 당시 미국정부는 선교사들이 한국의 정치문제에 개입함으로써 미국정부를 한반도에서 일어나고 있는 복잡한 이해관계의 소용돌이 속에 빠지게 하지 않을까 염려하여, 선교사들에게 "우호적 중립(friendly neutrality)"[77]을 지켜야 한다는 입장을 분명히 하였다. 우호적 중립을 지키라는 말은 미국은 조선의 사회적,

---

75  Arthur J. Brown, "*Report of A Visitation of the Korea Mission of The Board of Foreign Missions of the Presbyterian Church in the U. S. A.*" (New York: The Board of Foreign Missions of the Presbyterian Church in the U. S. A, 1902), 7.

76  윗글, 6.

77  Alvey Adee to Allen, Sep. 22. 1898. ; 류대영, 『개화기 조선과 미국 선교사』(서울: 한국기독교역사연구소, 2007), 61., 103-104. 재인용.

정치적 독립이 유지되기를 바란다는 의미에서 조선에 대하여 우호적인 태도를 가지고 있다는 것이다. 그러나 미국의 국가 이익이나 미국 시민의 권익이 직접적으로 문제가 되지 않는 한 조선의 정치에 개입하지 않는다는 의미에서 중립을 지키겠다는 입장이다. 이것은 곧 미국선교사들로 하여금 조선의 정치에 관여하지 말고 개입하지 말라는 의미이다.

미국 정부의 이러한 대조선 정책노선으로 인하여, 일본낭인들에 의한 명성황후 시해사건(1895.10.8.)이 일어났을 때, 알렌이 일본의 간악한 살해음모기도를 국제외교사회에 폭로, 고발하기 위해 일본공사를 제외한 서울 주재 각국 공사를 소집하고 외교단회의를 주재하고, 미국 선교사들의 도움을 요청하여 교대로 고종을 보호하고 미국 해병대로 하여금 왕궁을 호위하게 했을 때[78] 이러한 선교사들의 행보에 대하여 리차드 올니(Richard Olney)국무장관은 "조선에 있는 선교사들은 내정문제와 관련한 어떤 의견표시나 조언을 하는 일이나 한국정치문제 개입은 엄격히 자제해야 하며, 오직 복음전하는 일이든, 환자를 돌보는 일이든, 학교에서 학생을 가르치는 일이든 선교업무만 하라고 하였다."[79] 이 장면에서 미국정부는 한국 정치문제에 개입하지 않는다는 입장을 분명히 하였다.

이러한 미국 정부의 방침에 의해서 미국 선교사들은 정치권력으로부터 조선 교회를 보호하기 위해 정교분리의 원칙을 선언하였지만 조선 기독교 공동체의 교인들의 정치사회 참여에 대한 전면적 금지가 불가능함을 알고, 교회의 정치문제 관여에 있어서 교회라는 집단과 교인이라는 공동체

---

78  그 당시 경복궁을 교대로 경호한 주요 인물은 다이(William M. Dye,)장군, 미국선교사 3명, 그리고 알렌 서기관 등 미국인과 러시아 공관원 등이다. Fred Harvey Harrington, *God Mammon and the Japanese*, (Wisconsin: The University of Wisconsin Press, 1944), 276.

79  Richard Olney to Sill, Jan. 11, 1896., 류대영, 윗글, 108. 재인용.. ; Harrington, 윗글, 279-280.

구성원을 분리해서 접근을 한다. 즉 교회가 정치문제에 관여하거나 교회 단체로는 정치문제를 논하지 못하게 했지만, 교인 개인의 자격으로는 얼마든지 정치활동이 가능하도록 길을 열어놓은 것이다.

김권정은 선교사들의 이러한 의도가 정교분리원칙 제 4조, '4. 교회가 교인이 사사로이 나라일 편당에 참예하는 것을 시킬 것 아니요, 금할 것도 아니요. 만일 교인이 나라 일에 실수하거나 범죄 하거나 그 가운데 당한 일은 교회가 담당할 것 아니요, 가리울 것도 아니요.' 에 반영되었다고 본다.[80] 선교사들이 자의든 타의든 조선사회에 요동치는 정치적 상황에서 한국 교회의 비정치화를 일방적으로 몰아붙일 수 없었고, 고육지책으로 역사적 상황을 고려하여 이러한 방침을 선택하게 된 것이다. 따라서 선교사들의 비정치화 선언 이후에 조선의 교인들은 한편으로는 순수한 종교공동체로서 교회를 정치사회적 외풍으로부터 지켜내면서도, 동시에 교회 구성원이라는 정체성을 포기하지 않고 교회 밖에서 조직된 단체를 통해서 사회참여운동을 전개해 나갔다.

사회현실에 대해 문제의식을 가지고 정치적 행동을 하려는 기독교인들은 그들의 혈연, 지연, 학연 등의 인간관계를 중심으로 교회를 벗어나서 교회 밖에 기독교 단체 또는 일반 사회단체를 설립하여 활동하였다.[81] 그리고 그 조직적 거점으로서 중요한 역할을 한 것은 황성기독교 청년회(YMCA)와 상동청년회, 그리고 신민회 등이 대표적이다. 선교사들이 교회나 목회자가 정치에 개입하거나 관여하는 일을 정교분리 원칙을 내세워서 금지시켰기 때문에, 조선 교회가 비정치화 양상으로 흘러간 면도 있었지만, 선교사들은

---

80 김권정, "초기 한국 기독교의 '정교분리' 문제와 사회참여," 『한국기독교 역사연구 소식』79호, (2007), 54.
81 윗글, 55.

교인들이 교회 밖에서 개인적으로 정치 활동을 할 수 있는 여지를 두었기 때문에, 일제에 의해 강제로 나라가 합병이 되자 조선의 교인들은 거침없이 일어나서 항일투쟁을 하였고[82], 3·1운동도 기독교인들이 구심점이 되어서 전개하게 되었다. 뿐만 아니라 정교분리 원칙을 내세워 교회로 하여금 정치의 일에 개입하거나 관여 하지 못하게 했던 미국선교사들도 3·1운동이 일어나고 일본군들에 의해 조선의 국민들이 처참하게 죽임을 당하고 짓밟히는 상황을 보고서는, 지금까지는 미국의 대외정책과 조선내의 교회가 처한 상황 때문에 억누르고 숨겨왔던 종교의 자유에 대한 자신들의 견해, 그리고 정교분리원칙에 대한 이해를 표출해 냈던 것이다.

선교사들은 한국교회가 정치문제에 휘말리지 않게 하기 위해, 한편으로는 자기 자신들의 선교활동이 안전하게 지속되기를 바랐다. 그리하여 교회와 정부와의 관계에서 기독교인이 지켜야 할 '정교분리 원칙'을 통해 교회에서의 정치활동 금지를 선언하게 된다. 그러나 이때 선교사들이 선언한 '정교분리 원칙'에는 '정교분리 원칙'의 핵심 내용인 국민의 인권으로서 종교의 자유와 종교 활동의 권리는 언급되지 않았다. 단지

---

82  1905년 「을사보호조약」이 체결되자 기독교인들의 항일운동이 치열하게 일어났다. 1)서울에서는 전덕기, 정순만의 인도로 상동교회에서 수천 명이 모여 나라를 위한 기도회를 열었고, 전국교회는 서로 유기적인 연락을 취하면서 기도회를 통한 대중적인 시위를 벌였다. 鄭喬, 『大韓季年史 下』, (서울: 탐구당, 1971), 191., 2)그리스도인 최재학, 이시영 등이 평양에서 상경하여 조약을 철폐하는 격문을 서울거리에 산포하였고, 이들은 11월 27일 을사오적의 처단을 요구하다가 일본 순사들과 충돌하여 경무청에 70일간 구금당하였다. 鄭喬, 윗글, 187..; 박은식, 『한국통사』(서울: 삼호각, 1946) 3편, 97., 3)그리스도인 김하원, 이기범, 김홍식, 차병수 등도 1905년 11월 30일에 이천만 동포에게 경고하는 글을 종가(鍾街)에서 전파하고 운집한 시민들에게 격절(激切)한 구국연설을 하였다. 鄭喬, 윗글.,191-192.., 박은식, 윗글,, 98. 4)기독교도이며 교육지사이기도 한 정재홍이 伊藤博文을 암살하려한 사건, 鄭喬, 윗글. 255-257., 기독교신자 장인환이 스티븐스를 살해한 사건, 한국기독역사연구소, 『한국기독교의 역사 I』(서울: 기독교문사, 2006), 334-335.

교회의 정치활동 금지와 정치에 대하여 침묵할 것만 강조함으로써, 강력한 무력을 행사하며 조선을 통치하는 일본 정부의 종교정책들 앞에서 미국 헌법이 보장하는 본래적인 의미의 '정교분리의 원칙'은 태생적으로 왜곡되고 악용될 소지가 있게 되었다.

# 제3장
종교개혁자들의
국가에 대한 신학적 이해

# 제 3 장 종교개혁자들의 국가에 대한 신학적 이해

미국 선교사들은 1901년 조선 교회에 대하여 정교분리 원칙을 선언하고, 교회는 정치에 대하여 관여하지 말고 교회에서는 정치에 대하여 논하지 말라고 가르쳤다. 그런데 과연 미국선교사들이 전해준 정교분리원칙의 본래적 의미는 무엇인지 알기 위해 먼저 종교개혁시대에 루터, 칼빈, 낙스 등의 교회와 정치에 대한 신학적 관점을 살펴보고자 한다.

정교분리 원칙의 뿌리를 살피보기 위해 종교개혁자들의 교회와 정치에 대한 신학적 관점을 살펴보아야 하는 이유는 미국 사회에 뿌리내려지고 정착된 정교분리 원칙은 종교개혁시대에 루터와 칼빈 등 종교개혁자들을 통해서 논의되었고 교회사 현장에서 실행과정을 거쳐 왔기 때문이다. 그러므로 미국의 정교 분리원칙이 미국의 어떤 정치적 상황에서 논의되고 어떤 과정을 통해서 정립되었는지 살펴보기 이전에 종교개혁자들이 주장 했던 교회와 정치의 관계를 살펴보도록 하겠다.

## 1. 루터의 두 왕국 사상

루터가 종교개혁을 일으키던 때는 유럽의 국가주의가 힘차게 대두되고 있었던 때였다. 그리고 루터도 신성로마제국의 정치적 희생이 되어 있던 자기 조국 독일의 가난과 후진성을 잘 알고 있었다. 또한 루터의 개혁운동이 독일의 선제후 왕들의 국가주의 사상에 힘이 되어 주었지만 그의 운동은 정치운동과는 아주 다른 종교적 운동이었다. 그러나 루터가 중세적인 성속개념을 크게 혁신시킴으로서 교회와 국가의 관계의 이해를 크게 변화시켰다. 다시 말하면 그는 국가의 정치적 권리의 독립성과 신성성을

누구보다도 강력하게 확립시킨 사람이 되었다.[83]

루터는 하나님의 창조질서로서 두 왕국을 말한다. 하나는 외부의 질서를 다스리는 나라이고 다른 하나는 사람의 영혼을 다스리는 하나님의 나라라고 말한다.[84] 하나님의 나라는 은혜와 자비만의 나라로서 용서와 피차 남을 생각하는 것과 사랑과 봉사와 선행과 평화와 기쁨이 그 안에 있으나 세상 나라는 진노와 엄격한 법의 나라로서 악을 억제하고 선을 보호하기 위해 거기에는 벌과 억압과 심판과 정죄만이 있다고 말한다.[85] 루터는 국가와 그 통치자를 세계를 다스리시는 하나님의 두 팔 가운데 하나이며 그것은 교회와 마찬가지로 하나님의 계시의 한 도구이다. 루터는 아우구스티누스의 생각처럼 국가와 정부는 인간 타락의 대책으로서 타락한 인간과 그 사회를 다스리기 위한 기구로 생각한다.

루터는 세상의 나라와 하나님의 영적 나라를 양립시켜서 각자의 독립적이며 자유로운 영역을 인정하면서 양자를 분리시켜 가이사의 것과 하나님의 것을 구별하였다. 루터는 중세의 국가관과는 판이하게 국가의 자주성과 독립성을 강조한 셈이며, 따라서 국가를 교회의 지배, 곧 신권정치로부터 해방시켰다고 말할 수 있다. 루터가 국가 권력의 독립과 자율을 인정한 신학적 이유로서 그의 교회관과 성직관을 들 수 있다. 즉 루터에 의하면 교회가 세상의 국가와 경쟁한다든지 또는 국가보다 우월하다든지 하는 주장은 있을 수 없으며, 교회 자체가 이 세상에서 하나님의 나라 자체는 아니라는 것이다. 그리하여 교회가 국가로부터 자유하거나 특별한 권한을 가질 수 없으며 성직자도 국가의 많은 여러 전문분야의 봉사자들 중에 하나라고 생각하였다.

---

83  J. W. Whale, *The Protestant Tradition*, (Cambridge University Press, 1955), 295.
84  M. Luther, "An open Letter Concerning the Hard Book Against the Peasants" H. T. Kerr, Jr., ed. *A Compand of Luther's Theology*, (Philadelphia: Westminster Press, 1954. 213.
85  M. Luther, 윗글.

그러므로 성직자의 신정이란 것은 있을 수 없으며 성직자나 국가의 권력자가 다같이 하나님의 소명을 받은 각각 다른 직책을 수행하는 것이다. 루터는 세상에는 두 종류의 정부가 있는데 현실적으로 타락한 인간을 다스리는 데는 진노의 칼을 가진 민간정부가 필요하다고 말한다. 그런데 이 칼이 참된 그리스도인들에게는 불필요하다는 것이다. 참된 그리스도인들은 스스로 하나님의 말씀에 순종하기 때문에 자신들을 위해서는 총칼과 힘으로 다스리는 국가가 필요하지 않고 다만 불신자들에게만 국가가 필요하다. 참된 그리스도인들은 모두 율법이 요구하는 것은 자진해서 행하기 때문에 법률이나 총칼이 그들을 강요할 필요가 없다는 것이다.[86] 루터는 그만큼 하나님의 말씀에 대해서 낙관적이다. 그러나 그리스도인들이 이 세계를 참으로 복음화 시켜서 신자들로 가득 채운다는 것도 기대하기 어렵고 또 온 국민이 세례를 받는다 할지라도 대중은 언제나 비기독교적이고 이름만 그리스도인인 사람들이 많기 때문에 기독교 국가라 할지라도 정부는 필요하다고 말한다.[87] 칼빈은 루터와는 달리 진정한 그리스도인들에게도 정부와 법은 필요하다고 말한다. 칼빈은 모세의 도덕적 규범들이 여전히 그리스도인들에게도 구속력을 가지고 있으며, 하나님은 이 세계의 사람들의 생활이 시대에 따라 달라져도 영구불변의 규범을 제정해 주셨기 때문에 모세의 법아래서 국가를 필요로 했던 사람들과 마찬가지로 그리스도인들도 그 법을 가지고 다스리는 국가를 필요로 한다고 말한다.[88] 이런 점에서 칼빈은 국가가 마치 경관처럼 불신자들과 명목만 신자인 사람들의 죄를 억제하기 위하여 국가가 필요하다고 주장하는 루터의 국가관과 다른 입장을 가진다.

그리고 루터는 국가는 평화와 질서를 위하여 악을 억제하고 벌하는

---

86  Kerr, 윗글, 216. "*Commentary on Peter and Jude*"
87  이장식, 『기독교와 국가』(서울: 대한 기독교 출판사, 1981.), 144.
88  윗글, 2, 7, 13.

기능을 하기 때문에 그리스도인들은 국가에 복종해야 한다고 말한다. 루터는 그리스도인들이 국가권력에 대하여 복종해야 이유는 모든 권세를 하나님이 주셨기 때문이라고 설명한다. 루터는 국가권력이 국민의 것을 도둑질하고 불의를 행해도 복종하라고 권한다. 여기서 국가에 복종하라는 말은 무조건적인 복종을 말하는 것이 아니다. 그 권력의 불의와 악을 알면서도 악을 악으로 갚지 말며, 불의에 대하여 세속적인 폭력저항을 하지 말라는 것이다.[89] 이 말은 정부가 무슨 악을 행한다고 해도 국민이 침묵해야 한다는 말이 아니다. 왕이 미쳐서 백성을 다스릴 수 없거나 불의한 전쟁을 도발하여 사람들을 죽이거나 하면 그런 왕은 제거해야하고 반항해야 한다. 왕이 이웃을 죽이고 해롭게 하기 때문이다.[90] 그러나 이러한 왕을 제거해야 된다고 말하면서도 이 왕을 제거하는 방법은 소극적이고 수동적이다. 루터는 폭군에 대한 태도 다섯 가지를 말한다. 첫째, 폭군은 우리의 영혼을 해칠 수 없고 다만 우리의 육체와 재산만을 해칠 수 있기 때문이다. 폭군들은 그렇게 함으로써 자기들의 영혼이 파멸되는 것이니 스스로 보복을 받는 일이며, 우리의 원수는 절로 갚아지는 것이다. 둘째, 군주가 전쟁을 일삼아서 우리의 처자가 죽고 재물이 상실되고 또 우리 자신이 투옥되고 뼈가 부러진다 해서 군주를 죽여 없앨 수는 없다. 셋째, 통치자가 악하다손 치더라도 염려 할 것이 없는 것은 하나님이 거기에 계셔서 불과 물과 쇠와 돌과 또 헤아릴 수 없는 방법으로 그를 죽이신다. 네째, 통치자들이 위험한 일을 할 때 하나님의 명령으로 그들의 신하들이 궐기하여 그를 죽이거나 제거한다는 것이다. 마지막으로, 하나님이 폭군들을 제거하시는 방법은 많은데 예를 들면 외국의 통치자들이 일어나서 폭군을 제거하여 보복한다는 것이다.[91] 루터는 반항을 위한 폭동이 아무리 타당하다할지라도

---

89  Kerr, 윗글, 217. "Secular Authority"
90  윗글, 231. "Treatise on God Works"
91  윗글, 227-228. "Whether Soldiers Can be Saved?"

그것에 대하여 동의 할 수 없는 까닭은 폭동행위는 반드시 무죄한 사람의 피도 흘리게 되기 때문이라고 말한다. 루터는 불의한 통치자를 제거할 수 있다고 말하면서도 폭력적인 반항을 반대하고 소극적이고 피동적인 반항을 지지 할 뿐이다. 루터는 왜 이렇게 불의한 통치자를 제거하는 일에 소극적인 태도를 보이는 것일까? 그는 국가를 하나님께 봉사하는 신성한 것으로 보는 신학적인 관점을 가지고 있기 때문이다. 그는 교회와 국가의 두 영역의 분리를 현실적으로 심각하게 생각하지 않았다고 볼 수 있다. 그가 군주의 신성한 권리를 교회권위자와 동격인 것으로 간주했기 때문에 불의한 군주들을 제거하는 일에 소극적인 자세를 보인 것이다. 루터는 종교개혁 운동을 시작하면서 세속권위를 행사하는 권위자들도 다른 사람들과 같이 세례를 받았고 같은 신앙과 복음을 가지고 있으므로 그들도 신부들이며 감독들임을 우리는 인정해야 한다고 말했다. 세속권위자들도 그리스도인 공동체의 한 직책을 그 공동체의 이익을 위하여 수행한다고 말했다.[92] 루터가 세속 권력자들에 대해서 이런 입장을 가졌던 것은 그가 기대한 종교개혁의 성과를 얻기 위해서는 독일의 군주들만이 힘이 되어 줄 수 있음을 알았기 때문이다. 루터는 로마 가톨릭의 교회의 군대가 그의 종교개혁운동을 크게 저지하기 시작하고, 또한 1534-1535년 사이에 뮨스터에서 재세례파의 항거가 일어났을 때, 이 재세례파운동을 제압하고 로마 가톨릭의 군대를 대항해 이기려면 군주들의 힘을 빌릴 수밖에 없었고, 당시에 이 역할을 해내고 독일국민의 올바른 신앙을 지키는 것은 군주들의 의무라고 생각을 했다. 이렇게 하여 독일의 프로테스탄트 군주들은 독일의 개혁교회에 대하여 감독과 같은 역할을 하게 된 것이다. 이 군주들이 로마 가톨릭 교회와의 투쟁에서 생긴 소수파의 프로테스탄트 신자들의 생명과 재산의 보호와 회의

---

92  윗글, 153. "Secular Authority"

조직과 관리들의 일을 맡게 된 것이다. 그러다가 로마 가톨릭교회와 루터교회 사이에 전쟁이 끝나고 1555년 아우쿠스부르크의 강화조약이 체결되면서 각주의 군주는 실제적으로 교회의 감독처럼 되어갔다. 즉 이 조약의 2조는 개신교나 구교의 신앙을 택하는 것은 각 군주의 자유에 달렸고 각주의 주민은 군주의 신앙에 따라야 하며, 신구교의 군주들은 신앙을 달리하는 다른 주를 공격하거나 파괴해서는 안 되고 각 주는 완전히 주별로 신앙의 자유를 향유하게 한 것이다. 이것이 지역별 종교자유제도이다.[93] 이 제도를 루터교회는 국가교회로 발전시켜갔고 따라서 교회도 국가의 기관들 가운데 하나로서 국가관리에 의탁된 것이다.

    루터는 국가와 교회가 다같이 하나님의 소명을 받아 대등한 관계를 가지고 각각 다른 분야를 책임 맡고 있다고 본 것이다. 따라서 교황을 비롯한 성직자들과 황제와 군주들이 다 대등하면서도 구별되는 독립적이면서도 자유로운 책임을 가지고 있음을 강조하였다. 그리하여 중세의 교황과 성직자들의 신권 정치적 월권행위를 정죄하였다. 루터는 국가는 하나님이 세우신 것으로서 성직자의 지배와 보호에서 자유하게 되어야 하고 한편으로는 국가와 정부의 권한은 하나님께 응답할 수 있는 인간의 양심을 지배하는 것이 아니고 오직 사람의 몸과 소유만을 다스리도록 제한되어야 한다고 생각한 것이다. 결국 루터가 현대국가 형성에 공헌한 것은 주로 국가를 종교로부터 자유하게 한데 있다고 말할 수 있다.[94]

---

93  Ehler and Morrall, ed. *Church and State Through the Centuries, A Collection of Ilustrative Documents*, 165.
94  이장식, 윗글, 150-151.

## 2. 칼빈의 국가관

### 1) 칼빈의 국가에 대한 이해

칼빈은 자신의 신학의 중심사상인 하나님의 주권적 의지론에 따라서 하나님의 명령을 교회와 사회에서 구체적인 법으로 실천되어야 한다는 생각을 가졌었다. 루터는 그리스도인에게는 법이 없어도 된다는 낙관적인 사상도 가지고 있었지만 칼빈은 신실한 신자라할지라도 하나님의 명령을 수행하기 위해 법이 마련되어야 하고, 그 법을 지키는 훈련이 필요하다고 생각했다. 그는 국가와 사회가 기독교 신앙을 받도록 조장하거나 강요하도록 하나님이 계획하셨다고 생각했다. 그러나 칼빈은 어떤 종교를 규정하는 것은 국가가 할 일이 아님을 분명히 하였다. 그리하여 그는 국가권력을 분명히 구별하여 종교에 부당하게 간섭하지 못하도록 장치하여 종교의 자유를 보장하는 일에 힘을 기울였다. 칼빈은 사람에게는 두 세계가 있어서 각각 다른 법이 있고 각각 다른 왕이 상반된 법을 가지고 통치한다고 말하였다.[95] 칼빈은 하나님의 창조질서로서 두 정부, 곧 영적정부와 국가 정부가 있음을 인정하며 따라서 국가와 군주들의 권세도 신성하며, 군주의 권력의 신성성은 그들의 자연의 것이 아니고 오직 그들이 하나님으로부터 위임받은 사명에 기인한 것이며, 하나님의 대리자로서 사람들을 향하여 하나님의 섭리와 보호와 선하심과 공의를 나타내야 한다.[96] 이처럼 칼빈은 국가의 직무를 하나님의 위탁사항으로 생각했기 때문에 국가의 사명이 교회의 사명과 본질적으로 충돌 될 수 없는 것으로 생각한다. 즉 국가는 교회의 외부적인 면을 보호하고 순수한 교리를 옹호하며 사회의 질서를 유지하며 국민의 준법생활을 지도하는 사명을 가지고 있는 것이다. 환언하자면,

---

95  Calvin, *Institutes*, 3.19,15.
96  윗글, 4.20,4-6.

국가는 세속적인 사명과 함께 종교적인 사명도 가지고 있어서 정부의 책임자는 우상숭배를 금하고, 미신을 박멸하고, 불경한 자들을 처단하여 복음전파를 도우며, 하나님의 이름을 공공연하게 모독하는 개인과 단체에 대하여는 반드시 벌을 주어 근절시켜야 한다고 칼빈은 말한다.[97] 즉 국가의 종교적인 임무를 말하고 있는 것이다. 이것은 교회자체가 할 수 없는 일을 국가가 하는 것이라고 할 수 있다.[98] 이런 점에 있어서 칼빈도 중세 로마 가톨릭 교회처럼 교회 교권의 강제기능의 실행을 위해서는 국가의 지원을 필요로 하였다. 이러한 칼빈의 입장은 제네바 교회의 정책시행 과정에서 잘 나타난다. 제네바에서는 성직자들과 시 대표자인 평신도들로 구성된 치리회(Consistory)에 의해서 정책이 결정되고 시행되었던 것이다. 칼빈의 국가에 대한 신학적인 입장은 교회와 국가가 합하여 하나님의 절대 주권에 다같이 복종하는 것이었다. 여기에서 국가에 대한 칼빈의 견해가 루터와 다르다는 것을 알 수 있다. 칼빈은 보다 민주주의적인 정부를 만들어서 그리스도인의 신앙과 생활에 관한 것을 결정하는 일을 하며, 교회의 예배와 영적 생활을 위하여 그리스도인들을 돕는 일을 하도록 했던 것이다. 루터의 입장은 그리스도인들의 외부적 생활에 관한 모든 것은 단일사회 질서의 구조 안에서 조직되기를 바랐기 때문에 교회법과 교권을 국가의 권력에 복종시켰다. 그러나 칼빈은 교회의 교권을 사로잡으려는 세속권력을 전도시켜서 교회의 교권이 국가권력을 지배하게 한 것이다.[99] 파커는 칼빈의 이러한 국가에 대한 신학적 입장을 처음의 개혁자들은 교회를 평신도화 하려고 했으나 칼빈은 국가를 성직자화 하였다고 평가하였다.[100]

---

97  윗글, 4.20.3.
98  A. Darkin, *Calvinism*, London: Duckworth, 1949, 231.
99  이장식, 윗글, 155.
100 Parker, *Christianity and the State in the Light of History*, 159.

칼빈에 의해 시도된 제네바 정치체제는 시청이 시민의 종교, 사회 및 문화 등 모든 생활과 시민의 사생활까지 간여한 것과 같다고 생각할 정도로[101] 제네바시가 단일 통일된 사회가 되어서 시청과 교회가 밀접한 연합기구를 이루었다. 그러나 칼빈은 루터와는 달리 교회가 시당국의 지나친 간섭을 받지 않게 한 것이다. 제네바에서의 교회와 정부의 연합 관계는 정치와 종교의 이원성을 인정하며, 양자사이에 주종관계가 있을 수 없으며, 또 두 영역이 독립적인 것인 만큼 그 권위도 평등한 것이었다. 칼빈은 언제나 정치권력이 종교에 간섭해서 종교의 자유를 침해하는 일이 없게 하는데 관심을 기울였다. 칼빈은 제네바에서 자신의 교리와 일치하는 정치체제를 만들었고 이 체제를 통해서 시민들을 교육하였다. 이러한 칼빈의 교회정치 제도를 유럽 여러 나라에서 제네바에 온 프로테스탄트 지도자들이 칼빈에게서 배우고 또 영감을 받아서 갔다. 그리하여 자치도시 국가인 제네바에서 성공한 칼빈의 정교관계 원리가 유럽의 보다 큰 나라들에서 실현되어 갔던 것이다. 그중에 스코틀랜드에서는 칼빈의 정교관계 원리가 성공적으로 시행되었다.

### 2) 칼빈의 저항교리

왕의 직책을 존중하는 칼빈은 폭군에 대해서도 백성이 폭력으로 반항하거나 제거해서는 안 된다고 말한다. 칼빈은 불의한 정부에 대한 저항의 교리에 있어서 소극적인 입장을 보인다. 칼빈은 선한 왕과 폭군의 구별은 하나님을 두려워하고 그의 말씀에 복종하는지 하지 않는지에 달렸다고 생각하고 폭군이라 할지라고 하나님의 종으로서 역할을 할 수 있기 때문에 왕이 없는 상태나 무정부 상태보다는 낫다고 생각하였다. 그는 때로 폭군이라도 국민의 죄를 벌하기 위해 하나님의 심부름꾼일 수 있고 그의

---

101 T. Lindsay, A History of the Reformation, Edinburgh: T and T Clark, 1953, 108.

권위는 여전히 고귀하고 거룩하다고 생각했다.[102] 그러나 만약 폭군이 꼭 제거되어야 할 형편이라면 이때 폭군에 대한 저항은 정부의 고관들 중에서 백성들을 보호하기 위해 시도할 수 있다고 말한다. 그리고 폭군제거에 직접 나설 수 있는 사람들은 옛 스파르타의 집정관이나 로마의 호민관 등과 같이 국가 고위 당국자 들이라고 말한다.[103] 칼빈은 폭군이라 할지라도 왕을 제거하는 일에는 국민들이 무장하고 폭력을 사용해서는 안 된다고 생각했던 것이다. 이러한 소극적인 저항교리는 칼빈 이후의 개혁자들에게서 수정이 된다. 1554년 칼빈의 후계자가 될 베자는 악한 지배자라 할지라도 국민이 복종해야 한다고 말하였으나 1576년경에 와서는 자신의 입장을 수정한다. 그는 민간 통치자의 권위는 궁극적으로 국민에게서 유래한 것이며, 국민과 사회적 계약을 맺음으로써 통치지역의 법의 구속을 받는 것이지만 그 계약을 어기는 통치자는 국민에게 복종을 요구할 권리가 없으며, 개인이 그를 저항 권리는 없지만 고위 당국자는 그를 제거할 권리가 있다고 주장하였다.[104] 베자의 정부론은 계약 정부론이고 주권재민론으로서 칼빈에게서 찾아 볼 수없는 민주주의적 이론이다.

칼빈은 국가의 권력은 하나님이 주신 것이니 불의한 권력에 대해서까지 순종해야 한다고 말하였고, 국민에 대해서 폭력적인 권력을 행사하는 왕에게 저항하고 그 왕을 제거하는 일에도 소극적인 입장을 취하였기 때문에, 후대사람들이 마치 칼빈이 정부가 무슨 짓을 하더라도 백성들은 참아야 하고 순종해야 한다고 가르친 것으로 오해를 한다. 그러나 칼빈은 불의한 권력자에게 무조건 순종하라고 말하지 않았다. 칼빈은 백성들이 직접 폭력적인 방법으로 불의한 왕을 제거하는 것을 반대한 것이다.

102 *Institutes*, 4, 20, 25.
103 *Institutes*, 4, 20, 30.
104 Parker, 윗글, 162.

만일 왕이 우상을 숭배하고 폭력으로 전횡을 일삼는다면, 이런 집권자에 대해서는 지금의 임금들의 전횡을 억제할 목적으로 임명된 국민의 관리들이 임금의 폭정에 항거해야 하며 횡포를 중지시켜야 한다고 말한다. 그리고 여기서 군주의 폭정을 중지시킬 국민의 관리란 고대 스파르타의 왕들에 대립한 감독관, 로마의 집정 장관들에 대립한 호민관, 아테네의 원로원에 대립한 지방장관 그리고 현재 각국의 국회가 중요 회의를 열 때에 행사하는 관한 같은 것이라 했다.[105] 칼빈의 이러한 신학적인 견해는 스코틀랜드의 종교개혁자 낙스에게 영향을 주었다. 그래서 낙스는 제네바에서 돌아와 스코틀랜드에서 개혁운동을 할 때, 귀족들과 연합하여 왕에게 항거하였고 개혁을 이루어 냈다.[106]

칼빈의 국가에 대한 저항교리의 핵심은 하나님의 주권사상이다. 세속 군주의 권력을 하나님께로부터 부여 된 것이기 때문에 백성들은 그 군주의 권위에 마땅히 복종해야 한다. 그러나 권위에 복종을 하는데 있어서 가장 중요한 요소가 있는데 그것은 왕들의 모든 명령도 하나님의 명령 앞에는 굴복해야 한다는 점이다. 우리 사람은 하나님을 위해서 사람들에게 복종하는 것인데 사람의 비위를 맞추기 위해서 하나님을 불쾌하게 한다면 그것은 미련한 짓인 것이다. 그러므로 왕의 명령이 하나님께 반대되는 것이라면 그 명령을 존경해서는 안 된다. 이런 경우에는 집권자들이 가진 위엄을 조금도 두려워 할 필요가 없다. 왕이 하나님의 말씀에 어긋나는 명령이나 법을 지키라고 하면, 다니엘이 불경건한 왕의 칙령을 복종하지

---

105 참고로 쯔빙글리는 그의 논문 Der Hirt(목회자, 1524)에서 스파르타에 감독관이 있고, 로마에는 호민관이 있고, 독일의 도시에는 길드(guild)가 있어 통치자들을 억제하는 권한이 있는 것처럼, 하나님께서는 목회자들을 세워 백성을 지키게 하셨다고 했다. (CR Zwingli Ⅲ. 36) ; *Institutes*, 4, 20, 31.
106 권태경, 「스코틀랜드 종교개혁과 귀족의 관계에 대한 연구」『총신대논총』제 25권, 2005., 368-389.

않는 것처럼 왕이 명령을 거부해야 한다는 것이다.(단6:22-23) 신약성서에서 베드로도 '사람보다 하나님께 순종하는 것이 마땅하다.'(행 5:29) 고 했으니 세속 왕의 명령이 아무리 지엄한 것이라 해도, 그 명령이 하나님의 명령에 부합되지 않으면 이를 단호하게 거절해야 한다는 것이다.[107] 이와 같이 칼빈은 그리스도인들에게 세상권력자의 명령이 하나님의 명령에 어긋날 경우 그 권력자의 명령을 거부하고 저항 할 수 있는 길을 열어놓은 것이다.

칼빈의 이러한 저항논리를 익힌 존 낙스는 자기의 조국 스코틀랜드에서 종교개혁을 단행할 때 불의한 왕을 비판하였고, 그 왕을 저항하여 투쟁을 할 수 있었던 것이다.

### 3. 존 낙스의 정부에 대한 저항

16세기에 유럽의 종교개혁의 특징은 당시의 절대 권력의 상징이었던 로마와의 동맹관계의 단절이었다. 이것은 당시 스코틀랜드도 예외는 아니었다. 스코틀랜드가 이처럼 로마로부터의 정치와 종교의 자유를 꿈꾸며 선각자들이 목숨을 건 투쟁을 벌이고 있을 때[108], 존 낙스(John Knox)는 투쟁적인 개혁파 인사들과 규합을 이루어 스코틀랜드의 종교개혁을 성공적으로 이끌어 낸다. 그는 존 칼빈의 영향을 받아 칼빈주의 신앙과 개혁신학을 역사속에 실현하고, 스코틀랜드의 정치와 종교의 자유를 위해 투쟁하였다. 낙스는 1554년 여왕 메리 튜더(Mery Tudor)의 박해를 피해 도망하여 제네바로 갔으며, 그곳에서 칼빈의 제자가 되었고 칼빈의 구원론과

---

107 *Institutes*, 4, 20, 32.
108 해밀턴(Patrick Hamilton, 1504-1528)은 루터교리를 설교하다가 1528년 2월 29일 화형을 당하였고, 또한 개혁주의 설교가인 위셔트(George Wishart, 1513-1546) 1546년 3월 2일에 추기경 바이튼(David Beaton, 1494-1546)에 의해 화형을 당하였다. 이에 위셔트의 죽음에 분노한 개혁파 사람들은 5월 29일에 바이튼을 살해한다.

교회론에 영향을 받아 개혁신학을 정립하게 되었던 것이다.

존 낙스는 종교와 정치의 개혁을 추진하는 과정에서, 하나님의 뜻을 어기고 있는 악한 권력기관, 즉 정부와 평화적인 교류를 통해서 원만한 타협과 건설적인 해결이 불가능하다면, 그 다음에 취해야 할 차선의 방법은 무엇일까에 대해 많은 고민을 하게 된다. 낙스는 제네바로 망명한 기간 동안에 칼빈과 진지한 대화를 나누어 보았으나 기대한 것만큼 신통한 답을 얻을 수 없었다. 그는 칼빈의 신학적인 사상의 영향은 지대하게 받았지만 정치사상과 저항행동 만큼은 칼빈을 따를 수가 없었다. 그래서 그는 급진적인 개혁노선을 걷게 된다. 칼빈은 정치나 국가행정을 집행하는 자들은 하나님의 소명을 받은 사람들로 인정한다. 그러므로 백성들은 그들에게 순종하고 법의 테두리 안에서 질서를 지켜야 한다. 심지어는 불의한 집권자들에게도 순종을 해야 한다.[109]고 말했다. 칼빈은 국가권력이 하나님으로부터 주어진 점을 강조하여 불의한 정권에 대한 백성들의 폭력적인 저항을 반대하는 입장이었지만, 존 낙스는 모든 국가의 권위가 하나님으로부터 부여 된 것이므로, 어떤 정치권력도 절대화 될 수 없다는 입장이었다. 그리고 존 낙스는 국가는 백성들의 행복과 덕을 조장하는 선한 국가여야 한다고 주장하면서, 국가의 의무와 기능을 네 가지 면에서 설명을 했다. 첫째, 국가는 진실한 신앙을 지지하고 우상과 무신론을 배격해야 한다. 둘째, 국가는 교회가 부패하여 잘못된 판단을 할 경우 이를 시정할 수 있는 고등법원으로서의 역할을 해야 한다. 셋째, 국가는 세금을 징수하여 교회에 적절하게 분배해야 한다. 넷째, 국가는 하나님과 법에 위배되는 악을 벌해야 한다. 결국 국가는 개신교가 발전하는 여건을 조장하고 유지해야 한다.[110]

---

109 *Institutes*, 4, 20, 24.
110 Richard L. Greaves, *Theology Revolution in the Scottish Reformation* (Michigan: Christian Univ. Press, 1980), 179-180.

이처럼 낙스에게 국가는 그의 개혁을 성취하는데 중요한 수단이었으며, 무질서한 인간사회에 하나님의 권위를 드러내는 하나의 조직체였다. 낙스는 통치자의 절대권력을 인정하는 어떠한 정부도 반대하는 입장이었다. 그는 오직 하나님의 절대권위만을 인정하였다.

낙스는 정치권위를 계약의 관점에서 보았다. 그는 구약에 기초한 계약사상과 저항사상을 중심으로 하여 개혁운동을 전개해 나간다. 통치자나 백성들이 하나님의 절대권위를 인정하든 안하든 간에, 이들 모두는 하나님과의 계약관계에 있다고 하는 것이 그의 계약사상의 기초이다. 즉 통치자들은 백성들의 복지와 하나님의 영광을 위해서 통치하며, 백성들은 자신들의 복지와 하나님의 영광을 위해 통치자들에게 복종하는 계약관계에 있다는 것이다.[111] 낙스는 이 계약 사상에 기초하여 국가의 구성원인 통치자나 백성들은 모두 하나님과 계약관계에 있으며, 이들 국민 모두는 하나님과의 계약을 지켜야 한다고 주장한다. 여기에서 통치자나 백성들이 하나님과의 계약을 지켜야 한다는 말은 종교개혁이나 우상에 대한 심판에 대하여 왕이나, 귀족이나 모든 백성들에게 책임이 있다는 것이다. 즉 하나님과의 계약관계에 있는 스코틀랜드의 백성들은 그리스도가 교회의 중심이 되는 바른 교회를 위해 책임과 사명이 있다는 것이다.[112] 이런 책임과 사명이 백성들에게 있기 때문에 만약 통치자가 계약관계를 무시하고 종교적인 박해를 가하거나 전제적인 정치를 하면 백성들은 종교의 자유를 위해 통치자들에게 복종할 필요가 없는 것이며, 백성들은 하나님의 율법에 순종하여 우상 숭배자를 처형할 수 있다는 것이다. 여기서 우리는 낙스의 저항사상이 계약 사상에서의 책임과 사명에서 비롯된다는 것을 알 수 있다. 낙스는 개인의 소명감을 강조

---

111 W. Stanford Reid, "John Knox's Theology of Political Government," *Renaissance and Reformation* 10 (1974), 539-540.
112 Richard L. Greaves, 윗글, 119., 136.

하면서, 정치, 경제, 사회 종교 등 모든 영역에서 하나님의 영광을 위하여 최선을 다하는 책임이 백성들에게 있음을 주장한다.[113] 이것이 칼빈과 낙스의 계약사상의 차이이다. 칼빈은 계약 사상을 그리스도와 관련하여 인간에 대한 하나님의 약속으로 설명하지만, 낙스는 인간 상호간의 책임과 복종을 요구하는 하나의 조건적인 약속으로 다루었던 것이다.[114] 칼빈은 계약에서 하나님의 약속의 측면을 강조했고, 낙스는 계약에서 사람의 의무와 책임을 더 강조한 것이었다. 그러나 낙스의 계약 사상을 인간 상호간의 정치적인 계약으로만 이해한다면 이것은 그의 사상을 오해하는 것이 된다. 왜냐하면 낙스는 하나님의 법과 계약에 따라서 스코틀랜드의 종교개혁을 단행하였기 때문이다.[115] 낙스는 자신의 계약 사상을 그의 종교개혁의 기초로 삼고, 이것을 가톨릭의 종교적 탄압에 대한 정치적 저항사상으로 발전시켜 나갔던 것이다. 낙스는 잉글랜드와 스코틀랜드의 상황을 이스라엘의 역사적 상황과 동일시하면서, 우상숭배에 대한 저항을 정당화하려고 했다.[116] 그는 자신을 구약의 이사야, 엘리야, 다니엘, 예후, 아모스, 예레미야와 같은 예언자로 생각하고 하나님의 대변자로서 역할을 감당하려하였다.[117] 그는 스스로 성령의 조명에 의하여 세속 권력자들을 지도하며, 비판하는 권위를 가졌다고 생각하였다. 그는 이런 예언자의 사명으로 메리(스코틀랜드의 여왕)와의 대화에서 하나님, 성경, 민족, 통치자, 백성들의 문제를 논하면서, 하나님의 백성은 통치자의 비성경적인 종교정책에 대해서 저항할 책임과

---

113 W. Stanford Reid, "John Calvin, John Knox, and the Scottish Reformation", Church, Word and Spirit, ed. James E. Bradley and Richard Muller (Michigan: Eerdmans, 1987), 150-151.

114 Richard L. Greaves, 윗글, 124. 참조, *Institutes*, 3, 17. 5.

115 위의 책, 139., 181-82.

116 Richard Kyle, "John Knox: A Man of the Old Testament," *Westminster Theological Journal* 54(1992), 66-70.

117 Richard Kyle, 윗글, 70.

권리를 가지고 있다고 주장하였고, 부정한 여왕이 나라를 통치 할 때 초래할 심판을 경고하기도 했다.[118]

낙스는 계약사상과 예언자적 사명감으로 불의한 권력과 타락한 가톨릭에 대한 저항할 수 있는 이론을 확립한 이후 스코틀랜드 중산층과 하위관리들인 귀족들을 지지기반으로 하여 개혁운동을 전개해 나간다. 낙스는 서신을 통해서 개신교 귀족들에게 개혁의 책임이 있음을 상기시키고, 하위 관리로서 귀족들은 상위 권력의 횡포와 압제로부터 백성들을 변호하고 구출하는 것이 귀족의 직위와 의무임을 강조하였다.[119] 이러한 낙스의 활동으로 스코틀랜드의 개신교의 신앙의 자유를 주장하는 일부 귀족들이 자신들의 종교적인 입장을 분명히 표명하고자 1557년 12월에는 하나의 언약을 서약하였다. 이 언약의 내용은 하나님의 말씀을 전하는 개신교 목사들을 옹호하고, 미신과 우상을 숭배하는 가톨릭을 거부하는 서약이었다.[120] 이처럼 귀족들의 활동으로 낙스와 그의 동료들은 1560년 7월 의회에 〈스코틀랜드 신앙고백서〉를 제출하여 1560년 8월 17일에 그 고백서가 국회에서 공식적으로 채택됨으로써 종교개혁이 이루어진 것이다.

---

118 Robert Healey, "John Knox's History: A Complete Sermon on Christian Duty," *Church History* 61.(1992), 324-25, 333.
119 Michael Lynch, "Calvinism in Scotland" ed. Menna Prestwich, International Calvinism 1541-1715, (Oxford: Clarendon Press, 1985), 241.
120 라이드, 『존낙스의 생애와 사상』, 서영일 역 (서울: 기독교문서선교회, 1984), 203-207.

# 제4장
# 17세기 미국에서의 정치와 종교의 관계

## 제 4 장  17세기 미국에서의 정치와 종교의 관계

1901년 미국 선교사들이 정교분리 원칙을 천명하면서, 교회는 정치하는 데가 아니고 교회 안에서 정치에 대하여 논하지 말라고 하면서도, 기독교인들이 개인적으로 사회 속에서 정치활동을 하는 것은 금지하지 않았다. 그리고 정교분리 원칙에서 보장되는 종교의 자유와 권리에 대해서는 말하지 않았다. 당시 선교사들은 조선 땅에서 추방되지 않고 복음을 전하는 일만 보장 된다면, 될 수 있는 한 정부와 마찰을 피하려 했던 입장이었기 때문에,[121] 일본정부가 무력으로 조선을 통치하며, 조선 교회를 통제하고 이용할 목적으로 종교정책들을 시행할 때 적극적으로 투쟁하지 않은 면이 있다고 본다.[122]

따라서 조선 교회는 식민지시대에 일본정부의 강압에 의해 형성된 국가와 교회관계, 즉 정부가 교회의 일에 관여하고 시행규칙을 만들어 그것을 지키도록 압력을 가하는 일들이 일상적으로 행해지는 관계를 당연한 것으로 받아들였을 것으로 본다. 다시 말하면 조선 교회는 일제 식민지 시대라는 특수 상황에서 선교사들이 미국에서 향유하던 종교의 자유를 경험하지 못했고, 또한 선교사들이 경험하고 체득한 정교분리정책을 제대로 학습할 기회가 없었다. 그래서 신민지 시대에 형성된 국가와 교회와의 관계를 정상적인 것으로 받아들이고, 식민지 시대에 일상화 된 국가가 교회를 통제하고 간섭하는 행태를 정교분리라고 그릇된 이해를 가졌다고 본다.

---

121 Arthur J. Brown, *Report of Visitation of Korea Mission* (New York: The Board of Foreign Missions of the Presbyterian Church in the U.S.A., 1902), 6.

122 물론 105인 사건이나 3·1운동 때와 같이 종교의 자유가 심각하게 침해 되거나, 살인 고문 등으로 심각하게 생명이 손상되거나 인권이 유린되는 상황에서는 일본 정부에 저항하였고, 시정을 요구하는 성명서를 발표하기도 하였고, 해외언론에 일본 측의 만행을 알려서 국제사회로 하여금 압력을 가하도록 하였다.

그러므로 미국 선교사들이 배웠고 체득했던 정교분리 원칙이 무엇인지 알려면, 미국에 헌법에 명시되어 있는 정교분리 원칙이 어떻게 형성되었는지 그 핵심 내용은 무엇인지 살펴 보아야 한다.

역사상 최초로 미국헌법에 명시되어 있는 정교분리원칙은 교회가 사회문제에 대해서 무관심해야 한다거나, 교회에서는 정치에 관한 견해를 말하는 것을 금지하는 조항이 아니다. 오히려 정부가 권력을 이용하여 교회 일에 관여하지 못하도록 하는 법적인 장치요, 인간의 천부적인 권리에 속하는 종교의 자유가 확실하게 보장되도록 하는 인권의 선언인 것이다.

미국의 정교 분리원칙에 대한 연구가 중요한 것은, 한국 교회에 선교사들에 의해서 처음으로 정교분리 원칙이 도입된 이래로 역사 현실 속에서 교회가 정치권력과의 관계를 형성해 왔는데, 그동안에 교회와 정치권력과의 관계를 비춰주는 거울이 되기 때문이다. 미국의 정교분리 원칙을 연구하는 것은 조선말기, 일제강점기, 그리고 해방이후 한국교회와 정치권력과의 관계를 해석할 수 있는 기본 틀을 제공하는 것이 되는 것이다.[123] 따라서 본 저자는 미국이 어떤 역사적 상황에서 또한 어떤 과정을 거쳐 정교분리 원칙을 헌법에 명시하게 되었는지 살펴보고자 한다. 그리고 그 정교분리 원칙이 무엇을 의미하는지 살펴봄으로써 오늘날 우리 한국교회가 알고 있는 정교분리 이해를 비춰보고자 한다.

---

[123] 김유준은, 20세기 말 미국의 기독교인들이, "종교가 무엇을 위해 정부의 지원을 확장할 필요가 있는가? 종교와 도덕을 보장하기 위한 정부의 적합한 역할은 무엇인가? 정부는 어떤 종교를 합법적인 종교로 인정해야 하는가?" 등의 질문을 던졌는데, 이에 대한 구체적인 답변과 통찰력을 미국 역사에서 교회와 국가가 관계해온 방식에 관한 연구를 통해서 얻을 수 있으며, 양심과 신앙의 자유에 대한 뿌리도 정치적 박해를 피해서 신대륙으로 이민 온 청교도들의 이상에서부터 찾을 수 있다고 말한다. 김유준, "미국 역사에 나타난 교회와 국가 관계,"『신학연구』제 56집, (2010),105-106.

## 1. 초기의 종교적 관용

1620년부터 미대륙에 이민 온 청교도들이 미국동부의 메사추세츠 지방에서 교회를 세우고 새로운 질서와 교회제도를 창설해 나아갔다. 미국대륙의 최초의 이민자들은 그들이 1620년 11월 11일에 기초한 「메이플라우워 서약서」(Mayflower Compact)에서 "신의 영광을 위해 그리스도교 신앙의 촉진을 위해, 우리나라의 국왕과 조국의 명예를 위해 버지니아의 북부지방에 최초의 식민지건설을 위하여"라고 선언하여 정치적 단체를 결성할 의도를 분명히 했다.[124] 그들은 '구대륙' 유럽에서 구교라고 불리우는 로마 가톨릭이나 영국성공회로부터, 다시 말하면 세상권력과 짝한 이 지배종교의 억압과 탄압을 벗어나 신앙의 자유를 찾아 '신대륙'을 찾아온 사람들이다.[125] 따라서 이들은 자기가 믿는 바를 자유롭게 믿고 행할 수 있는 나라와 공동체를 건설하고자 하였다. 18세기 미국은 독립전쟁의 승리로 새 공화국을 세우게 되었는데, 종교사적으로 살펴본다면 미국의 독립은 바로 구대륙 유럽에서 억눌리고 지탄받던, 그래서 펴보지 못한 자기들이 '믿는 바'를 자유롭게 믿고, '믿는 바' 대로 삶을 꾸리는 공동체를 건설 할 수 있게 된 '종교적 독립'이기도 하였다.[126]

이처럼 그들은 자기들 조국에서의 종교적 불관용에 반대하여 종교의 자유를 찾아 신천지로 이주한 사람들이었다. 그런데 신대륙에서 지도적 실권을 장악하고 그렇게 대망하던 종교의 자유를 획득하게 되자, 메사추세츠주에서는 옛날 이스라엘의 신정과 비슷한 정치(government

---
124 Henry Steele Commager ed., *Documents of American History* (New York : Appleton-Century - Crofts, 1948), 15.
125 박정신, "교조주의 역사에서 읽는 미국의 정교분리, 우리의 정교분리,"『우리는 다시 정교분리를 말한다』2008년 숭실대 기독교학과 정기 학술제. ( 2008.11.), 41-42.
126 박정신, 윗글, 42.

of semi-theocratic)를 실시하게 되었다. 이들은 주 정치에 참여할 권리인 투표권도 교회의 구성원이라야 얻을 수 있었다.[127] 그러나 반신정적(半神政的)인 정치 형태라 하더라도 뉴잉글랜드에서 목사들이 실제적으로 정부를 지배한 것은 아니다. 목사들이 높이 존경을 받았으며 예사로 시정당국자들의 상담에 응하였던 점이 사실이지만, 당시 목사의 공직보유는 금하고 있었다. 다만 목사들의 정치적 중요성은 그들의 동의 없이는 아무도 교회일원으로 인정받기 어려운 점이 있었다. 선거권이 교인들에게만 한정되어 있는 상황에서 목사들이 투표인들에게 간접적인 지배력을 가질 수 있었다는 것이다.[128]

메사추세츠에서의 정치가 반신정적 형태가 된 것은 제 1세대 목사 가운데 존 카튼(John Cotton)과 같은 인물이 있었기 때문이다. 그는 이단을 미워했고, 민주주의를 적으로 인식했으며, 세습적 권력에 회의적이었다. 그리고 그의 야심은 구약시대 히브리인의 신정국가를 창설하는 것이었다. 그 속에서는 관리들이 국가에서 정한 종교를 믿어야 하며, 목사들은 여호와 하나님의 신민들에게 하나님의 법을 해석하는 최후의 수단의 재판관으로서 봉사하게 되었다. 그의 철학에는 인간의 천부적 권리에 대한 호의적 흔적은 없었다.[129] 뉴잉글랜드 메사추세츠의 초기 지도자들이 구약시대 이스라엘의 신정주의를 그들의 국가 모델로 삼은 것은 그들이 영국을 탈출하여 뉴잉글랜드로 이주해 오면서 가졌던 비젼과 하나님과의 언약과 관련이 있는 것이다.

예를 들면, 1630년에 존 윈스롭(John Winthrop) 일파는 아르벨라

---

[127] W.W. Sweet, *The Story of Religion in America* (New York: Harper and Brothers Publishers, 1930) 50- 51.
[128] 윗글, 51.
[129] 윗글, 59.

(Arbella)호를 비롯한 선단을 이끌고 800여명이 함께 메사추세츠의 보스턴만에 상륙했다. 윈스롭의 이주목적은 정치, 경제, 종교 등의 모든 분야에서 하나님의 뜻이 이루어지게 하는 이상적인 사회를 만드는데 있었다. 메사추세츠만에 이주한 사람들은 다양한 중산층 계급의 사람들이었는데, 이들을 움직이게 한 정신적 기제가 청교도적 사회건설이었다. 그들에게 있어서 하나님의 나라 건설을 위한 이주라는 종교적 사명이 하나의 이념적 정신체계를 형성하게 되었다.[130] 그들은 하나님의 구원에 참여하고 관계함으로써 하나님과 언약관계에 들어갔고, 식민지 건설은 이 언약에 따른 의무라고 이해하였다. 이런 사실은 윈스롭의 선상 연설인 '기독교 자비의 모델'(A Modell of Christian Charity)에 잘 나타나있다.

이리하여 하나님과 우리들 사이에는 특별한 임무(Commission)가 있고 이 일을 위하여 우리들은 하나님과의 언약에 들어가는 것입니다. 우리들은 임무를 받은 것입니다. 주님은 우리들 자신의 계약서를 만들도록 허락하셨습니다. 우리들은 그 목적을 위해 이들 행위를 기획할 것을 서약한 것입니다.…이제 하나님께서 우리를 기쁘시게 들으시고 우리가 원하는 곳으로 안전하게 인도하신다면, 하나님께서는 이 조약을 체결하시는 것이고 우리의 임무를 확인하여 인 치신 것이며 그 안에 있는 조항들을 철저하게 지킬 것을 기대하십니다. 그러나 만일 우리가 강조했던 목표인 이 조항들을 제대로 지키지 않고 우리 하나님으로부터 멀어져서 이 세상을 포용하고 육신의 정욕을 따르며 우리 자신과 우리의 미래를 위하여 좋은 것들만 찾는다면 하나님께서는 우리에게 진노를 퍼 부을

---

130 Sydney E. Ahlstrom, *A Religious History of the American People* (New Haven : Yale University Press, 1972) 139-142.

것이며, 우리는 저주를 받을 것입니다.…적과 하나님이 지켜보는 가운데서 우리는 언덕위의 한 도시를 세울 것입니다.[131]

윈스롭은 청교도의 사명을 세상을 비추는 빛으로 규정하고, 뉴잉글랜드는 모든 사람들이 우러러보는 언덕위의 도시가 되어야 함을 주장했던 것이다. 윈스롭의 정치적인 이상은 성서의 법을 기본법으로 하여 구약의 이스라엘과 같은 언약의 공동체를 이루려 했던 것이다.[132] 이러한 정치적 이상이 실천되는 과정에서 메사추세츠주 식민지에서는 독특한 정치문화와 제도가 형성되었다. 즉 시민의 자격을 갖춰 정치행위에 참여하기 위해서는 반드시 교회의 구성원이 되어야 했던 것이다.[133] 이렇게 됨으로써 메사추세츠 식민지에서는 종교와 정치가 결합되는 형태의 정치 모델이 만들어진 것이다. 뉴잉글랜드 초기의 식민지에 있어서 종교와 정치를 굳게 결합시킨 이유는 초기 식민지의 자기 방위의 필연성에서 공동체적 결합을 강화하려고 한 것이었다. 이러한 요청에 따라 안식일 법, 교회유지조세법, 반이단법을 제정하게 되고, 종교의 자유는 교회의 구성원을 제외하고는 허용되지 않았다고 할 수 있다.[134] 이와 같이 뉴잉글랜드에서의 정치는 교회를 위한 기구였다. 정치 지도자들은 시정을 위한 모임에서 목사의 봉급액, 그들의 주택 건설, 십일조 징수 등을 결정했고, 필요한 경우에는 그 자리에서 그릇되게 행하는 신도들의 처벌,

---

131 John Winthrop, "A Modell of Christian Charity", *Winthrop Papers 2* ( Boston: Massachusetts Historical Society, 1931), 294-295.

132 Vernon T. Parrington, *The Colonial Mind* (New Yok: Harcourt Brace Jovanovich. Inc., 1927), 46.

133 W.W. Sweet, *The Story of Religion in America* (New York: Harper and Brothers Publishers, 1930) 51.

134 황환교, "정교분리의 원칙과 미국의 반종교적 파괴행위법령" 『논문집』, 제7집, (1986.) 99.

집사의 선출, 새로운 신자 입교 문제 등을 처리하였던 것이다.[135]

이와 같이 영국에서 건너간 청교도들이 종교적 신정을 실시하며, 같은 신앙을 가진 시민들이 공화국을 형성하였다. 그러나 그들 가운데는 생활과 사업관계로 타주로 이주하는 사람들이 늘어났고, 또한 초기의 미국교회는 대부분 광야 개척지대의 광대한 공간으로 확장이 되어 나갔기 때문에 그 교회들이 동일한 생각을 가지기가 어려웠다. 따라서 개체교회들의 자유가 자연스럽게 보장되어 갔다. 한편 식민지 시대의 영국국교의 감독과 성직자들의 수가 극히 소수여서 널리 산재하여 있는 교회들을 감독할 수 없었기 때문에 그 교회들의 신앙과 제도에 대하여 관용할 수밖에 없었다.[136] 특히 광대한 대륙의 개척과 개발을 위한 인적자원들이 요구되었고, 다양한 국적과 종교적 배경을 가진 이들이 이주해 왔다. 그러므로 정치적으로 그들의 종교와 신앙과 제도의 획일성을 요구할 수는 없었다. 왜냐하면 소교파와 자유교회에 대한 대교회의 탄압을 보는 일반인의 정서가 부정적이었고, 이들이 종교의 자유와 관용을 원했기 때문이다.

존 카튼의 타 종교에 대한 불관용 정책에 반기를 들고, 정치와 종교는 분리되어야 하며, 뉴잉글랜드의 교회는 영국 국교회와도 분리가 되어야 하고 타 종교에 대하여 관용해야 한다고 주장했던 사람이 바로 로저 윌리암스(Roger Williams)이다. 정부는 인간이 만든 것이며, 평등한 주체들의 일반적인 동의를 기초로 세워진다는 것이 로저 윌리암스의 입장이었다. 그는 국가 내에서의 종교의 위치에 대하여 다음과 같이 말함으로 타 종교에 대한 관용을 강조한다. 첫째, 하나님께서는 종교의 통일성이 어느 국가 내에 강화되거나 설립되도록 요구하지 아니하셨다. 둘째, 이교도, 유대인, 터키인과 혹은 반

---

135 Wertenbaker, Thomas Jefferson, *The Puritan oligarchy* (New York: Scribner's Sons, 1947), 60-69.
136 이장식, 『기독교와 국가』(서울: 대한기독교출판사 1981), 210.

기독교적 양심과 예배까지도 모든 나라와 모든 백성가운데 허용되는 것이 하나님의 뜻이고 명령이다. 그리고 이 모든 사람들을 영적인 일에 있어서 정복할 수 있는 칼은 오직 하나님의 영과 말씀의 칼뿐이다. 셋째, 참된 국가나 기독교는 유대인이나 이방인의 아주 다르고 상반된 양심을 허용할 지라도 한 국가와 왕국에서 번영할 수 있다.[137] 윌리암스의 이러한 주장 속에는 주류 종교가 국가권력을 동원하여 타종교나 다른 교파의 종교를 핍박하거나 억압해서는 안 되며, 관용해야 한다는 것이 강조되고 있는 것이다.

종교의 자유, 즉 종교적 관용정신의 선구자는 윌리암스와 같은 뉴 잉글랜드의 분리주의들이었다.[138] 종교적 관용정신은 처음에는 하나의 미덕이기 보다는 필요성에서 나온 것이었다.[139] 종교적 관용은 종교적 소수자들이 자기들의 독특한 교리를 지켜나가야 하겠지만, 자기들의 힘으로 도저히 지배할 수 없는 사회 안에서 살아가야만 했던 사람들의 요망이었다. 자기들의 교리를 타인에게 전하려는 자유를 확보하려는 바램이 아니라 자기들의 교리를 주장하고 실천할 수 있는 자유의 영역을 바랐던 것이다. 그 특권을 확보하기 위해 그들은 타인의 종교적 교리도 인정하고 자기들의 종교적 교리도 인정받으려 했던 것이다. 박정신은, 이러한 종교적 관용의 요구를 '네가 믿는 바를 존중해 줄게 내가 믿는 바를 존중해 주라.' 라는 상식적인 말로 이 종교적 관용의 흐름을 표현하고 있다.[140]

이러한 종교적인 관용은 정치적인 관용으로 이어졌다. 윌리암스는 자기가

---

137 Roger Williams, "Bloudy Tenent of Persecution" Edited by Samuel L. Caldwell, *The Complete Writings of Roger Williams* Vo.3 (America: Russell and Russel, 1963), 3-4.

138 Ralph Barton Perry, *Puritanism and Democracy* (New York: Harper & Row, 1944), 346.

139 Roland N. Stromberg, *An Intellectual History of Modern Europe* (New York: Appleton Century Crofts, 1966), 67

140 박정신, 윗글, 41-43.

주장한 이 관용정신을 로드아일랜드에서 실천함으로써, 근대민주주의 중요한 바탕인 관용정신을 사람들에게 인식시켰다. 따라서 17세기 뉴잉글랜드에서 민주주의를 주장하고 실천하는데 있어서 윌리암스는 독보적인 존재였다.[141]

## 2. 종교의 자유 확립

위에서 말한 종교적인 관용이 소수의 종교 집단이 강력한 힘을 가진 정부나 주류 종교사회에 대하여 자기들이 '믿는 바'를 인정해 달라는 소극적인 요구이고, 종교적인 자유는 자기들의 '믿는 바'를 주장하고 실천하는데 어떤 억압도 제한도 가하지 말라는 적극적인 운동이다. 종교적인 관용과 종교의 자유는 동전의 양면과 같은 것이다. 종교에 관용이 있는 곳에 종교의 자유가 있다는 것이다. 미국에 있어서 종교의 자유는 17세기 후반부터 18세기 후반에 이르는 약 100년간에 걸쳐 확립되었다. 앞에서 말한 바와 같이 초기 뉴잉글랜드의 주요 지도자들이 이룩하고자 했던 정치형태는 구약의 이스라엘의 통치 방식을 모델로 한 반신정적인 정치였다.[142] 따라서 정치권력도 하나님의 언약에 의해서 제약이 되어야 하며, 종교도 타종교나 기독교라 하더라도 교리의 내용에서 어떤 차이를 보인다면 냉혹하게 박해를 가했다. 그 대표적인 예가 바로 분리파 청교도 목사 로저 윌리암스를 박해한 경우이다.

신교의 자유를 갈망하던 윌리암스는 1631년 2월 부인을 동반하고 이민자들 틈에 끼어 신대륙 보스톤에 도착했다. 보스톤의 지도자들은 그가

---

141 홍백용, "Roger Williams 와 미국 민주주의전통" 『사학지』제4권 제1호, (1970.), 135-136.
142 W.W. Sweet, 윗글, 51.

그들의 동반자가 될 것으로 믿고 환영하면서 보스톤교회의 목사가 되어 줄 것을 요청하였다. 그러나 그는 이를 거절하였다. 보스톤 교회가 영국교회와의 관계를 끊지 않고 있는 것을 죄악으로 여겼기 때문이다.[143] 윌리암스에게 있어서 뉴잉글랜드의 교회가 영국교회로부터의 결별은 단순히 신조상의 문제가 아니고 관용, 정교분리, 민주주의 등 여러 문제와 깊은 관련이 있는 중요한 문제였다. 그래서 윌리암스는 보스톤 당국의 비위를 거슬리는 주장을 하게 되었는데, 그중에 중요한 것은 다음과 같다.

첫째, 우리가 영국 왕으로부터 특허장을 받았다고 해서 우리의 토지를 가지는 것은 아니다. 이 땅의 진정한 소유자는 원주민이다. 우리는 그것을 특허로서 받는 그런 행위를 회개해야 한다. 둘째, 영국에 있는 국교회의 목사들의 설교를 듣는 것은 합법적이 아니다. 셋째, 시정장관의 권력은 오직 신체와 물품들 그리고 인간의 외부적인 것에만 행사되어야 한다.[144] 이 주장에는 정부권력의 종교에 관여 하지 말 것이며 관헌은 종교적인 견해를 이유로 사람들을 처벌 할 권리를 갖고 있지 못하다는 것이며, 영국교회와는 완전히 단절해야 한다는 것이며, 원주민들의 땅 소유권을 인정해야 한다는 등의 메시지가 담겨 있는 것이다.

윌리암스의 이러한 주장은 보스톤의 신정정치가들의 주장과 정면으로 대립되는 것이었으며, 메사추세츠의 관리들에게는 위험하게 보였다. 그리하여 윌리암스는 1635년 10월 메사추세츠 만 식민지 관할 밖으로 퇴거하라는 추방명령을 받았고, 그곳을 탈출한 그는 1636년 여름 로드 아이랜드(Rhode Island)의 프로비던스(Providence)에 새로운 식민지를

---

[143] Perry Miller, *Orthodoxy in Massachusetts 1630-1650* (Boston : Beacon Press, 1933), 154.

[144] Roger Williams, "Mr. Cottons Letter Examined and Answered" Edited by Reuben Aldridge Guild, A. M., *The Complete Writings of Roger Williams* Vo.1 (America: Russell and Russel, 1963), 40-41.

건설하기에 이르렀다.¹⁴⁵ 이곳 로드 아이랜드에서는 그의 주장대로 1647년에 종교와 정치가 분리되고 그리고 교회의 구성원이 아니라도 참정권 또는 투표권을 가지게 되었다. 그리고 생각의 차이에도 불구하고 누구라도 합법적인 권리와 자유를 향유할 수 있도록 보호 해주는 정부를 수립하게 되었다. 이렇게 윌리암스는 미국의 정교분리제도와 신앙 및 양심의 자유를 보장하는 민주주의 사회개척의 선구자가 되었다.¹⁴⁶ 그리고 뉴잉글랜드에서의 윌리암스의 자유주의 사상은, 벤자민 프랭글린, 토마스 제퍼슨 등으로 이어져 갔다.

17세기말에서부터 18세기에 접어들면서 계몽주의자들이 이성의 힘을 강조하였고, 또 인간의 생명의 자유와 권리를 강조하였다. 이것이 종교문제에도 적용되었고 특히 토마스 제퍼슨과 제임스 매디슨 같은 이들은 종교의 자유를 강력히 주장하였다. 당시 버지니아의 공인종교는 영국교회였는데 이 영국교회는 영국에서 그 세력이 완전한 승리를 거두었을 때 미국에 전래되었던 것으로 식민지의 장로교와 특히 퀘이커교에 대해서 억압적이었다.¹⁴⁷ 영국교회는 약 100년간을 완전히 지배하였으나 그후 다른 교파의 도전을 받기 시작하였다. 제일 먼저 도전한 교파는 장로교이고 다음은 침례교이었다. 침례교는 가장 신랄하게 영국교회를 비난하였다.

제퍼슨은 오래전부터 일부 성직자들이 게으르며 타락하였다는 것을 인식하였다. 그는 성직자의 특권과 유리한 지위를 반대하였다. 그는 자유로운 사회를 갈망하였다. 그는 국교반대자들의 인구가 영국교회신도보다 많다는 사실을 주목하였다. 제퍼슨은 이러한 종교적인 상황을 직시하고

---

145 윌리암스는 프로비던스를 건설함에 있어서 현지의 원주민들에게 땅을 매입을 하였으며, 이는 영국왕이 뉴잉글랜드의 땅을 누구에게나 마음대로 줄 수 있는 아무런 권리가 없다는 그의 지론(持論)과 완전히 부합되는 것이었다.
146 이장식, 윗글, 210.
147 황환교, 윗글, 102.

버지니아의회에서 「권리선언」이라는 법안을 제정하기에 이른다. 1776년 6월 12일, 버지니아의 여러 지방대표들이 윌리암버그에서 모여 주 정부의 토대와 기초로서 이 권리선언을 제정하였는데, 16개 조항으로 구성된 이 선언 제16조는 패트릭 헨리가 기초한 것으로 다음과 같다.

> 우리의 창조주가 주신 종교 즉 의무와 이것을 수행하는 방법은 힘이나 폭력에 의하지 않고 다만 이성과 신념에 의하여 실현될 수 있다. 그러므로 모든 사람은 양심의 지시에 따라 자유롭게 종교생활을 할 평등한 권리를 가지며 사람들이 서로를 위해 그리스도의 관용과 사랑과 자비를 실천할 의무를 가지고 있다.[148]

그러나 6월 29일 통과된 버지니아 헌법에는 이 제 16조를 보완하는 아무런 조항도 마련되지 않았다. 1776년 가을과 겨울 제퍼슨은 버지니아 주의회에서 언급한 권리선언 제 16조를 입법화하기 위해서 투쟁했다. 그는 일찍이 주의회에서 종교위원의 한사람으로 종교의 자유를 위한 유명한 법안을 통과 시켰다(12월 9일). 이 법안에서 첫째, 종교의 자유를 탄압하는 법을 제거하였다. 즉 교회참석을 요구하고, 예배양식을 규제하고, 또는 다른 종교적 의견을 금지시킨 의회법을 폐기하였다. 둘째, 비국교도로부터 거둔 세금으로 영국교회를 유지하지 못하도록 하였다. 셋째, 교직자에 대한 월급지불을 중단하였고 이 지급은 1779년 10월을 마지막으로 영구히 폐기되었다. 한편 교회건물과 토지 그리고 교구서기의 권한 문제들은 30여년 후에 해결을 보게 되었다.[149] 그러나 「종교자유령」이 버지니아주 의회에 제출된 것은 1779년 제퍼슨이 주지사가 된 이후의 일이며, 또한 이 법안이

---

148 Henry Steele Commager, 윗글, 103-104.
149 황환교, 윗글, 103.

통과된 것은 그 후 7년이 경과한 1786년의 일이다. 따라서 이 법안을 위한 주의회에서의 투쟁은 10년간 계속 된 것이다. 제퍼슨이 통과시킨 법안의 제2부에 다음과 같은 기록이 있다.

> 우리들 버지니아 의회는 다음과 같이 제정한다. 어떠한 사람도 종교적 예배 장소, 직책 무엇이든지 지지하거나 혹은 모이도록 강요당하지 아니한다. 그리고 그의 몸과 재산을 강제, 억제, 간섭 혹은 부담을 당하지 아니하며, 그리고 그의 종교적인 의견이나 신앙 때문에 달리 고난당하지 아니한다. 모든 종교에 관한 그들의 의견을 토론하고 유지하고 고백할 자유를 가진다. 그리고 그것이 저들의 시민적 능력을 감소 확장 혹은 영향을 주지 아니한다.[150]

이 헌장의 특징은 자유에 관한 적극적인 이유가 제시된데 있다. 즉 종교의 자유를 권리로 규정하였다. 이 헌장에서 주장하는 권리들이 인류의 자연적 권리들이며 또 금후의 어떤 법령이 이 헌장을 배격하거나 혹은 이 헌장의 효력을 축소한다면 그것은 자연적 권리의 침해가 될 것이라고 규정하고 있다[151]. 이 헌장은 종교의 관용, 즉 어떤 종교든지 허용한다는 내용과 어떤 형태의 종교적 간섭도 정치권력이 할 수 없다는 내용이다.

버지니아에서 쟁취된 이 종교자유는 곧 전국으로 퍼져 나갔다. 그리고 수년 후에 연방헌법의 제1차 수정의 형태로 국가의 기본법의 일부가 된다. 1785년 12월 17일 제퍼슨의 법안은 버지니아 주의회 하원에서 통과되고, 그 다음해에 주 상원은 역사적인 '교회와 국가의 분리의 원칙'를 포함하는 제퍼슨의 법안을 통과시켰다. 5년 후 이 법안은 미합중국 헌법의 제일차

---

150 William Warren Sweet, 윗글, 192.
151 이장식, 윗글, 213-214.

수정안의 기록과 인준에 영향을 주었다.[152] 이 종교의 자유 법령은 정치와 종교의 분리 원칙에 터한 것이다.

### 3. 정교분리의 원칙

종교의 자유가 법적으로 보장이 되려면, 정교분리원칙이 그 나라의 헌법에 규정되어 있어야 한다. 정교분리원칙이 헌법에 명시되지 않고서는 정치의 속성상 종교문제에 개입할 여지가 많기 때문이다. 미국에서 정교분리원칙이 포함된 헌법이 의회에서 통과되고 확정된 것은 18세기 후반이다. 이 법안이 만들어지기까지 오랜 시간 소요되었던 것은 초기 메사추세츠만의 교회 지도자들은 영국교인들이었고 다른 교파나 종파에 대한 이해나 종교적 관용이 없었기 때문이다.[153]

뉴잉글랜드 사람들은 "상징적으로 그리고 실제로 영국의 국가와 교회를 둘 다 메사추세츠로 옮겨 올 수 있었고," 그곳에서 교회는 도덕적, 종교적 위반에 대한 권징을 행사하였는데, 가장 엄한 처벌은 출교였다.[154] 이때 메사추세츠에서는 목사들의 봉급을 주기 위해 치안관이 강제로 과세를 하였고, 지방 행정관을 보조하는 시읍직원을 10가족 당 1명씩을 세워서 그 사회의 도덕행위를 감시하였다. 그들은 주일을 지키지 않는 일, 예배 때에 질서 지키는 일, 음주 도박이나 나태함을 감시하였다.[155]

뉴잉글랜드의 초기 교회가 마치 정부 위에 군림하고 정부기관은 교회를

---

152 Carroll C Calkins, *The Story of America* (Reader's Digest Association, 1975.) 94.
153 William Warren Sweet, 윗글, 51.
154 Edmund S. Morgan, *Roger Williams: The Church and the State* (New York: Harcourt, Brace & World,1967), 69.
155 William Warren Sweet, 윗글, 56-57.

위해서 일하는 조직인 것처럼 역할을 한 것은 당시 메사추세츠의 교회 지도자들의 신학적 사상에서 비롯된 것이었다. 카튼은 시민 통치자들은 교회를 수호하는 책임이 있는 자들이고, 정부는 시민들에게 참다운 종교를 강요해야 할 의무가 있다고 믿었다. 그런데 문제는 이렇게 교회가 정부기관을 동원해서 특정 종교나 교파를 믿게 하면서 다른 종교나 교파를 이단으로 규정하고 박해하는 어처구니없는 상황이 발생하면서 종교의 자유가 박탈당하고 인권이 유린되고 침해받는 사례가 생겨나게 된 것이다. 이에 윌리암스는 교회는 하나님으로부터 부름 받고 '자발적으로 연합한 영적 교제 집단'[156]이기 때문에 정부가 종교를 강요하고 회심하게 해서는 안 된다고 저항을 했던 것이다.

그는 교회의 자발성을 강조한다. 정부가 교회를 박해하는 것은 이 자발성을 해치게 되는 것이다. 따라서 정부의 강요에 의해서 회심을 하게 하는 것은 '영적인 강간'에 해당된다.[157] 여기서 윌리암스는 '기독교인화(Christning)' 한다는 개념을 거부한다. 그는, 수천, 수만의 가난한 원주민들을 때로는 간계와 교활한 방식으로, 때로는 그들이 이해하지 못하는 것에 굴복하도록 강요하는 힘으로, 세례를 주는 것은 매우 비인도적인 처사라고 말한다.[158] 윌리암스는 국가가 교회의 영적인 문제에 관여해서는 안 되고, 국가가 교회의 영적인 문제에 관여하는 것은 국가의 본연의 임무에 역행하는 것이라고 말한다. 그에게 있어서 국가의 본연의 임무는 세속적인 것이며, 그 적절한

---

156 Roger Williams, "The Bloudy Tenent Yet More Bloody," Edited by Samuel L. Caldwell, *The Complete Writings of Roger Williams* Vo.4 (America: Russell and Russel, 1963), 70.

157 Roger Williams, "Christenings Make not Christians," Edited by Perry Miller, *The Complete Writings of Roger Williams* Vo.7 (America: Russell and Russel, 1963), 38.

158 윗글, 36.

기능은 각 개인의 자연적, 사회적 권리와 자유를 보장해주는데 있다.[159] 윌리암스 주장의 요점은, 종교는 원칙적으로 공적인 사항이 아니고 개인적인 문제라는 것이었다. 그는 국가는 배인데 그 승객들은 그들이 배의 안전에 필요한 일반적인 규칙을 준수하는 한, 원하는 것을 믿도록 허용되어야 하고 동승객을 괴롭히거나 항해를 방해하지 않는 한 박해를 당하거나 배 밖으로 던져져서는 안 된다는 것이다.[160]

오늘날에 있어서 국가와 종교의 관계에 관하여 보편적으로 수용하고 있는 공통원리는 종교의 자유와 정교분리의 원칙으로 요약할 수 있다. 이 종교의 자유와 정교분리의 원칙이 근대적 실정법에 최초로 명시된 것은 1791년의 미국 수정헌법 제1조를 통해서다.[161] 미국 연방헌법은 종교의 자유와 교회와 국가의 분리를 보장하고 있지만 그 규정은 극히 간단하다. "국회는 국교를 제정하거나 혹은 종교의 자유로운 실천을 금지해서는 안 된다. 그리고 언론과 출판의 자유와 사람들이 평화로운 집회를 가지며 불만을 제거하기 위하여 진정할 권리를 축소하는 법을 만들어서는 안 된다." 이것이 이른바 미국 헌법의 종교 조항이다.

이 종교 조항이 교회나 정부 또는 국가의 분리제도의 법적근거가 되어 왔다.[162] 예수가 선언한 가이사의 것과 하나님의 것의 분리가 이 지상에서

---

159 Samuel Hugh Brockunuier, *The Irrepressible Democrat, Roger Williams, Ronald Series in History*,(New York: The Ronald Press Company, 1940), 207.

160 Ralph Barton Perry, *Puritanism and Democracy* (New York: Harper & Row, 1944.), 350.

161 Henry Steele Commager, 윗글, 146. The Constitution of The United States, Art. 1 "Congress shall make no law respecting an establishment of region, or prohibiting the free exercise thereof,"

162 제퍼슨은 연방헌법 수정 조항 1조에 제시된 종교와 정부의 관계를 묘사하면서 '분리의 벽'이라는 용어를 사용하였다. 이후에 제퍼슨이 사용한 이 용어는 미국 헌법 수정조항 1조가 정교분리 원칙을 말한다는 해석의 기준이 되었다. Dreisbach, Daniel L., *Thomas Jefferson and the wall of separation between church and state*, New York: New

역사상 최초로 사실화한 것이며 이로써 개인의 자유와 양심의 자유를 보장받게 된것이다.163 정교분리 문제에 있어서 중요한 것은 종교의 자유 문제이다. 사실 미국의 독립선언에 앞서서 반포된 〈버지니아 권리장전〉 (The Virginia Bill of Rights 1776)은 "모든 인간은 양심이 명하는 바에 따라 자유롭게 종교를 신앙하는 평등한 권리를 가진다."라고 하였다. 그리고 1786년 1월 16일에 통과된 〈버지니아 종교자유법〉(Virginia Statute of Religious Liberty)은 버지니아 권리장전 제 16항의 종교의 자유를 보다 철저히 한 점에서 획기적인 의의가 있다. "모든 인간은 종교에 관하여 각자의 견해를 분명히 표명하고 이를 변호 지지하는 자유가 있다. 또 누구든지 그 종교상의 견해 때문에 그의 시민으로서의 자격에 감소 증대 기타의 변경을 받게 되지 아니한다."라고 정하였다.164

이상에서 살펴본 바와 같이 미국의 헌법에 나와 있는 종교분리의 원칙은 종교의 자유가 확실하게 보장이 되는 것으로써 "미국인의 삶의 기본원칙"(the axiom of the American way of life)이요, '믿는 바' 때문에 어떤 사람이나 집단 또는 국가 권력에 의해서 그들의 '믿는 바'가 제한, 제재, 억압 또는 박해 받지 않도록 제도화 한 것이다.165 그러기 때문에 이들이 세운 미국은 종교문제에 있어서 "하나의 자유방임의 낙원"이 되었다.166

---

York University Press, 2002., 1-5.; 이장식, 윗글, 214.
163 이장식, 윗글, 218.
164 미국연방헌법 수정 제1조(1791년 확정 추가)도 연방의회는 법률에 의하여 국교의 수립을 규정하거나, 또는 종교상의 자유로운 행위를 금지할 수 없다고 정하고 있다.
165 박정신, 윗글, 43.
166 Alec R. Vidler, *The Church in an Age of Revolution, 1789 to the Present Day* (New York : Pelican Books, 1961), 235-236.

## 제5장
## 선교사들의 정치적인 활동

# 제 5 장 선교사들의 정치적인 활동

우리는 앞장에서 미국 선교사들이 미국사회에서 배우고 체득한 정교분리 원칙, 그리고 미국헌법에 명시되어 있는 정교분리 원칙은 국민들의 믿는 바에 대하여 어떤 권력이나 어떤 집단의 간섭도 가할 수 없다는 개념이고 종교자유의 실제적인 장치인 점을 확인했다. 즉, 종교의 자유를 침해하는 어떤 법이나 규정을 만들어 종교의 활동을 제한해서는 안 되고 이 종교의 자유는 정부가 침해할 수 없는 천부적인 인권이라는 것이다. 이처럼 종교의 자유를 완전하게 보장하는 법적 장치가 정교분리 원칙이다.

이제 이러한 정교분리 원칙의 이해를 가진 선교사들이 조선에서 일어난 정치적 사건들을 직면했을 때 어떻게 대응했으며 행동했는지, 또한 일제 통치하에서 일본정부가 종교를 탄압하고 종교인들의 인권을 짓밟을 때 어떻게 대응했으며, 정부에 대하여 어떤 활동을 전개했는지 살펴볼 것이다.

## 1. 을미사변과 선교사들의 대응

미국 정부 당국자들은 조선의 선교사들이 조선의 정치문제에 개입하는 것을 철저히 금지시키려 했지만 선교사들은 조선 궁정에 위기상황이 발생했다거나, 조선국왕의 당부가 있었을 때나 백성들에게 포학한 살생 등 인권침해가 있을 때는 정치적인 문제에 개입함으로써 본국 정부의 명령을 따르지 않았다. 그 첫 번째 예가 을미사건 때 보여준 선교사들의 태도이다. 1895년 10월 8일 새벽에 조선의 왕비 명성황후가 시해당하는 비극적인 사건이 발생했다. 주조선 일본공사 미우라 고로(三浦梧樓)가 주도한 계획적인 살해사건이었다. 그날 미명에 30명의 일본의 낭도들이 경북궁의 정문인 광화문으로 들어가서 일본군 2백여 명과 합류하여 경복궁에 난입하여 명성황후를 살해한 것이다. 이 참극을 주도했던 사람은 주한공사로 조선에 부임한지 두 달 정도 밖에 되지 않은 미우라였다.[167]

당시 미우라는 명성황후를 일본이 한반도를 침탈하는데 장애물로 생각하고 제거한 것이었다. 명성황후 시해사건 후 고종은 친일세력에 의하여 감금상태로 신변의 위험을 느끼고 식사도 제대로 못하고 취침도 마음 놓고 할 수가 없었다. 이때 고종은 자기 주변에 서양인들이 있으면 일본인들이 자기를 마음대로 해치지 못할 거라고 생각하고 미국 공사를 통해서 선교사들의 입궐을 요청하였다. 이때 왕의 부름을 받고 입궐한 선교사들은 알렌, 언더우드, 게일, 헐버트, 에비슨 등이었다. 이들 선교사들은 매일 밤 2명씩 교대로 불침번을 섰고, 선교사 부인들은 왕이 먹는 음식을 손수 만들어 드렸다. 이것은 정적이 국왕이 먹는 음식에 독을 타서 살해하는 것을 막기 위한 조치였다.[168]

이때 알렌도 고종으로부터 입궐해달라는 전갈을 받고 왕궁으로 달려갔다. 알렌은 입궐하여 궁전으로 다가 갔을 때, 아무렇게나 옷을 입고 칼을 든 아주 악독하게 보이는 30여명의 일본인들이 궁전에서 나가고 있는 것을 보았다. 그리고 국왕의 내실로 들어가 보니 미우라(三浦)공사와 대원군이 국왕 옆에 서성대고 있는 것을 보았다. 그들 앞에서 국왕은 공포와 비애에 떨고 있었다. 알렌은 이런 정황으로 보아 미우라 공사가 명성황후 살해사건의 주동자임을 파악하고 즉각적으로 그가 이 사건의 주동자라고 세상에 널리 알리기 시작했다. 알렌은 수많은 전보와 서신을 계속 보냈다.

그는 이 사건의 지휘자는 일본인이며 암살자들도 민간인 옷을 입은

---

167 角田房子,『閔妃暗殺』, (東京, 新潮社, 1988), 328-333.
168 Fred Harvey Harrington. *God Mammon and the Japanese*, (Wisconsin: The University of Wisconsin Press, 1944.), 268-276.

일본인이며 공사관이 관여했다는 증거는 부인할 수 없는 명백한 것이라고 주장했다.[169] 이때 미우라는 거사가 성사되고 난 뒤 기분이 좋아서 "이것으로 조선도 드디어 일본 것이 되었다. 이제 안심이다."[170]라고 했고 곧바로 친일내각을 구성하였다. 이 내각에서 궁내대신으로 대원군의 아들 이재면을 세웠다. 그리고 이 친일 내각은 바로 명성황후를 '폐서인 하는 조치'를 취했다.[171] 친일 내각은 명성황후가 훈련대 해산을 강행했기 때문에 이번 사변이 일어났다고 주장하면서, 돌아가신 왕후가 왕에게 간사한 진언을 하여 국왕의 총명을 흐리게 하는 잘못이 있으므로 폐위를 한다고 선언했다. 이런 일들은 사변이 있기 전부터 미우라 공사가 계획한 것이었다.[172]

　미우라가 이런 무서운 일을 계획하고 실행한 이유는 왕비를 지지하던 반일관리들을 숙청할 목적이 있었기 때문이고, 모든 일이 일본에게 유리하도록 사전 조치를 한 것이다.[173] 알렌은 이 조칙의 사본을 받았을 때, 마치 왕비가 아직 살아있는 것처럼 꾸미고 있다고 내각을 비난하였으며, 10월 8일에 일어난 사건을 조사하라고 요구하였다. 그리고 이 조칙은 국왕전하가 직접 내린 것으로 인정할 수 없다고 단호히 선언했다. 이처럼 알렌은 국제적 분규가 일어나면 중립을 지키고 독자적인 행동을 하지 말라는 본국 정부의 지시를 어기고, 일본의 미우라 공사를 제외한 외교관 회의를 소집하였고 러시아와 영국, 프랑스, 독일 외교관들과 협의했다. 알렌은 일본인들에게 대항하는 공동전선을 펴는데 주도적인 역할을 수행했고, 그리하여 외교대표 모두는 그의 판단을 따라 새 한국내각에서 공포한 조칙의 승인을 거부하였던

---

169　윗글, 278-279.
170　角田房子, 閔妃暗殺, (東京, 新潮社, 1988), 328.
171　*Korean Repository*, March, 1896. (Seoul: The Trilingual Press, 1986), 40-41.
172　角田房子, 윗글, 333.
173　Harrington, 윗글, 275.

것이다.[174]

한편 알렌은 신경과민이 된 국왕을 안정시키면서 다른 나라 외교관들과 함께 매일 왕을 방문하여 왕이 안전하게 모셔지고 있는지를 확인했다. 그리고 국왕이 귓속말로 도움을 청하는 호소를 듣고, 15명의 미국 해병대를 인천에 정박 중인 함대 욕크타운호로부터 불러들였다. 한편으로 알렌은 반일파 중에서 저명한 인사 6인과 그렇게 비중이 크지 못한 사람들에게도 계속 큰 도움을 주었다. 그들이 미국공사관에 피난해 와 있도록 허락해 주었다. 알렌은 자기 상사들로부터 피란인사들을 받아들이는데 신중을 기하라는 요구를 받았음에도 불구하고 자기의 도움을 필요로 하는 사람들을 외면할 수 없었다. 그는 이 문제에 대해서 국무성에 전문을 보내면서 '나는 지금 그들을 내몰아 죽게 할 수 없다.'라고 했다.[175]

명성황후 시해사건에서 알렌 선교사가 취한 정치적인 활동에 대해 미국정부의 반응은 비난과 책망이었다. 알렌이 일본공사를 제외한 외교관회의를 주관한 일은 유감스러운 일이며, 죽은 왕비의 폐위 조치를 승인하지 않고 거부한 일도 알렌이 해야 할 의무가 아니라는 책망을 들었다. 알렌이 취한 일련의 행동들은 미국 국무성에서 내린 훈령 제 64호에 '한국의 정치문제를 개입하지 말라.'라는 지시를 어겼기 때문이다.[176] 1895년 을미사건 때 선교사들은 일본인들이 왕후를 살해한 것에 대하여 일본을 비난했고, 이와 동시에 국왕을 보호하며 위로해 주었다. 그리고 분명한 반일운동의 하나인 춘생문 사건을 일으켰다. 이 사건은 일본사람들의 포위 속에 있는 국왕을 궁궐 밖으로 이어(移御) 하려다가 반대파와 춘생문에서 격돌한 사건이다.

---

174 윗글.
175 윗글, 276.
176 윗글, 279.

이일은 1895년 11월에 선교사 언더우드의 집에서 꾸며진 일이었다. 이때 친일파 내각에 의해 왕궁에 갇혀 있다시피 하는 고종을 구출하기 위하여 윤흥렬 장군을 위시하여 왕당파에 의해 왕의 거처를 옮기는 계획이 시도되었다. 즉 경북궁을 탈출하여 외국 공사관으로 피난 갈 계획을 세웠던 것이다. 그러나 내부 밀고자에 의해 이 계획은 좌절되고 말았다. 이 거사에 참여한 사람들이 삼천동으로 올라와 춘생문에 이르러 담을 넘어 입궐하려 할 때 밀고자에 의해 거사 계획을 알게 된 친위대의 공격을 받고 체포가 된 것이다. 이 사건을 '춘생문 사건'이라 하는데 일종의 '국왕 탈취 미수사건'을 말한다.[177] 이 을미사변 때 왕을 보호하고 도왔던 헐버트도 다른 선교사들과 함께 춘생문 사건에 동참하였다. 그런데 헐버트는 이 사건 후에 더욱 고종의 신임을 얻어 한성사범학교 교장직을 제의 받았으며, 이 사건을 통해서 왕은 더욱 헐버트를 신임하게 되었고, 후에 그는 왕의 밀사로도 활약을 하게 된다.[178]

위에서 살펴본 바와 같이 알렌과 그의 동료 선교사들이 당시 미 국무성에서 내려온 '선교사는 정치에 개입하지 말라.'는 지시사항을 지키지 않고 을미사건과 같은 정치적인 사건에 개입을 한 것은 기독교적인 정의감에 저촉된 악랄한 비행을 보고 그것을 비판하고 책임추궁을 하는 일에 물러설 수 없었기 때문이었다.[179]

물론 선교사들이 청일전쟁에서 승리한 후 일본이 조선에서 저지른 만행에 대해 분노하는 것은 당연하다고 생각할 수 있다. 이때 보여준 선교사들의 행동은 분명히 중립적인 것은 아니었다. 그들의 이러한 정치개입 사건에

---

177 이광린, 『한국사 강좌 제 5권 (근대편)』, (서울: 일조각, 1981), 373.
178 윤경로, "헐버트의 한국에서의 활동과 한국관," 『한국근대사의 기독교사적 이해』 (서울: 역민사, 1992), 219.
179 민경배, "알렌과 한국 근대사" 『신학논단』, 제 20집 (1992.), 104.

대하여 국무성은 시일 공사에게 공문을 보내서 선교사들을 진정시키도록 요청했다. 그리고 선교사들이 공사관의 보호를 받으려면 '학교에서 가르치는 일이든, 복음을 전하는 일이든, 또는 병자를 돌보는 일이든 간에 엄밀히 선교사업에 한한 것이어야 한다는 것'을[180] 분명히 하달했다.

## 2. 을사늑약과 선교사들의 저항

선교사들의 정치개입금지 방침은 미국정부의 시달사항이었다. 그런데도 조선에서 활동하는 선교사들 중에는 조선의 운명을 결정짓는 중대한 역사적인 조약이 불법적으로 체결되거나, 혹은 강대국들의 조선에 대한 정책이 조선에 턱없이 불리한 방향으로 결정될 때, 조선인의 입장에서 건의하고 항거하는 사람들이 있었다. 그 대표적인 선교사가 알렌과 헐버트이다.

### 1) 미국의 친일정책에 대한 알렌의 반대

알렌이 본국 정부의 지시사항을 어기고 자신의 독자적인 판단과 양심의 자유를 따라 취한 정치적인 행동 중에 가장 대표적인 것은 미국 대통령 루스벨트의 친일본 정책에 반대하여 대통령의 최고통치자로서의 통치행위를 비판하고 친러시아 정책을 펴야 한다고 자신의 주장을 끝까지 펼친 일이다. 알렌은 이러한 정치행동으로 인하여 공사직을 해고당하게 되고 본국으로 소한조치되는 고통을 감수해야만 했다.

러시아와 일본이 한반도를 둘러싸고 자국의 이익을 위해서 경쟁을 벌이고 있을 때, 일본의 조선 지배정략이 확실하게 드러나게 되자 알렌은

---

[180] Fred Harvey Harrington. *God Mammon and the Japanese*, (Wisconsin: The University of Wisconsin Press, 1944.), 100-101.

한국을 구하기 위해 친러시아 반일정책을 주장하게 된다. 그러나 이때 미국의 루스벨트(Theodore Roosevelt) 대통령은 철저하게 친일 반러시아 정책을 고수하고 있었다. 알렌은 루스벨트가 현지공사의 정확한 정세분석 자료를 무시하고 측근 친일 정보자료에 근거하여 이같은 친일 반러 정책을 수립했다고 판단하고, 대통령의 왜곡된 정세분석을 시정하려면 한반도를 둘러싼 주변 정세를 정확하게 파악하는 것이 중요하다고 생각했다. 그리하여 알렌은 자신이 직접 만주 러시아 시베리아를 현지답사하기 위해 1903년 6월 1일 서울을 출발하여 인천에서 여순까지 여객선 항해여행을 하고, 여순, 대련의 군사시설을 시찰하였고, 새로 개통한 시베리아 대륙횡단철도로 만주 시베리아를 경유하여 상트 페테르부르크까지 장장 3개월간 여행한 후 유럽 각국을 순방하고 9월에 워싱턴에 도착하였다.[181]

루스벨트의 대한정책의 기조를 보면 첫째로, 일본은 미국 대신 러시아의 남침을 막아주는 성벽 역할을 담당하고 있기 때문에 일본을 후원해야 한다는 것이다. 둘째로, 러시아와 일본 두 강대국이 한국에서 경제적 이권 쟁탈전을 벌이고 있는데 미국은 한반도에서 경제적인 가치보다 전략 가치에 관심을 기울이고 있었다. 즉 미국은 설사 한반도에서 미국의 경제적인 이익은 희생되더라도 일본이 러시아의 남진정책을 저지해준다면 한국의 운명을 일본에 위탁하게겠다는 전략적 고려를 중요시하고 있었다.[182] 1900년 루스벨트는 주미 독일대사 스텐버그(Speck V. Sternberg)에게 다음과 같이 말했다. '자기로서는 일본이 한국을 점유하기를 바라고 있다. 왜냐하면 일본은 러시아를 견제하기 때문이다.'[183]

---

181 김원모, 『개화기 한미 교섭관계사』(서울: 단국대학교 출판부, 2003.), 338.
182 김원모, 윗글, 342.
183 Howard K. Beale, *Theodore Roosevelt and The Rise of America to World Power* (Collier Macmillan Publishers, 1973), 164.

워싱턴에 도착한 알렌은 당시 루스벨트 대통령의 극동문제 고문이며 대 아시아정책 입안자인 록힐(William W. Rockhill)을 만났다. 알렌은 미국은 어떤 일이 있어도 러시아를 도와야 한다고 자신의 반일·친러정책을 피력하였다. 그러나 록힐은 미국은 어떤 일이 있어도 일본을 도와야 한다고 주장하였고, 미국은 일본이 한국을 합병하는 것을 허용하는 대신 일본으로 하여금 러시아의 만주 점령계획을 저지하게 하는 것이 미국의 대아시아정책임을 천명했다.[184] 알렌은 1903년 9월 30일 저녁 백안관 세리온에서 루스벨트 대통령과 미국 정부의 대아시아 정책에 대하여 치열한 공방전을 벌였다. 이 자리에서 알렌은 록힐이 러시아 문제에 관해서 큰 실책을 범하고 있다고 말하며 록힐의 친일정책을 비난했다. 그리고 자신의 친러·반일 정책의 당위성을 다음과 같이 설명했다. 첫째, 러시아는 만주의 비적들을 소탕함으로 만주를 평정했으며, 도로와 철도를 건설함으로써 엄청난 산업시장을 개방해 놓고 있는데, 미국이 친러정책을 펼친다면 만주 무역거래에서 75%를 미국이 차지하게 될 것이다. 둘째, 러시아는 문호개방원칙을 엄수하겠다고 약속을 하고 있으므로, 만약 미국 대통령이 러시아가 이런 약속을 지키지 않을 것이라고 단정 짓는다면 이것은 러시아로 하여금 미국에 대한 적개심만 촉발하게 되어 만주에서의 미국의 경제적 이권은 위협받게 될 것이다. 셋째로, 러시아는 결단코 만주로부터 철병하지 않을 것이다. 러시아는 3억 달러를 투입하여 횡단철도를 건설했고 수천만의 달러를 투자했으며, 여순 대련 등에 군사 요새를 군축했기 때문이다. 넷째, 러시아는 문호를 개방할 것이다. 러시아는 봉천과 같은 국제적 요충지에 외국거류지를 허용할 것이며 외국 영사들에게 치외법권을 인정하게 될 것이다. 그러나 이에 반해 일본이 만주를 점령하게 된다면

---

184 Harrington, 윗글, 314. Paul A. Varg, *Open Door Diplomat : The Life of W. W. Rockhill*(Urbana: University of Illinois Press, 1952), 51.

일본은 문호개방원칙을 폐기하게 될 것이며, 미국인을 포함하여 모든 외국인들을 추방하고 만주의 이권을 독점하게 될 것이다.185 뿐만 아니라 일본은 미국에게 더 큰 곤란을 가져다 줄 것이며, 그리하여 마침내 미국은 그 나라와 칼을 겨누어야만 될 처지에 이르게 될 지도 모른다고 경고했다.186 이와 같이 알렌은 솔직한 정세보고를 했지만 이 보고가 대통령의 정책과 상충된 것이었기 때문에 마침내 알렌은 반정부 발언을 일삼은 외교관으로 낙인찍히게 되었고, 루스벨트는 이를 용서받을 수 없는 반정부 행위로 규정하였고, 알렌은 외교관직에서 해임되었다.187

### 2) 을사늑약의 무효성을 폭로한 헐버트의 활동

헐버트(Homer Bezaleel Hulbert)는 최초의 국립 외국어 교육기관이라고 할 수 있는 육영공원 교사 자격으로 1886년 7월에 조선에 들어왔다. 그는 1886년 9월에 개원한 육영공원 교사로 활약하였으나, 1891년 12월 육영공원 축소 등의 문제로 교사직을 사임하고 귀국하였다. 그러다가 1893년 9월에 미국 북감리교 선교사로 다시 조선에 들어왔으며, 삼문출판사 운영 책임을 맡으면서 문서선교 활동을 하였다. 그는 The Korean Repository, The Korea Review 등 조선관련 영문 잡지를 발간하여 교육자라기보다는 언론인으로서 일제의 만행을 폭로하고 감시하는 역할을 하여 조선 사람들을 보호하는 일을 하였다.188

그는 1903년 YMCA가 창립될 때 초대회장으로 피선되었으며, 1905년 일제가 조선의 외교권을 강제로 빼앗은 을사늑약 때는 고종황제의 밀사로서

---

185 *Allen Diary*, September 30, 1903 : 김원모, 『알렌의 일기』, 277-281. 645-656.
186 Harrington, 윗글, 316.
187 윗글.318.
188 김승태, 『한말. 일제강점기 선교사 연구』(서울: 한국기독교역사연구소, 2006), 65.

이의 부당성을 항의하고 조미수호조약에 의한 미국정부의 도움을 요청하고자 미국 국무성에 가서 미국 대통령 면담을 신청하였으나 거부당하였다. 1907년도에는 헤이그 밀사사건을 후원하다가 그해 5월 일본의 압력으로 미국 정부의 소환형식으로 조선을 떠나가게 되었다.[189]

헐버트는 1901년부터 1906년까지 속간 되었던 〈코리아 리뷰〉에서 초반기에는 조선 문화에 대한 연구를 주로 발표했는데, 러일 전쟁이 시작되는 1904년 이후로 가면 대부분 한반도를 둘러싼 러일관계, 한일관계에 대한 글들이 많아지게 된다. 그리고 특히 1905년 후반부터 헐버트는 편집자로서 논설을 통하여 인도주의적인 면에서 일본의 대한 정책에 대하여 신랄한 비판을 가하였다. 이로 인하여 〈코리아 리뷰〉지는 일본당국으로부터 반일의 경향을 띤 정치적인 매체로 감시를 받다가 결국 1907년 1월부터 발행이 중단되었다.

헐버트는 〈코리아 리뷰〉지를 통해서 일제의 만행을 폭로하고 비판하였다. 특히 1906년 8월호 〈코리아 리뷰〉지에 실린 북쪽 지역에서 자행한 일본정부의 만행에 대한 보고서 내용은 다음과 같다. 1, 일본은 조선의 독립을 보장하겠다는 자신의 약속을 어기고 조선을 강압적으로 보호국으로 만들었으며, 국제적인 불법행위에 미국을 끌어들였다. 2, 조선은 오직 일본의 자본가와 투기꾼들의 이익을 위해서 착취당하고 있다. 3, 조선인들은 스스로 자기 나라의 자원을 개발하는 일에 금지당하고 있다. 4, 일본은 서구 자본과 산업이 조선에 들어오는 것을 막는 일에 모든 노력을 다하고 있다. 5, 일본의 관리들은 아편판매나 놀음기구 같은 일본본토에서는 결코 허용하고 있지 않은 사업을 조선에서는 운영하도록 하고 있다. 6, 교육을 통하여 조선인들의 지적인 상태를 개선하려는 시도를 하지 않고 있다. 7, 일본인들은 정당한

---

189 김승태, 윗글, 33.

대가를 지불하지 않고 조선 전역의 땅을 점거하고 있다. 8, 조선인들은 일본 민간인들에게 지불되는 정규 임금의 일부만을 지급받고 있으며, 강제로 노동을 제공하고 있다. 9, 조선인들은 그들이 당한 부당함에 대하여 법적인 보상을 받을 방법이 전혀 없다. 10, 조선인들은 자기들이 해오던 어업과 소금 생산 그리고 다른 산업들을 일본인들에게 빼앗기고 해고당하였다. 11, 일본행정체제가 너무 부패하여 지난 10년 동안 어느 때보다도 뇌물이 일반화 되어 있다. 12, 일본은 조선이 강제로 일본으로부터 돈을 빌리게 하고 이 돈을 거의 전적으로 조선에 거주하고 있는 일본인들의 이익을 위해 쓰고 있다. 13, 일본 군인들이 민간인들을 누르고 주둔했던 도시들에 창녀촌을 만들어 창녀들이 우글거리고, 이것은 조선의 젊은이들을 타락시키고 있다. 14, 일본 관리들은 그들이 조선에서 실시하는 정책이 성공했다고 계속해서 특별성명을 내고 선전을 하고 있지만, 이 성명들은 사실과는 아주 거리가 있으며, 모든 사실이 알려진다면 세계로부터 비난받는 것을 감추기 위해 거짓으로 만든 것들이다.[190]

이 기사는 평안북도 지역에 있는 미국인 선교사의 연례보고서를 인용한 것으로, 미국 선교사들은 전쟁 중에 발생한 일본군의 만행을 폭로하고 감시하는 역할을 하면서 조선인들을 보호하였다. 이때 선교사들은 자기의 선교지역에서 일어난 일본인들의 만행을 수시로 보고서를 작성하여 올렸고, 헐버트는 이 보고서에 올라온 내용들을 정리하여 〈코리아 리뷰〉지에 게재하였던 것이다.[191]

이 보고서에는 일제의 조선인에 대한 강제노역과 만행을 폭로하면서 '강제 노역이 아직도 많은 곳에서 계속되고 있으나, 기독교인들의 저항으로 이

---

190 Homer B. Hulbert ed., *The Japanese in Korea Extracts from The Korea Review*, 1907. (U. S. A.: Kessinger Legacy Reprints, 2013), Summary, 83-84.
191 김승태, 윗글, 65.

도의 대부분 지역에서 일본인들이 임금을 지불해야만 하였다. 기독교인들이 대다수인 지역에서 노동자들은 조직을 갖고 임금을 받지 않고서는 일하기를 거부하였다. 평안북도의 어린 교회가 러시아를 정복한 일본을 이긴 것이다.'[192] 라고 되어있다.

그리고 헐버트가 일본인들이 조선에서 자행하고 있는 만행을 비판하고 폭로하는 기사를 발표하자, 지금까지 사태를 관망하며 지나친 의견 표명을 삼가고 있던 미국 북장로교 선교부의 연례회의에서 문제가 되기도 하였다. 즉 〈코리아 리뷰〉 지에 실린 조선인들과 일본인들과의 관계에 대하여 언급한 내용들에 대하여, 그것이 선교부에 제출되기 전에 출판이 되었다는 점과 또한 선교부는 한국의 정치적인 일에 어떠한 간섭도 하지 않는 다는 점에서 그 서술이 선교부의 정책을 대표하지 못하기 때문에, 이 보고서에 대한 책임을 받아들이기를 거부한다고 결의 했다는 것을 〈코리아 리뷰〉 지의 다음호에서 공표해 줄 것을 요청하였다.[193]

헐버트는 선교본부의 이러한 결의에 대하여, 그리고 정칙문제에 대한 태도에 대하여 다음과 같은 말을 함으로써 비판하였고, 정교분리 원칙에 대한 자신의 입장을 분명히 하였다. '민중과 관련된 모든 것이 정치적이다. 한 나라의 종교는 정치에 대하여 분명한 관련을 가진다. 서민의 모든 행동이 정치적 행위요, 사람은 로빈슨 크루소 같은 자가 됨으로서만 정치로부터 빠져나갈 수 있다.'[194] 헐버트는 빠른 속도로 진행되고 있는 조선의 복음화가 정치적 의미를 갖지 않는다고 말하는 것은 역사를 속이는 것이라고 주장한다. 헐버트는 선교사들의 정치관련 문제를 다음과 주장한다.

---

192 윗글, 65-66.
193 Homer B. Hulbert ed., "Missionary Work in Korea." *The Korea Review*, October 1906. (Seoul: Kyung-in Publishing Co.), 361.
194 윗글, 364.

> 정치는 그 근처에 도덕적 동력들로 구성되며 그리스도교는 그것이 도덕적 동력이 아니라면 아무것도 아니다. 선교사들이 정치에 영향을 끼치는 것을 막기 위해서는 모든 선교사들과 성서와 책자들 그리고 기독교가 제시하고 있는 것들을 이 나라에서 몰아내야 한다. 여전히 기독교를 가르치도록 허용하면서 선교사들로 정치적 의의를 갖지 못하게 하는 이 모든 노력은 어떤 선교사가 그 자신과 자신의 일을 정치로부터 떼어 놓을 수 있다고 말하는 것과 마찬가지로 황당하고 논리에 맞지 않다.[195]

그는 국가와 종교를 나눌 수는 있어도, 국가가 종교로부터 도덕과 정결, 정의와 애국심을 나눌 수 없다고 주장하고 있는 것이다.

조선의 기독교는 민족문제를 외면할 수 없는 역사적 상황에서 수용되었고 발전되었다. 따라서 선교사들은 그들의 개인적인 신앙노선과 상관없이 조선의 민족문제에 관여할 수 밖에 없었다. 선교사들이 활동하고 있는 선교의 현장에서 살고 있는 조선인들의 민족적 아픔을 외면한 채 선교를 한다는 것은 사실상 불가능했기 때문이다.[196]

그래서 청일전쟁 이후에 미국정부가 일본과의 관계가 악화될 것을 우려하여 미국공사관은 물론이고 선교사들을 포함하여 주한 미국 국민들은 조선의 정치문제에 일제 개입하지 말도록 강력하게 지시했음에도 불구하고, 헐버트 같은 선교사는 미국정부의 조선에 대한 태도에 불만을 가지고, 일본 정부의 잘못된 정책과 행정적인 조치에 대하여 비판하고 시정을 요구하였던 것이다. 그리고 헐버트는 조선에서 일어난 역사적인 사건에 적극적으로

---

195 윗글. 364-365.
196 Chung-Shin Park, *Protestantism and Politicts in Korea* (Seattle and London, University of Washington Press),120-133.

참여함으로써 그의 정교분리 원칙에 대한 이해가 무엇인지 분명히 행동으로 보여주었다. 헐버트가 참여했던 사건으로는 을미사변, 춘생문 사건, 을사 보호조약, 헤이그 밀사사건이다. 헐버트는 1895년 을미사변 때 다른 선교사들과 함께 궁궐에 들어가 고종을 호위하고 돕는 일을 하면서 고종의 신임을 얻게 되어 을사늑약 이후에 고종의 특명으로 밀사로서 활약하였다.

### 3) 헐버트의 워싱턴 밀사 활동

헐버트가 조선 정치문제에 보다 큰 관심을 보이기 시작한 것은 러일전쟁을 전후한 시기부터였다.[197] 이 시기는 조선의 독립이 위기에 처해진 상황이었다. 일본은 미국과는 카스라 태프트 밀약(1905년 7월)을 체결하고, 영국과는 제 2차 영일동맹을 체결(1905년 8월)하였고, 포스머츠조약을 체결(1905년 9월)[198] 함으로 조선에서의 정치 경제 군사상의 우월권을 보장받게 된다. 그리고 조선을 보호국으로 만들 방법을 획책하기 시작한다. 이때 헐버트는 일본에 의한 보호국화를 '조선의 독립에 대한 치명적인 타격(Death Blow)'이라고 비유하면서 일본을 강력히 비판하고 나섰다.[199] 헐버트는 일본의 보호국화 옹호론에 대해 반대하는 입장을 취했다. 그는 일본이 지금껏 조선의 개혁을 위해 어떤 노력도 행하지 않았는데도, 이런 상황에서 일본에 의한 보호령 설치를 한다는 것을 반대했다.[200] 특히 헐버트는 일본에 의한

---

197 윤경로, 윗글, 221.
198 1905년 9월 5일 미국의 중개로 체결된 포츠머드 조약 제 2조에서는, '러시아 제정은 일본국이 조선에서 정치, 군사 및 경제상의 단순한 이익을 인정하고 일제가 조선에서 필요하다고 인정하는 지도보호 및 감리의 조치를 취하는데 이를 간섭하거나 방해하지 않을 것을 협정한다. 조·러간의 국경에서 러시아 또는 한국의 영토안전을 위협할 수 있는 하등의 군사상 조치를 취하지 않을 것을 협정한다.' 국회도서관, 『구한말조약휘집(중권)』입법참고자료 제 26호, (서울: 동아출판사, 1965), 218항
199 Hulbert ed. Editorial Comment, *The Korea Review*, Sept. 1905. (Seoul: Kyung-in Publishing Co.), 349.
200 Hulbert, ed., "A Possible Protectorate", *The Korea Review*, June, 1905. 205-212.

보호정치로 인하여 조선인들은 자발적인 노력을 하고자 하는 정신을 상실하게 될 것이라고 우려하였다.[201] 그리하여 그는 일본에 의한 조선의 보호국화를 저지하려는 노력에 동참하게 되었다.

고종은 일본의 침략행위와 그 부당성을 지적하는 내용의 친서를 헐버트를 통해서 미국에 보냈다. 이 친서는 고종의 의견을 헐버트가 받아 영문으로 작성했던 것으로 보인다. 친서 작성 당시 헐버트는 고종에게 조선이 미국 등 서구 국가들의 공동 보호하에 있으면 조선의 독립이 보장 될 수 있다고 진언하였다고 한다.[202] 헐버트는 고종의 친서를 가지고 워싱턴으로 출발했다. 일본정부는 헐버트가 워싱턴을 향해 출발했음이 확인되자, 조선을 보호국으로 만들 작업에 착수했다.

1905년 11월 9일 카쓰라(桂太郞) 내각은 이토(伊藤博文)를 조선에 급파하여 외교권 박탈작업을 급진전시키고 1905년 11월 18일 새벽 을사5조약을 체결했다. 바로 이날 헐버트는 워싱턴에 도착했다. 워싱턴에 도착한 헐버트는 즉시 백악관으로 달려가서 고종황제의 친서를 루스벨트 대통령에게 전달하려고 했다. 그러나 그 문제는 국가 간의 외교문제이므로 친서를 국무성에 전달하라고 했다. 그리하여 헐버트는 국무성으로 찾아갔다. 그러나 부서 장관이 시간이 없다는 이유로 만나주지 않았다. 헐버트는 다시 백악관을 찾아가서 사정의 중요성을 말하고 대통령께 면회를 간청했다. 그러나 대통령의 비서는 다음과 같은 말로써 헐버트를 거절하였다. '헐버트 씨! 우리는 이미 그 친서의 모든 내용을 알고 있소. 당신은 이미 국무성에 가보라는 지시를 받았으므로 여기서는 아무것도 할 일이 없소.'[203] 라고 말했다. 훗날 헐버트는 미 상원에 제출한 한 진술서에서 그때의 심정을

---

201 Hulbert, ed., *The Korea Review*, Sept. 1905. 349.
202 윤경로, 윗글, 225.
203 윗글. 226.

이렇게 말하고 있다.

> 나는 대통령이 그 친서를 환영할 줄 알았다. (중략) 이렇게 회피하는 데는 미리 계획된 흑막이 있었던 것으로 밖에 달리 생각할 수 없었다. 나는 여기에 단순한 부주의가 아닌 다른 무엇인가가 개입되었다고 생각했다.[204]

다음날 11월 18일 헐버트는 그의 친구인 스태포드(W.P. Stafford) 대법원 판사를 통해 국무장관 면회를 재차 시도했으나, 역시 바쁘다는 이유로 거절당하였다. 미국 국무성측은 조선 황제가 조선의 외교권 일체를 일본에 양여하는 조약이 체결되었다는 전문을 일본정부로부터 받고 워싱턴 주재 조선공사관에게 확인도 하지 않고 즉각적으로 주한 미국공사관의 철수를 지시하였다. 미국정부의 이러한 태도는 을사조약의 체결을 전후한 시기에 밀착된 미일간의 외교관계와 상대적으로 한국이 국제사회에서 얼마나 소외되었는가를 극명하게 보여주고 있는 것이다.

### 4) 헐버트의 헤이그 밀사 활동

헐버트의 선교사로서의 활동 중에 일본정부로부터 가장 지탄을 받고 감시를 받은 활동은 1906년과 1907년에 걸쳐서 고종의 밀사로서 임무를 수행하는 일이었다. 고종은 1907년 6월 헤이그에서 만국평화회의가 열리는 것을 계기로 이준, 이상설, 이위종과 미국인 헐버트를 특사로 파견하여 일본의 조선 침략의 불법성을 폭로하고 '을사늑약'의 무효화를 선언하고 독립을 쟁취하려는 시도를 하였다. 이 특사들은 만국평화회의에 참가한 후

---

[204] "American Policy in the Case of Korea and Belgium", *The New York Times*, March 5, 1916.

조선문제를 상설국제중재재판소에 제소하고, 다른 한편으로 미국을 비롯한 체약국 원수들을 방문하여 고종의 친서를 전달하고 국제여론에 호소하는 임무를 띠고 있었다.

헐버트는 1907년 6월 제2차 세계평화회의가 헤이그에서 개최된다는 것을 알고 고종과 Y.M.C.A 관계 인사들에게 전했다. 최남선의 증언에 의하면 헤이그 밀사사건은 전덕기목사의 사랑방[205]에서 처음 논의되었고, 이때 모인 인물들은 주로 관서.관북지방의 청년들로 이준, 이동휘, 이갑, 이승훈, 김구 등이었다고 한다.[206]

이준은 1907년 4월 20일 서울을 출발하였다. 그는 블라디보스톡에서 이상설과 합류하였으며, 이들은 시베리아 횡단열차 편을 이용하여 6월 4일 제정러시아 수도 빼째부르그에 도착하였다. 이곳에서 이위종을 만나 세 밀사의 진용을 갖추게 되고, 그들은 그곳에서 러시아 주재 공사 이범진과 협의한 뒤 만국평화회의에 제출할 선언서(즉 控告詞)를 인쇄했다. 이 특사들은 6월 24일에 헤이그에 도착하였고, 6월 25일 헤이그 평화회의 제1분과 위원회를 방문하여 고종의 친서를 전달하였다. 친서의 골자는 일본이 불법적으로 조선정부의 기능을 마비시키고 외교적 활동을 막았는데, 이 일본의 불법에 대한 전반적인 문제가 평화회의에서 의제로 다루어지기를 바란다는 것이었다.

특사들은 6월 30일에는 평화회의장 넬리도프를 방분하여 대한제국 특사의 회의 참석을 요구했다. 그러나 넬리도프는 한국의 입장은 동정하나

---

205 전덕기는 '교육이 힘이다'라는 신념으로 상동교회에서 '상동회의'를 결성하였고 청년학원(1904년)도 설립하였다. 이 상동회의는 을사조약이 체결 되었을 때 조약 파기를 주장하는 복합상소를 올렸고, 1907년 6월 제 2차 세계평화회의가 헤이그에서 개최 될 때는 밀사를 파견하여 일본의 조선통치의 불법성을 알리게 하였다.
206 "최남선의 회고담", 전택부, 『한국기독교청년회 운동사』, (서울: 범우사, 1994.), 97-99.에 기대었음.

각국 대표의 초청권한은 주최국인 네덜란드에 있으므로 외무장관 후온데스와 협의하라는 것이었다. 특사들은 후온데스를 만났으나 그도 역시 한국은 을사조약으로 외교권이 일본에 이양되었으므로 대표권을 인정할 수 없다는 것이었다.[207] 이처럼 특사들은 만국평화회의 중요 인사들을 만나서 회의 참석을 위한 활동을 했을 뿐만 아니라 6월 27일에는 미리 준비해 간 선언서를 불어로 번역하여 평화회의장을 비롯한 각국대표들과 언론사의 기자들에게 배포하였다. 이 선언서의 내용은 다음과 같다.

> 대한제국의 독립은 모든 국가들에 의해 보장되고 승인되었다. 그러나 일본인들은 대한제국의 권리와 법률을 침해했다. 우리가 일본을 규탄하는 내용은 세가지이다. 첫째, 일본인들은 황제폐하의 재가없이 을사오조약을 체결하였다. 둘째, 일본은 자신의 목적을 달성하기 위해 대한제국 정부에 무력을 행사하였다. 셋째, 일본인은 대한 제국의 법률이나 전통을 무시하고 행동했다. 제국과 우방국과의 외교단절은 대한제국의 뜻이 아니라 일본의 침해결과이다. 회의에 참석하여 일본의음모를 밝힐 수 있도록 각국 대표들의 도움을 간곡히 부탁드린다.[208]

이 선언서는 현존하는 을사늑약 관계문헌 중에 가장 정확하고 소상한 기록이다. 당시의 조약에 대한 한국의 입장과 요구가 명확하게 표현되어 있는 역사적인 외교문서인 것이다. 특히 헐버트는 당시에 저명한 언론인 스테드(William Thomas Stead)를 만났다. 스테드는 1899년 제 1차 만국

---

207 헐버트 박사 기념사업회 편역,『헤이그 만국평화회의 관련 일본정부 기밀문서 자료집』 (서울: 선인, 2007), 115-118.
208 윗글, 86-87.

평화회의에서 저명한 기자로서 이름을 날린 영국의 언론인으로서 제 2차 만국평화회의에서 평화회의 문제만 보도하기로 한 일간지(Courrier de la Conference)의 편집을 담당한 인물이었다. 헐버트는 바로 그 스테드가 발간하는 잡지에 조선 특사의 임무와 활동에 대해 보도할 수 있도록 사전에 조치를 해 두었던 것이다.[209] 그래서 특사들이 7월 9일 스테드가 주관하는 각국의 신문기자단의 국제협회에 참석하여 발언할 기회를 얻었다. 여기서 이위종은 세계 언론인들에게 한국의 비참한 실정을 호소하는 연설을 하였다. 이 연설에서 이위종은 조약이 강제로 조인된 내막, 일본의 악정비판, 그리고 한국인의 각오를 호소했다.

이위종의 이 절절한 호소는 각국 언론인들의 동정을 모았다. 이위종이 연설을 하고, 그 이튿날 7월 10일에는 헐버트가 뉴욕 헤럴드 기자와 회견하여 '황제는 조약에 결코 서명하지 않았다.'고 밝혔다. 그는 '한일조약은 결코 조인된 적이 없었다.' 라는 제하에 조선의 일본에 대한 가치, 일본의 야만행위, 일본의 한국 토지 강탈, 일본의 악행으로 인한 한국의 절망 등을 호소했다. 헤이그에 파견된 고종의 특사들이 일본의 방해와 강대국들의 얽힌 이해득실로 인해 회의에 참석하지는 못했어도 일본의 야만적인 침략성상과 한국민족의 자주독립의지는 세계에 분명하게 알리게 되었다는 점에서 큰 의의가 있었다.[210]

헐버트는 헤이그 밀사로서의 활동을 마치고 한국에 귀국한 이후에 일본의 압력으로 미국정부의 소환을 받고 한국을 떠날 수밖에 없었다. 그러나 헐버트는 한국을 떠나서도 일본의 한국보호통치의 부당성과 한국독립의 당위성을 미국여론에 호소하여 반일저술활동을 계속해

---

209 Clarence N. Weems, ed. *Hulbert's History of Korea Vol. I & II*, (New York: Hillary House Publishers Ltd.. 1962), 52-53.
210 윤춘병,『전덕기 목사와 민족운동』, (서울: 한국감리교회사학회 편찬, 1996), 118-119.

나갔다. 동시에 병합위기 속에 있었던 조선문제에 미국정부가 적극 개입해 줄 것을 요청하였다. 헐버트가 일본에 대해 비판한 것은, 먼저 한국에 대한 일본의 보호정치의 비합법성이었다. 그는 을사보호조약이 강압적으로 체결된 것이었으며,[211] 게다가 헤이그 밀사 사건이후 고종을 강제퇴위 시킨 것은 '조선의 병합과 조선왕조를 폐기하기 위해 길을 닦아 놓은 것'이라고 비난하였다.[212] 특히 헐버트는 일본의 비도덕적인 면과 잔학성을 지적하면서, 일본이 조선 사람들을 도덕적으로 타락시키고 있으며, 기독교가 지향하는 문명화를 위한 어떤 노력도 하지 않기 때문에 기독교는 조선에서 일본의 보호정치를 인정할 수 없다고 주장하였다.[213]

우리가 살펴본 바와 같이 헐버트는 조선의 국권수호운동을 위해 심혈을 기울였다. 그가 이렇게 조선의 독립문제에 적극적인 태도를 취했던 것은 나라 잃은 한국의 백성들이 자나 깨나 독립을 원한다는 것을 알고 있었기 때문이었다. 헐버트는 조선인의 간절한 독립에 대한 소망을 '독립이라는 단어는 그들이 맹목적으로 숭배하는 대상이다.'라고 말했다. 그리고 '조선인들이 원하는 진정한 독립은 외부로부터 뿐 아니라 그 내부의 악영향으로부터의 해방을 의미한다.'고 말했다. 그리고 이러한 해방은 법으로 보장되고, 생활 속에 체제로서 이루어져야 한다는 것이다. 그러므로 조선인들은 이러한 진정한 독립이 이루어 질 때까지 정치체제를 강화시키기 위해 국제적인 위기상황을 이용해야 한다고 제안했다.[214]

헐버트는 독립에 대한 이러한 소신이 있었기 때문에 고종이 미국정부에

---

211 "Sure Korea Will Fight", *The New York Times*, July 22, 1907.
212 "Pleads for Korea", *The New York Times*, July 20, 1907.
213 Homer B. Hulbert, "Japanese and Missionaries in Korea", *Missionary Review of the World*. March, 1908. 205-209.
214 Editorial Comment, *The Korea Review*. Feb 1904, 74-75.

도움을 요청하는 친서를 전달하는 임무를 맡겼을 때, 기꺼이 그 임무 수행을 위해 사명감을 가지고 헌신할 수 있었던 것이다. 헐버트가 1905년 미국정부에 고종의 친서를 전달하라는 임무를 맡았을 때, 서울 주재 미국공사 모건(E. B. Morgan)으로부터 정보를 입수한 일제는 재정적으로 혜택을 약속하면서 '미국행을 포기하라. 그러면 막대한 재정적 혜택을 주겠다.'[215]고 하면서 미국행을 포기하도록 회유와 협박을 하였다. 그러나 헐버트는 1905년 10월 중순 한국을 강제로 보호국으로 만들려는 일본의 침략을 막아주도록 간곡히 요청하는 고종의 친서를 가지고 미국으로 떠났다. 그러나 미국정부의 고의적인 지연으로 인하여 고종의 친서는 전달되지 못하고 있다가 을사늑약이 체결된 3일 후인 11월 20일에야 전달되어졌다. 그리고 이 친서를 접수한 국무장관은 헐버트를 힐난하고 비판함으로써 당시의 한일 문제에 대한 미국의 입장을 단적으로 드러냈다. 일본의 의도대로 한국이 식민지화되어가는 것을 묵인하고 옹호하는 미국정부의 정책에 대해서 헐버트는 다음과 같이 피력하였다.

> 미국은 과거 30년간 성조기를 공의와 정의 상징으로 사용해왔다. 이기적인 것과 관계없이 오직 정의의 편에서 힘껏 지원해 주겠노라고 말해왔다. 그러나 자신의 처지가 난처해지자 우리가 언제 그랬느냐는 듯이 가장 모욕적인 방법으로 한국민족을 배반하고 떠나는데 제일 먼저 앞장섰다. (중략), 후대의 역사가들이 오늘의 일을 되돌아보면 미국정부가 한국민족의 운명이 달려있는 중대한 문제를 다루는데 있어서 얼마나 모욕적이고 무책임한 태도를 취하였는가를 분명히

---

215 서중석, 『미국의 대 극동정책:1900-1905』(서울: 경희대학교 한일문화연구소, 1973), 205-225.

알게 될 것이다.[216]

미국의 일본에 대한 정책이 일본의 입장을 옹호하는 방향으로 수립되어 있었기 때문에 한국의 국권수호를 위한 노력은 수포로 돌아가게 되었다. 뿐만 아니라 이 워싱턴 밀사사건으로 인하여 헐버트는 자신이 소속되어 있는 감리교단의 감독 해리스의 미움을 받고 미 감리교 선교문서에서 그의 이름이 삭제당하는 불이익을 당하기도 했다.[217]

## 3. 105인 사건[218]과 선교사들의 대응

105인 사건은 당시 식민지 치안을 맡았던 조선총독부 경무 총감부에서 기독교계 민족지도자들을 제거할 목적으로 조작한 관제 허위 사건이다.[219] 이 사건이 날조된 허위사건이었음은 재판과정에서 분명하게 드러났을 뿐만 아니라, 이 사건에 대한 연구에서도 이미 명백히 밝혀졌다. [220] 일본

---

216 H. B. Hulbert, *The Passing of Korea*, Reprint, (Seoul: Yonsei University Press, 1969), 222-224.
217 한국 감리교회 사학회,『한국 감리교회를 세운사람들 』(서울: 에이멘, 1986), 102.
218 105인 사건이란 한일강제병합 후 1911년 가을 서북지방 선천의 기독교 사립학교인 신성중학교 학생, 교직원들이 이유도 없이 체포 구속되었고, 그 후 정주 의주 용천 등 평안북도 전체에서, 그리고 황해도, 평안남도, 나중에는 서울에서까지 같은 방식으로 사람들이 체포 구속되는 사건이 발생했는데 최종적으로 구속된 사람이 700명이나 되었다. 뒤에 가서 그들을 구속한 이유가 1910년 과 1911년에 총독이 서북지방을 시찰하는 중에, 철도 정거장에서 내릴 때를 틈타 암살하려는 음모를 했다는 혐의였다. 이 사건이 105인 사건으로 이름 붙여진 것은 취조의 결과 700명 구속자 중에 123명이 기소되어 제 1심에서 그중 105명이 유죄판결을 받은 데서 비롯되었다.
219 키노시따까오(木下隆男)은 105인 사건의 배후세력은 사회참여적인 평신도 기독교인들이 중심이 되어 만든 민족운동단체인 청년학우회였다고 말하고 있다. 키노시따까오(木下隆男), "105인 사건과 청년학우회 연구" (숭실대학교 대학원, 기독교학과) 2011, 박사논문, 238.
220 윤경로,『105 사건과 신민회 연구』(일지사, 1990), 18-60.

경찰과 검찰은 이 사건에 선교사들을 연루시켜서 선교사들의 한국인에 대한 영향력을 견제하고자 했다.[221] 일본당국은 미일간의 외교적인 마찰을 염려하여 선교사들을 직접 구속하거나 신문하지는 않았지만, 한국 교회 지도자들을 구속하고, 선교사들의 가택을 수색하였고, 선교사들이 이 사건과 연루되었다는 소문을 퍼뜨려 선교사들을 불안하게 하였다. 재한 선교사들은 이 사건을 선교본부에 알리고, 이 사건의 허위성을 폭로하였다.

그리고 에딘버러 세계 선교대회 계속위원회에도 이 사건의 경위를 알려서 공정한 재판이 이루어지도록 다각적인 외교적 압력을 행사했다. 그 결과로 1심에서는 105인에게 유죄가 선고 되었지만, 2심에서는 99명에게 무죄가 선고되고, 윤치호를 비롯한 6명만 유죄 선고를 받았으며, 1915년 2월 일본 천황의 특사 형식으로 모두 석방되었다.

일본 경찰은 1911년 가을 서북지방 선천의 기독교 사립학교인 신성중학교 학생, 교직원들이 이유도 없이 체포·구속하였고, 그 후 정주 의주 용천 등 평안북도 전체에서, 그리고 황해도, 평안남도, 나중에는 서울에서까지 같은 방식으로 사람들을 체포 구속했다. 그 구속된 인원이 700명이나 되었다. 경찰들은 구속된 피고인들이 약 20명의 선교사들의 도움을 받아서 총독 암살 음모를 꾸몄다고 발표했다. 그들 가운데 마펫(Samuel A. Moffett)은 권총 상자를 감추어 두었고, 해리스(M.C. Harris)는 선동 연설을 하였으며, 언더우드(H.G. Underwood)는 자세한 거사 과정을 전보로 지시했고, 신성학교 교장이었던 매큔(G.S. McCune)은 자신이 사내 총독과 악수하는

---

221 위의 글, 144-177. 끼노시따까오(木下隆男)sms 105인 사건에서 일본당국에서 미국선교사들을 이 사건과 연루시킨 것은, 한일합방이 되어 일본이 한국 땅에서 주권 행사에 들어갔는데, 미국선교사들은 마치 합방자체를 무시하는 것처럼 치외법권의 특권을 과시하면서 선교활동을 계속하는 것이 총독부 관리들에 입장에서는 눈에 가지처럼 여겨졌기 때문이라고 설명하고 있다. 끼노시따까오(木下隆男), 윗글, 28-29.

것을 신호로 저격할 것을 약속하였다는 것이다.[222]

일본 당국에 의해 총독암살 미수 사건에 미국선교사들이 연루되었다는 설이 유포되고, 한국인 교사와 학생들이 구속되자, 미국장로회 한국 선교부 선천지부에서 사역하고 있던 휘트모어(N. C. Whittemore)부부, 로스(Cyrill Ross)부부, 샤록스(A. M. Sharrocks)부부, 로버츠(S. L. Roberts)부부, 매큔(George S. McCune)부부, 램프(H.W. Lampe)부부 등 선교사들은 이 사실을 선교본부에 알리고,[223] 의료선교사인 샤록스를 비롯한 실행위원을 서울로 보내 이들의 안부를 살피게 했다.

이들은 일본인 관리들을 만나 가능한 한 피의자들의 심문을 서둘러 주고, 구속된 사람들에게 음식을 들여보내 줄 수 있도록 요구했다. 그리고 허락을 받아 의복과 성경을 들여보내 주었다. 이때 샤록스는 조선 총독부 외사국장 고마쓰(小松綠)를 만나 소개장을 받아 정무총감 야마가타(山縣伊三郎)에게 가지고 가서 구속된 선천 신성중학교의 교사들과 학생들을 감옥에서 면회하고 돌아왔다.[224] 샤록스는 다시 12월 16일자로 고마쓰에게 긴 편지를 통해 구속되어 있는 사람들을 변호했다. 그리고 한국의 기독교인들에 대한 대대적인 구속이 가져온 공포와 고문에 대한 무서운 소문, 일본 헌병경찰들이 포상을 받기위해 경쟁적으로 범인 만들기를 하고 있다는 점을 지적하면서 이러한 방식은 한국인들의 마음에 일본 통치에 대한 반감을

---

222 선우훈,『민족의 수난』(애국동지회 서울지회,1955), 15.; 백낙준, "한국교회의 핍박" -「사내총독암살미수음모」-,『신학논단』제 7집, (1912.), 20.; P.L. Gillett's Secret Letter, Mokanshan China, 1913.7. 14. 전택부,『한국기독교 청년회운동사』, (정음사, 1978), 168쪽에서 재인용.

223 윤경로는 당시 미국해외 선교부 총무 브라운 앞으로 이 105인 사건에 관한 편지를 보낸 선교사들의 명단과 날짜를 정리해놓고 있다. 윤경로, "105인 사건의 역사적 이해"『한국근대사의 기독교사적 이해』(서울: 역민사, 1992.), 191.

224 A. M. Sharrocks to Mr. Komatsu, 1911. 12. 16.; 김흥수 엮음,『WCC 도서관소장 한국교회사 자료집- 105인 사건, 3·1운동, 신사참배문제 편』(한국기독교역사연구소, 2003), 1-9.

갖게 될 것이라고 조언했다.

샤록스가 보낸 이 편지는 재한 선교사들의 105인 사건에 대한 초기 인식과 대응을 대표하는 것이다.[225] 선교사들은 이 사건이 상부에서부터 조직적으로 조작된 사건이라는 사실을 모른 채, 하급 경찰관들에 의해 저질러진 사건으로 생각했기 때문에 상부의 인물들을 만나 설득하면 일이 바로 잡아질 것이라고 기대했다.

그러나 이 사건이 두 달이 넘도록 해결되지 않고 해를 넘기자 한국내 선교사들은 마펫, 휘트모어, 에비슨(O. R. Avison), 매큔, 샤프(C. E. Sharp)를 대표로 하여 데라우치 총독의 면담을 요청했다. 이 선교사들은 1912년 1월 8일 총독부 외사국장 고마쓰를 통해서 미리 면담할 내용을 서면으로 제출하였고, 1월 23일에 마펫, 에비슨, 휘트모어가 총독의 관저로 찾아가 총독을 면담했다. 이때 총독 앞으로 보내진 서면의 요지는 다음과 같다.[226]

> 1) 선교사들은 지금 이 사건과 연루되었다고 거명되고 있는 선교사들과 올바른 양심을 가진 기독교인들이 교회 안에서나 교회 밖에서 범법이나 소요나, 어떤 형식의 범죄도 범하지 않았다는 확신을 가지고 있다는 것.
>
> 2) 선교사들이 총독을 면담하려는 것은 선교사들이 신뢰하는 다수의 사람들이 체포되었고, 총독부의 조선의 기독인들을 체포 구금한 것은 총독부가 조선 교회를 배일의 온상으로 판단하고 교회를 박해하고 있기 때문이라는 것.

---

225 김승태, "105인 사건과 선교사의 대응," 『한국기독교와 역사』, 제136집 (서울: 한국기독교 역사 연구소, 2012.) 7.
226 김흥수 엮음, 『WCC 도서관소장 한국교회사 자료집 - 105인 사건, 3·1운동, 신사참배문제 편』 18-23.

3) 선교사들이 신뢰해왔고, 정의롭고 평화로운 사람들이라고 정평이 나있는 사람들이 오랫동안 체포되어 감옥에서 음모사건과 관련된 혐의로 심문을 기다리고 있는데, 이들의 거짓 자백을 받아내기 위해 고문을 하고 있다는 소문이 계속해서 들리고 있다는 것.

4) 선교사들은 체포 구속된 사람들을 신문하면서 고문하는 일을 총독이 허가해 주었을 리가 없다고 믿기에, 이 사건에 대하여 총독의 주의를 환기시킨다는 점.

총독과의 면담은 1월 23일 오후 25분 총독의 관저에서 2시간 동안 이루어졌다. 그리고 선교사들의 질의와 요구에 대해서 데라우치 총독의 답변 요지는 다음과 같다. 그는 이번 총독 암살 음모사건에 직 간접적으로 교회와 관련된 조선인들에게서 발견되었다는 것은 놀라운 일이라고 말했다. 그리고 심문하는 가운데 고문을 한다는 소문은 사실이 아니므로 반박할 필요도 없으며, 총독부가 조선 교회를 배일의 온상이라고 믿는다는 소문은 전혀 근거가 없다고 반박했다. 그리고 정교분리 원칙은 총독자신이나 전임자에 의해서 변함없이 유지되어 왔다고 주장했다.[227]

총독의 답변서를 살펴보면, 총독은 선교사들의 요구를 받아들인 것이라기보다는 총독부의 정당성을 변호하고 오히려 선교사를 비롯한 기독교를 비판한 것이라고 할 수 있다. 특히 총독자신이나 전임 총독이 변함없이 정교분리 원칙을 고수해 왔다고 주장을 하는 것은, 총독부에서 범법자들을 체포하여 적법한 조치를 취하고 있다고 주장하는 것이다. 그리고 선교사들이 총독부의 적법 행위에 대해 문제를 삼아 총독과의 면담을 요청하고, 질의를 하고 책임 있는 답변을 요구하는 것 자체가

---

227 日本外務省, "寺內朝鮮總督及美國宣敎師間 會談摘要,"『日本外交文書』第45卷 第1冊 (日本國際聯合協會, 1963), 458.

정교분리원칙을 지키지 않는 것이라고 비난하고 있음을 알 수 있다. 여기서 우리는 총독이 말하는 정교분리 원칙이란 정부가 교회에 대해서 어떤 법을 시행하더라도, 또한 어떤 행정조치를 하더라도 교회는 국가의 행위에 대하여 반대나 거부 없이 따라야 한다는 체제순응적인 의미를 담고 있다는 것을 알 수 있다.

105인 사건은 1912년 1월 말까지만 해도 미 북장로회 선교부와 관련된 사건이었고, 주 활동세력도 북장로회 선교사들이었다. 그런데 2월 9일 윤치호가 이 사건과 연루된 혐의로 전격 체포되자 YMCA와 그가 소속된 남감리회 선교사들이 움직이기 시작했다. 당시 YMCA 총무 질레트(P. J. Gillett)는[228] 아카시 경무 총감을 찾아가 윤치호의 상황을 알아보고, 회장 저다인(J. L. Gerdine)과 함께 이 사건을 조사하여 장문의 보고서를 만들었다. 그는 이 보고서를 5월 22일 국제 YMCA 대표이자 에딘버러 세계대회 계속위원회 회장직을 맡고 있던 모트(J. R. Mott)에게 보냈고, 계속위원회에서 이 문제를 다루도록 요청하였다.[229] 이 보고서는 미 남감리회 해외 선교부 총무 쿡크(E. F. Cook)에게도 보내졌고, 6월 25일에는 스웨러(W. C. Swearer), 캐이블(E. M. Cable) 등 5명의 감리교 협성학교 교수들이 서명하여 뉴욕의 각 교파 해외 선교부 총무들에게도 보내졌다. 재한

---

[228] 질레트는 1901년 9월에 YMCA 국제위원회에서 한국 YMCA의 실무 간사로 파송되어 서울에 온 미국의 엘리트 출신 교사이다. 그가 속한 YMCA는 하령회를 통해서 기독교 학생운동의 역량을 강화시키고 전국적인 조직망을 형성하자 이것이 일제를 긴장하게 하여 1911년 하령회의 대회장 윤치호와 강사 양전백, 선천 신성학교 학생대표 양준명을 비롯한 기독학생 다수를 '105사건'에 연루시켜 구속했던 것이다. 105인 사건 때 언더우드, 맥큔, 모페트 등 선교사들도 데라우치 총독에게 각서를 전달하고, 영국 에딘버러 종교회의 계속위원회에 진정서를 보내고 했지만, 질레트총무처럼 용감하게 투쟁한 사람은 없었다. 질레트는 그 사건이 재판 진행 중, 서신을 해외로 발송하여 사건의 전말을 밝혀, 한국에서 기독교를 박해하는 잔학상이 세상에 드러나게 한 죄로 1913년에 국외로 추방이 되었던 것이다. 민경배, 한국기독교회사, (서울: 대한기독교서회), 244쪽. 민경배, 『한국기독교회사』, (서울: 대한기독교출판사, 1989), 244.

[229] 김홍수 엮음, 윗글, 32-44.

선교사들은 선교본부와 연락하면서 피고들의 변호사 선임에도 관여하였고, 6월 28일 경성지방법원에서 재판이 시작되자 방청객으로 들어가 재판을 공정하게 이루어지는지 감시하고 재판 상황을 선교본부에 편지와 전보로 알렸다.

재한 미국선교사들로부터 연이어 전해져오는 편지와 전보를 통해서 한국의 상황이 점점 악화 되어가고 있음을 알게 된 미국 북장로회 해외총무인 브라운을 비롯한 미북장로회 선교본부 실행위원회는 4월 3일 다른 선교부의 대표들과 회합을 갖고 정보를 교환하며 대책을 의논했다. 이 회의에는 북감리회 선교본부, 남감리회 선교본부, YMCA 국제 위원회의 대표들이 참석했으며, 마침 한국에서 일시 귀국한 언더우드도 참석하였다. 언더우드는 이 회의에서 105인 사건에 대한 그의 견해를 발표했고, 모든 공식적인 서신들을 언론에 공개할 것을 제안했다. 그리하여 5월 10일 보고서를 만들었으며, 5월 27일 회의를 거쳐 이 보고서를 언론에 공개하기로 하고 이 일의 진행을 브라운 총무에게 일임했다.[230] 브라운은 다음과 같은 요지의 결의 사항을 일본대사관에 통보하였고 그동안에 일본 대사관과 교섭한 주요 문건들과 함께 언론에 공개하였다. 그 주요 내용은 다음과 같다.

> 선교본부는 피선교국의 정치적 문제에 참견하지 않으며, 정부에 관한 안건에 관하여는 미국정부에 호소하는 것을 피하고 직접 피선교국 정부와 교섭해야 하며, 또 기독교인이라는 이유로 죄인을 비호하지 않는다는 것을 변함없는 주의로 삼고 있다. 그리고 총독이 고문을 허가했다고 믿지 않지만, 여러 방면으로부터 오는 보도에 의하면 총독이 승낙하지 않은 고문을 실행하지 않았다고는

---

230 김승태, 윗글, 17.

단언하기 어렵다. 그리고 일본정부가 조선 교회를 공격함으로써 선교사들의 영역을 침범한 것이라고 확신한다고 했다.[231]

이상의 내용을 종합해 보면, 미국 선교본부에서 이러한 결의를 하고 보고서를 작성하여 언론에 공개하는 것이 일본의 정치문제에 간섭하는 것이 아니며, 기독교인이라는 이유로 죄인을 비호하는 것도 아니라고 밝히고 있다. 오히려 105인 사건에서 피고인들을 신문하는 과정에서, 일본의 총독이 고문을 승낙하였기 때문에 하부 경찰들이 잔인한 고문을 하고 있다는 의심을 하지 않을 수 없다고 말하고 있다. 그리고 총독부는 한국 기독교인들이 미국 선교사들의 사주를 받아 총독을 암살하려는 음모를 꾸몄기 때문에 그 진상을 파악하려고 한국인들을 체포 구속했다고 주장하지만, 총독부의 다른 목적, 즉 조선에서 기독교계 지도자들을 제거하려는 의도와 선교사들의 영향력을 약화시키기 위한 의도가 있다고 여겨진다는 것을 비쳤다.

그리고 총독부는 지금까지 선교사들이 선교활동을 통해서 이루어 놓은 선교의 열매를 파괴하고, 종교의 자유와 정교분리 원칙을 침해하는 것이라고 암시하고 있다. 미국 선교본부에서 이러한 보고서를 언론에 공개하고 일본 대사관에 통보했던 것은 공정한 재판이 이루어지도록 일본 당국자들에게 압력을 가하기 위한 조치였다. 한편 1912년 5월 22일 질레트와 저다인이 작성하여 에딘버러 세계 선교대회 계속위원회 위원장 모트에게 보내진 진정서는 공식 문서로 채택이 되었고, 몇 차례의 회의를 거쳐서 결의된 내용은 10월 4일자로 워싱턴 주미 일본 대사 친다에게 보내졌다.

미국 뉴욕 모혼크호에서 개최된 미국, 캐나다, 영국, 프랑스,

---

231 日本外務省, 윗글, 477-478.

독일, 유럽과 오스트레일리아에 있는 모든 다른 개신교 나라들의 대표로 구성된 에딘버러 세계 선교대회 계속위원회는 한국의 선교사들로부터 그 나라에서 수행하는 그들의 사역이 비정상적이고 어려운 상황에 처해있다는 연락을 받았는데, 그 상황을 유감으로 생각하며 우려하고 있다. 선교사들이나 기독교인들이 그 나라의 법률을 지키는 것은 당연한 일이고, 그 나라의 내정이나 재판에 관여하는 것이 우리 위원회의 기능은 아니지만, 우리는 한국인의 최상의 복지를 이루는 일에 우리의 세계적인 일관성을 유지하고 있음을 상기시켜드린다. 우리가 받은 보고서들에 의하면, 의도적은 아닐 지라도 어떤 경우에는 불공정하다는 우려를 가지게 하였고, 우리는 일본 정부가 그 문제를 더욱 숙고하여 우리가 가진 우려를 완화시킬 조치를 위할 것이라고 희망을 가지고 있다.[232]

에딘버러 세계 선교대회 계속위원회가 일본정부를 향해서 한국에서 선교사들이 수행하고 있는 그들의 사역이 비정상적이고 어려운 상황이라고 말한 것은, 당시 한국에서는 종교의 자유가 탄압을 받고 있으며, 정교분리 원칙이 침해되고 있는 상황임을 지적하는 말이다.

미국 선교부가 미국언론을 통해서 압력을 가하고 에딘버러 세계 선교대회 계속위원회도 각국 위원들을 통해서 해당국에 있는 본 대사관에 압력을 가하게 되자, 일제는 경성복심법원의 재판을 보다 신중하게 진행하게 되었으며, 1심에서 유죄판결을 받은 105인 가운데 99명에게 1913년 3월20일 판결에서 무죄를 선고하고, 윤치호, 양기탁, 이승훈 등 6명에게만 유죄를

---

[232] "From Continuation Committee of The World Missionary Conference, Edinburgh, To China, Japanese Ambassador to the United States, 1912. 10. 4.,"  *Document of the WCC Library,* Heung Soo Kim ed. (Seoul: the Institute for Korean Church History, 2003), 윗글, 58-59.

선고했다. 총독부의 체면을 세우기 위한 정치적 판결이었다.[233] 유죄판결을 받은 피고인들은 판결 이유가 법리적으로도 논리적으로도 타당성이 없으므로 고등법원에 상고하였으나 결국 기각되고 윤치호 등 6명에 대한 형은 확정되었다. 그러나 그들도 형기를 다 채우기 전인 1915년 2월 13일 일본 천황의 특사 형식으로 석방되었다.

이상에서 살펴본 바와 같이, 한국에서 105인 사건이 발생했을 때, 재한 미국 선교사들은 일본 당국자들에게 항의 했으며, 그들의 부당성을 지적했다. 뿐만 아니라 일본 정부의 거짓된 음모를 미국 선교본부와 세계 선교대회에도 알렸다. 선교사들은 왜 이런 대응을 했을까? 물론 한국 교회와 선교사들이 위기에 처하게 되어, 본국의 선교본부와 세계교회의 지원을 받으려 했기 때문이다. 그러나 일본의 헌법에 문자적으로 보장되고 있는 종교의 자유가 한국 땅에서는 심각하게 탄압을 받고 있으며, 정교분리 원칙이 심하게 훼손되고 있음을 고발하기 위함이었다. 즉 그들은 정교분리 원칙이 정부의 법령을 무조건 순종하는 체제순응적인 것이 아니라 정부가 교회를 탄압하거나 종교의 자유를 제한할 때 이것을 거부하고 바로 잡아야 한다는 것을 행동으로 보여 준 것이었다.

재한 미국선교사들의 활동으로 세계 여론의 압력을 받고 일본정부가 105인 사건의 피고인들을 대부분 무죄로 석방하고, 형이 확정된 6인도 형기를 마치기 전에 일본 천황의 특사로 석방시켰다. 이러한 결과는 105인 사건이 일본 제국주의자들의 정교분리원칙에 대한 이해와 미국선교사들의 정교분리원칙에 대한 이해의 충돌현상으로 전개되었고, 결국 정치는 교회의 자유를 제한하거나 정치적 목적을 위해 부당하게 기독교인들은 탄압해서는 안 된다는 것을 역사 속에서 보여준 사건이다.

---

233 김승태, 윗글, 33.

## 4. 3·1운동과 일제의 종교탄압, 선교사들의 저항

3·1운동이 일어나게 된 기본적인 원인과 배경은 일제의 주권탈취와 조선강점에 따른 민족적 모순의 증대에 있다. 유사 이래 초유의 식민지 지배를 받는 조선인들은 일제의 가혹한 정치적 탄압, 경제 착취, 문화말살 등 사회적 차별을 겪으면서 국권을 상실한 민족적 비애를 절감하였다. 1910년대 일제의 식민지 정책은 참으로 견디기 어려운 가혹한 것이었다. 헌병경찰제도에 의한 무단정치로 조선인의 모든 자유와 권리는 박탈되고, 토지조사사업으로 대표되는 합법을 가장한 약탈적 경제정책으로 당시의 대부분 농민이었던 조선인들은 생활의 터전인 농토를 빼앗기고 극도의 빈궁한 소작농으로 전락하였다. 그리고 우민정책 내지는 동화정책을 목적으로 한 식민지 교육과 열악한 사회적 지위를 강요하는 민족차별정책 등으로 일제 식민통치에 대한 조선인들의 불만은 극에 달하였다. 그리하여 기회만 오면 독립해야 한다는 생각이 넓은 공감대를 형성하고 있었다.[234]

그러다가 1918년 11월에 제 1차 세계대전이 휴전되고, 민족자결 주의원칙이 발표되었다. 그리고 1919년 파리에서 강화회의가 열리는 것을 계기로, 조선의 백성들은 3·1운동을 일으켰다. 그런데 비무장 만세 시위운동을 하는 백성들을 일본의 군경들이 총으로 쏘고 칼로 찔러 무자비하게 진압을 하여 전국 각처에서 수많은 희생자가 발생하게 되었다. 특히 만세운동에 앞장선 사람들이 주로 기독교인들이었기 때문에 일본의 경찰과 군인들은 기독인들을 박해하고 교회를 파괴하고 불 지르는 만행을 저질렀다.

이런 야만적인 진압행위가 일어나자 조선의 선교사들은 일본의 만행을 자국의 선교본부에 알리고 또한 개인적으로 가족과 친지들에게 알렸고,

---

234 한국 기독교 역사연구소, 『한국 기독교의 역사 Ⅱ』(서울: 기독교문사, 2007), 25-26.

세계 언론에 호소하여 3·1운동을 국제적 사건으로 만들었다. 그리고 구미 선진국들로 하여금 일본에 압력을 가하게 하였다. 뿐만 아니라 선교사들은 총독부 측과 계속 협의를 하면서 일본의 잔인한 진압 방법을 중지하도록 축구하였고, 일제 식민지 이후에 조선 백성에게 행해진 불공평한 민족말살 정책들을 지적하였고, 특히 종교의 자유와 인권이 짓밟히고 있음을 강력하고 항의하였다. 특히 일본정부는 일반 백성들 보다 조선의 기독교인들을 더욱 가혹하게 다루었으며, 교회들을 멸절할 기세로 교회를 짓밟았기 때문에 선교사들은 일본정부에 의해 얼마나 철저하게 종교의 자유가 탄압을 당하며 처참하게 인권이 유린되고 있는지를 국제사회에 알렸다. 선교사들은 조선에서의 종교의 자유를 확보하기 위해서도, 자신들의 선교 활동의 보장을 위해서도 가만히 있을 수가 없었던 것이다. 선교사들의 3·1운동에 대한 태도는 협조적이었고, 고무적이었다. 종교와 정치를 엄격히 구분하는 그들의 선교정책 하에서는 선교사가 직접 3·1운동에 가담할 수는 없었다. 그러나 조선 사람과 똑같은 심정으로 도울 수 있는 데까지 도와준 것은 사실이다.[235]

3·1운동 때, 한국에 거주하던 외국인 선교사들은 3·1운동에 대하여 협조적이었고, 3·1운동을 무력으로 진압한 일본 군인들의 잔학상을 국제사회에 알리고 국제사회 여론을 움직여 일본정부에 압력을 가하도록 적극적으로 활동하였다. 서울 연희 전문학교 교수 베커(A. L. Becker,백아덕)는 독립선언 발표 장소에 대한 적절한 의견을 제시하여 주었고,[236] 세브란스 의학전문학교 교수 스코필드는 이갑성의 부탁을 받고, 독립운동 시위현장을 촬영하였고 증언들을 채취하였다. 특히 그는 제암리 학살사건 현장을 방문하여 조선 사람들이 겪은 참상을 사진으로 찍어서 세계에 폭로하였다.

---

235 김양선,『한국기독교사 연구 Ⅱ』(서울: 기독교문사, 1971), 117.
236 2월 28일 박희도가 은사 베커 교수로부터 독립선언 발표 장소는 옥외보다 옥내가 좋다고 권고를 받고 그날 밤 손병희의 집에 모인 최종회의에서 명월관 지점으로 발표장소를 변경하였다. 김양선, 윗글, 117.

숭실전문학교 제 5대 교장 마우리(E.M. Mowry,모의리)는 자기 집에서 독립선언문과 태극기를 제작한 학생들을 은닉 보호하고 독립 선언문을 번역하여 미국 선교본부에 보낸 일로 평양 감옥 구금되어 징역 6개월의 구형을 받았다.

선천 신성중학교 교장 윤산온(G. S. McCune)은 교회 지도자들과 함께 3·1운동을 계획했다 하여 국외 추방을 당하였다. 앞에서 살펴 본바와 같이 질레트는 105인 사건을 적극적으로 국제사회 알렸다는 이유로 추방을 당하였으나, 중국으로 건너가 상해 Y.M.C.A 총무로 일하면서 상해 임시정부에 크게 협력하였다.[237] 이들은 3·1운동 때, 적극적인 활동으로 조선 민족을 후원하였던 선교사들이다. 본 저자는 3·1운동 때 적극적으로 활동했던 여러 선교사들 중에 에비슨과 스코필드의 활동을 좀 더 심도 있게 살펴보도록 하겠다.

### 1) 에비슨의 저항 논리

1919년 3·1 독립운동이 일어나자 총독부 관리들은 선교사들을 초청하여 비밀 회담을 열었다. 적어도 3차례에 걸쳐서 열린 비공식 회담이었다. 첫 회담에서는 우사미(宇佐美勝夫) 총독부 내무부 장관과 일단의 선교사들, 즉 게일, 에비슨, 하디(Hardy), 노블, 샤록, 번하이즐(Charles F. Bernheisel), 벙커(Dalziel A. Bunker), 휴 밀러(Hugh Miller) 등이 마주 앉았다. 우사미는 선교사들에게 독립운동이 일어나게 된 원인이 무엇인지 대해서 의견을 물었다. 제2차, 제3차 회합에는 와타나베(渡邊暢) 총독부 고등법원장 판사, 세키야(關屋貞三郎) 총독부 학부국장, 니와(丹羽淸次郎), 서울 프레스의 야마가타(山縣五十雄)등이 참석하였고, 위의 선교사 대부분이 참석하였고

---

237 윗글, 118.

이외에 마펫(Moffett), 휘트모어(Whittemore), 웰취 감독(Bishop Welch), 그리고 제3차에는 에그버트 스미스(Egbert Smith)가 참석했다.

일본정부 쪽에서 선교사들에게 요구한 것은 선교사들이 나서서 이 봉기를 진압하는데 정부에 협력해달라는 것이었다. 이에 대하여 선교사들 사이에 미리 합의한 내용대로, 다음과 같은 세 가지 이유 때문에 선교사들은 절대적으로 중립을 지킬 수밖에 없다고 분명한 입장을 표명했다. 첫째, 우리가 독립운동을 중지시키려 해도 쓸 데 없을 것이다. 둘째, 그렇게 하면 그들은 분개하여 우리의 영향력이 없어지게 될 것이다. 셋째, 우리의 본국 정부가 그것을 금하고 있다.[238]

1919년 3월 22일 조선호텔에서 일본 관리들이 선교사들을 초청하여 지금 조선에서 일어나고 있는 3·1운동에 대해 논의를 하게 되었다. 이 자리에서 마펫은 그동안 일제가 조선사회에서 행한 정책들이 불의하였고, 또한 인간답게 취급을 받지 못했음을 아주 우회적인 표현을 써서 말했다. ₩'조선인들에게 호소력을 지니는 것은 정의이다. 조선인에게 정의가 실행되고 있다는 것을 알게 하면 조선인들은 그것을 높게 평가할 것이고 감사하게 받아들일 것이다.'라고 말했다. 또한 조선의 문명은 '도덕적이고 정신적인 측면을 발전시켜왔기 때문에 그들은 인간답게 취급될 때 고마움을 느끼며, 신체적인 안락보다도 정신적인 가치가 그들에게 더욱 호소력이 있다.' 고 말하여 그동안 조선에서 시행된 일본정책이 정의롭지 못했고, 조선인들이 일본사람들에 의해 비인간적인 취급을 받아왔음을 간접적으로 표현했다.[239]

---

[238] "A General Survey of Situation in Korea by a Committee, April 7th 1919." *The Korean Situation*, (New York: The Commission on Relations with the Orient of the Federal Council of the Churches of Christ in America, 1919) 한국 기독교 역사 연구소 편, 『The Korean Situation 1, 2』 (서울: 한국 기독교 역사 연구소, 2003.), 27-28.

[239] 김승태, "3·1운동 초기 총독부 관리들과 선교사들 사이에 열린 비밀 회담 관련 자료," 『한말 · 일제강점기 선교사 연구』, (서울: 한국기독교역사 연구소, 2006), 270.

하다는 독립운동이 일어나게 된 원인이 그동안 일제에 의해 자행된 의도적이고 강요된 형태의 인종차별에 대한 울컥하는 불만과 저항을 가져왔다고 주장했다. 휘트모어씨는 조선인들은 그들에게 허용된 종교의 자유와 법률적 시민성을 가지고 있지 않다고 느낀다고 말했다.[240] 이 말은 지금껏 일본정부가 조선인들에게 종교의 자유가 보장되어 있다고 대외적으로 주장해오고 있었지만, 실제로는 일본 정부가 정교분리 원칙을 내세우며 실시해 온 각종 법과 규제들이 종교의 자유를 억압하고 시민의 권리를 침해하고 인권을 탄압해 왔음을 밝히고 있는 것이다.

선교사들의 이러한 주장에 대하여 세키야(關屋貞三郎) 학무국장은 비록 정부의 조치가 한국인들에게 못마땅하더라도 선교사들이 정부에 협력해 주기를 바란다고 했다. 세키야의 이 주장에 대하여 벙커선교사는 조선인들의 가슴속에 불의에 대한 증오심이 사무쳐 있기 때문에 좀 더 폭넓은 행동의 자유를 주는 것이 현명하다고 제안했다.[241] 벙커의 말을 듣고 있던 가타야마(片山)는 이번 조선인의 독립운동은 매우 잘못되었다고 말했다. 그는 조선은 일본제국의 일부이며, 한국과 일본의 병합은 국제법에 따라 정당하게 수행되었으므로 한국인들이 독립의 의사를 표현하는 것은 대역죄이며 반란을 도모하는 범법 행위로서 법의 심판을 받아야 한다고 주장을 했다. 또한 모든 국민은 법을 준수하고 평화를 사랑해야 한다. 때로 정당하지 못한 폭력적인 상황이 발생할 경우 선교사들은 이점을 지적해 주어야 한다고 말했다.[242] '미국행을 포기하라. 그러면 막대한 재정적 혜택을 주겠다.'[243] 가타야마의 이런 주장에 대하여 브록만(Brockman)은

---

240 윗글, 271.
241 윗글, 272.
242 윗글, 273.
243 서중석, 『미국의 대 극동정책:1900-1905』(서울: 경희대학교 한일문화연구소, 1973),

조선인들이 독립을 주장하는 것은 당연한 일이고, 조선인이 스스로 주권을 지키는 것이 이상적이며, 그렇게 되어야만 한국사회가 행복과 평화와 희망을 가질 수 있다고 강조했다. 선교사들은 대만이 대만의 권익을 주장하고 한국인들이 한국의 권익을 주장하고 일본이 일본의 권익을 주장하는 시기와 때가 오기를 고대한다고 말했다.[244] 브록만의 이 말은 일본이 한국의 주권을 빼앗고 외교권 경찰권을 박탈하고 신민지화 한 것은 잘못이며, 이런 식민지 상황에서는 한국인들이 행복할 수 없으며, 평화로울 수 없으며, 희망도 없으므로 미국 선교사들은 한국이 독립되는 것을 바란다는 것이다. 부록만의 이러한 주장은 헐버트가 대한제국의 독립을 지지했던 것과 똑같은 입장인 것을 알 수 있다.

총독부의 일본 관리들은 1919년 3월 24일 조선호텔에서 선교사들과 만나 계속 일고 있는 3·1운동 소요사태에 대하여 논의를 계속하였다. 일본정부 측에서 선교사들이 나서서 조선인들의 소요사태를 멈출 수 있도록 지도해 달라는 요청에 대하여, 먼저 발언에 나선 웰취 감독은 '우리가 국가에 관련된 정치적인 문제에 간섭하는 것은 적절하지 못한 일이다. 선교사들은 방관자의 위치를 지켜야만 한다. 삼일운동을 하는 대부분의 사람들이나 대부분의 지도자들도 기독교도가 아니기 때문에 이 운동은 기독교운동이 아니다. 이것은 국민들과 현 정부 사이의 논쟁이며 국가적인 운동이다. 따라서 우리가 정부나 한국 국민들에게 조언을 하는 것은 적절하지 못하다.[245]

이 주장에 대하여 세키야는 반발하고 나섰다. 웰취 감독은 선교사들이 정치적인 문제에 관하여는 관여해서는 안 되며 방관적인 입장을 취해야 한다고 했는데, 나는 선교사 자신들이 지도하고 있는 사람들이 국법을

205-225.
244 윗글, 272-273.
245 윗글, 274.

어기고 범죄를 저지르는 것을 보고만 있는 것은 진정한 의무를 다하는 것인지 의구심이 든다. 그들이 그렇게 함으로써 결국은 고통과 어려움을 겪게 될 것이 분명한 데도 그들을 막으려고 노력도 하지 않는단 말인가? 성경에는 기독교인들이 '권위'에 복종해야 한다고 가르치고 있다. 지금이 바로 그 계율을 가르쳐야 할 때가 아닌가? 평화시에는 그럴 필요가 없지만 지금 같은 불안한 시국에는 필요하다. 지금은 바울이 로마인들에게 말했던 것처럼 복종하라고 말해 줄 때가 아닌가?' 라고 반문했다.[246] 세키야가 이렇게 말한 것은 당시 일본당국이 선교사들에게 무엇을 기대하고 있는지를 보여주는 내용이지만, 이것은 지금껏 일본정부가 선교사들은 정부에 복종하고 위기상황에는 국민을 선도하고 교화하는 역할을 해야 한다고 여겨왔음을 말해주는 것이다.

이어서 고쿠보(國分三亥)총독부 사법부 장관이 발언했다. 그는 독립운동 자체가 법에 저촉되는 것이다. 만세를 외친다는 사실자체가 범죄이다. 그래서 경찰이 그들을 저지해야만 한다. 조선국백성들이 이렇게 범법행위를 하고 있는데 선교사들은 어째서 그런 위법 행위가 더 이상 일어나지 않도록 노력하지 않는 것인가? 라고 말했다.[247] 그리고 그는 옳지 않은 법도 법은 법이며 따라야 한다고 주장했다.

고쿠보의 말에 대하여 에비슨은 다음과 같이 반박하였다. 첫째, 인간은 민족정신을 품을 수 있는 권리가 있다는 것이다. 그러면서 캐나다는 영국의 식민지이지만 영국이 캐나다 국민에게 제국 내에서 민족정신을 키울 수 있는 자유를 준다. 이런 자유가 보장되기 때문에 캐나다인들은 영국에 충성을 한다는 것이다. 둘째, 자유로운 자신의 모국어를 사용할 권리가 있다. 이 권리가 없으면 인간은 행복할 수가 없다. 캐나다에서는 두 가지 언어가

---

246 윗글, 276-277.
247 윗글, 277-278.

아니라 여러 개의 언어를 사용하고 있으며, 누구든지 이 언어를 자유롭게 사용할 수 있다. 셋째, 언론의 자유는 또 다른 권리이다. 모든 사람은 스스로 생각할 권리를 가져야하고 두려움 없이 그의 생각들을 자유롭게 표현할 권리를 가져야 한다. 만약 인간이 계속 생각만하고 그것을 표현할 수 없으면 어떠한 억압에도 불구하고 그것을 폭발시킬 때가 반드시 온다. 언론의 자유보다 더 좋은 안전장치는 없다. 넷째, 그 나라 국민들의 복지에 영향을 미칠 어떠한 문제에 대해서도 모여서 자유롭게 토론할 수 있어야 한다. 다섯째, 모든 자유민은 정부에 참여할 권리가 있다. 모든 사람이 참여하는 법률에 관해 발언권을 가질 수 없다면 인간은 자유로울 수 없다. 과거 수년 동안 조선에서 나에게 문제가 되어온 한 가지는 정부의 상징으로서 칼을 계속적으로 과시해 오고 있다는 것이다. 항상 무력을 사용하는 사람을 누가 사랑하겠는가?[248]

　에비슨이 이와 같은 말을 하는 것은 일제가 지금껏 조선인들에게 자유를 허용하지 않았고, 인간의 당연한 권리마저 억압해 왔다는 것이며, 정교분리를 내세워 인간의 더 고귀한 자유를 억압하고 권리를 빼앗는 것은 근본적으로 잘못된 것임을 명백하게 밝히고 있는 것이다. 위의 비밀회담에서 일본 당국자들과 선교사들 사이에서 오고간 논쟁을 살펴보면, 일본 정부의 입장은 선교사들이 조선인들의 독립운동을 제지시켜 달라는 내용이며, 조선인의 독립운동은 그 자체가 불법이고, 범법행위이므로 법의 심판을 받아야 한다는 입장이다.

　일본당국자들의 이런 말을 통해 우리가 파악할 수 있는 것은 일본정부가 종교가들을 정부의 목적을 위해 백성들을 선도하는 일을 하는 사람으로 보고 있다는 점이다. 그리고 그들이 이해하고 있는 정교분리는 정부는

---

[248] 윗글, 280-281.

하나님이 세우신 권력기관이므로 교회는 정부에 순종해야 하며, 정부의 정책이나 행정적인 조치에 대하여 비판하지 말고 관여하지 말라는 것임을 알 수 있다. 이에 대하여 선교사들은 교회는 정치에 대하여 중립을 지켜야 하므로 조선의 3·1운동을 제지하거나 중단하게 할 수 없다는 입장을 분명히 하였다. 그리고 지금까지 일본정부가 조선인들에게 비인간적인 대우를 해왔고, 종교의 자유를 억압해 왔고, 시민권이 침해되어 왔으며, 사실은 조선을 식민지화 한 것이 잘못이라고 주장하였다.

식민지 상황에서는 인간으로서 행복할 수 없다고 말함으로 조선인들의 독립을 지지한다는 것을 분명히 했다. 특히 에비슨은 인간은 민족정신을 품을 수 있는 권리가 있으며, 모국어를 쓸 수 있는 권리가 있고 자신의 복지를 위해 모든 것을 자유롭게 토론 할 수 있어야 한다고 주장했다. 또한 자기가 참여하고 적용받고 있는 법에 대하여 발언권을 가질 수 있고, 정부에 참여할 권리가 있다고 주장함으로써 민주국가에서 시민이 향유해야 하는 권리를 강조하였다. 에비슨의 이런 주장은 일제강점이후에 일본정부가 조선인들에게 시행한 법과 제도가 조선인의 자유를 억압하였고, 권리를 박탈 해 왔다는 것을 폭로하는 것이며, 또한 그 법과 제도를 거부하고 뜯어고치는데 조선인들이 참여해야 한다는 권리 주장을 하고 있는 것이다.

이것은 에비슨이 이해하고 있는 종교의 자유와 정교분리 원칙이 교회가 정부로부터 아무런 간섭도 통제도 받지 아니하는 것임을 주장한다고 해석 될 수 있는 부분이다. 이 비밀 회담을 통해서 분명하게 드러난 점은 선교사들은 조선인들의 3·1독립운동을 당연한 것으로 생각한다는 것이고, 정교분리 원칙이 교회가 정부의 명령에 순종하는 것이 아니며, 오히려 정부의 교회의 간섭과 통제를 거부하는 것임을 보여 주고 있는 것이다.

## 2) 스코필드의 저항

3·1운동을 일본 식민지 내의 문제가 아닌 국제적인 문제로 확산된 것은 일본 당국에 의해 유포된 시위운동에 선교사들이 개입되었다는 주장과 만세운동에 대한 일본 당국의 잔혹한 진압에 대한 기사가 중국에서 발간되는 영미계 언론에 보도가 되었기 때문이다.[249] 3·1운동의 선교사와의 관련문제에 대해서 인천에서 발행되는 일본 헌병과 군대의 기관지 「조선신문」은 직접적으로 선교사들은 공격했다.

> 조선인들의 마음을 흔들어 놓은 것은 미국 선교사들의 죄이다. 이번 봉기는 그들의 작품이다. 소요의 원인을 조사하는 과정에서 둘 내지 세 명의 선교사가 붙잡혀서 조사를 받고 있다. 선교사들 중에서 편협 된 생각을 가진 이들이 많다. 그들은 한국인들의 마음을 타락시키고 민주주의라는 씨앗을 뿌린다. 그리하여 30만 조선인 기독교인들 중 상당수는 일본과 한국의 통합을 좋아하지 않고 자유를 위한 기회를 기다리고 있다.[250]

일본 당국이 외국선교사들이 독립운동의 배후 조종자라고 주장하는 것은 그들의 한국인들에 대한 편견에서 비롯된 것이었다. 일본 당국은 한국인들은 타율적이고 독립심이 부족하기 때문에 자발적으로 3·1운동과 같은 독립운동을 조직적으로 할 수 없을 것이라는 잘못된 인식을 가지고

---

249 3·1운동의 진압에 대한 참상을 보도한 중국현지 영미계신문은 Peking Tientsin Times, The North China Star, The China 등이었다. The Commission on Relations with the Orient, *The Korean Situation*, (New York: The Commission on Relations with the Orient of the Federal Council of the Churches of Christ in America, 1919), 한국 기독교 역사 연구소 편, 『The Korean Situation 1, 2』 (서울: 한국 기독교 역사 연구소, 2003.), 25.

250 윗글, 29.

있었다. 그래서 독립운동의 배후에는 반드시 누군가 선동하는 세력이 있다고 생각했고, 그 배후는 선교사들이라고 지목을 한 것이다.[251] 이러한 일본정부의 주장에 대하여 선교사들은 이번 3·1운동이 자신들과는 관련이 없다고 해명을 했다. 그러나 미국 선교사측의 해명에도 불구하고, 평양지방 법원 검사국에서는 모의리와 마포삼열 선교사의 집을 급습하여 평양지역의 3·1운동을 주도하고 있던 숭실대 학생 김태술외 10명의 학생들을 체포하였으며, 등사판과 각종문서를 증거물로 압수하고 모이리 선교사를 범인은닉의 죄로 체포하였다.[252] 이때 모의리와 마포삼열 이외에도 배위량, 기리스, 맥마트 등 선교사 7명의 집이 함께 수색 당하였다.[253] 이후에 모의리는 3·1운동에 대한 교사 및 범행 공모와 관련 집요한 신문을 받았으며, 4월 19일 6개월 징역을 선고받은 후[254] 미국과의 정치적 관계를 고려하여 300엔의 벌금을 받고 풀려나는 수준으로 마무리 되었다.

    3·1운동이 일어나자 일본은 전국방방곡곡에서 무력으로 만세운동을 진압하여 많은 인명살상이 있었지만, 그 중에서 가장 잔학한 방법으로 백성을 학살한 사건은 수원 제암리교회 사건이다. 제암리교회 사건과 관련하여 주목할 만한 선교사 가운데 한사람은 스코필드 박사이다. 그는 1916년 그의 스승 에비슨의 권유로 한국에 건너와 세브란스에 근무하면서 이듬해 캐나다 장로교의 선교사가 되었다. 그는 1919년 3·1운동이 일어나자

---

251 안종철, "3·1운동, 선교사 그리고 미일간의 교섭과 타결"『한국민족 운동사 연구』제53집, 2007., 57.
252 "선교사집에 잠복"『매일신보』1919년 4월 8일자,: 숭실대학교 100년사 편찬위원회, 『숭실대학교 100년사』I (평양숭실편), 1979, 464. (모의리 선교사는 선언문과 태극기를 만든 학생들을 숨겨주고, 독립선언서를 미국 선교부에 보냈던 것으로 보인다.)
253 『매일신보』1919. 4. 12. "미국 선교사 가택 수색 당함"
254 『매일신보』1919. 4. 21. "선교사 모의리의 공판 19일 평양지방법원에서 징역 6개월에 선고 되었다."

한국인들을 적극적으로 돕고 언론에 투고하여 일제의 만행을 폭로하였다.[255]

스코필드는 4월 17일 제암리교회 소식을 듣고 바로 그 다음날 즉 18일 자전거를 가지고 9시 열차편으로 수원까지 갔으며, 수원에서 자전거를 타고 사건현장을 돌아보았고, 그 현장의 모습을 사진 찍고 조사하였으며, 같은 날 오후 수촌리도 방문하여 부상자들을 도와주었고,[256] 수촌리에서의 일제의 잔학행위에 관한 보고서를 작성하였다.[257] 그는 그 후에도 일본당국의 비인도적 만행들을 조사하여 영국의 성서공회 총무 리슨(Ritson)을 통해서 토론토의 캐나다장로교 해외 선교부 총무 암스트롱(A. E. Armstrong) 선교사에게 보냈으며, 이것은 다시 미국 기독교연합회 동양관계 위원회에 보내져서, 그곳에서 1919년 7월에 발행한 〈The Korean Situation〉에 증거자료로 실리기도 하였다.

암스트롱은 1919년 한국을 포함한 극동지역의 선교지역을 시찰하고 돌아가던 중에, 일본 요코하마에서 3·1운동 소식을 듣고 3월 16일 다시 서울에 방문하여 3일간 머물면서 정확한 정보를 수집하고 그 해 4월 미국에 도착하자마자 미국의 교계 지도자들을 만나 3·1운동에서 시위자들에게 일본정부가 행한 잔학한 행위들을 직접 북미지역에 전하였던 것이다.[258] 그는 1919년 8월에 조선선교사 대표로 일본에 건너가서 극동지역의 선교사 800여명이 모인 자리에서 일본의 만행을 폭로하는 연설을 하였고, 일본의 요인들을 만나 일본정부의 비인도적인 행위를 중단할 것을 촉구하였다.[259]

---

255 Doretha E. Mortimore, "Dr, Frank W. Schofield and the Korean National Consciousness", *Korea's Response to Japan : The Colonial Period 1910-1945*, Western University, 1977. 249-250.
256 Doretha E. Mortimore, 윗글, 250-251.
257 이장락, 『한국땅에 묻히리라-프랭크 윌리엄 스코필드박사 전기』(서울: 정음사, 1980), 84-91.
258 *The Korean Situation* 1권, 5.
259 Doretha E. Mortimore, 윗글, 255-256.

한국을 위한 그리고 일제의 칼날 아래 신음하고 있는 한국 민중을 위한 스코필드의 이러한 정치적인 행보로 인하여 그는 일제의 미움을 사게 되었고, 항상 감시를 당하고, 심지어는 암살당할 위험에 처하기도 했다고 한다.[260] 그러다가 이듬해 3월에 세브란스 근무 계약이 만료되어 귀국하게 되었지만 결국 일제에 의해 추방을 당한 셈이 된 것이다.

스코필드가 3·1운동에 뛰어들어 일본의 학정을 세계에 알리고 일본정부에 대하여는 한국인에 대한 잔혹한 악행을 중지해달라고 요청한 행동들과 동일한 방식으로, 캐나다 장로교 선교사들은 1919년 7월 10일 하세가와(長谷川好道) 총독에게 3·1운동 가담자들에 대한 일본군의 만행에 대하여 다음과 같은 항의서를 채택하여 보냈다.

> 조선총독 하세가와 각하께
> 
> 캐나다 장로교 한국선교단원인 우리들은 1919년 7월 10일 원산에서 연례집회를 갖고, 인간성이 한결같이 지시하는 대로 조선에서의 현 정치적 소요를 진압하면서 일본정부가 취한 부당하고 비인간적인 방법에 대하여 강력한 항의를 해야 한다고 느꼈습니다. 이에 당신에게 이 같은 항의서를 제출합니다. 다음과 같은 잔인한 행위, 즉 무방비한 남녀, 어린이에게 총을 쏘고 총검으로 찌르는 행위, 일본 민간인이 한국인을 곤봉으로 때리는 행위, 총 갈고리로 무장한 소방수가 평화적으로 시위하는 사람들에게 야만적으로 공격한 행위, 부상당하거나 죽어가는 사람들을 그대로 방치해둔 행위, 혐의자를 재판 전에 매우 비위생적인 상태 속에 무한정으로 구류시키는 행위, 경찰심문 중에 사용하는 고문행위, 범죄자를

---

260 김승태, "일제의 제암리교회 학살 · 방화사건과 서구인들의 반응," 윗글, 150-151.

경찰이 야만스런 태형으로 처벌하는 행위, 마을을 불태우고 멋대로 재산을 파괴하는 행위, 제암리 학살과 같은 잔인한 행위, 전 사회를 공포에 떨게 한 잔인한 행위들, 기독교인들에 대한 부당한 처벌 행위, 일본 당국이 저지른 이러한 행위들은 모든 관대한 인간감정을 분노시켰으며, 문명국가의 기본법이나 행동과는 정 반대였던 아무리 비난해도 지나치다고 할 수 없는 불법적인 행위들이었습니다. 우리는 이러한 사실들을 캐나다 장로교 선교위원단에게 알릴 필요가 있다고 생각합니다. 또한 이러한 부당한 행동들이 일본인뿐만 아니라 일본과 특별조약을 맺고 있는 영국 신민인 우리의 명예와도 관련된 일이므로 주저하지 않고 각하에게 항의하는 바입니다.[261]

캐나다 선교부는 1919년도 말까지의 상황을 보고하는 보고서에서도 스코필드의 활동을 계속 보고하고 있다. 그것은 스코필드가 한국의 독립운동을 지지했다는 의미이고 3·1운동이후 한국인에 대한 일본정부의 태도의 변화를 계속적으로 요구했다는 뜻이다. 이런 목적을 위해 스코필드는 3·1운동 때 일본정부에 의해 저질러진 잔학한 사건들을 국내외에 계속 알렸고, 3·1운동 진압과정에서 고난을 받던 한국인들, 특히 기독교인들을 도운 것이다. 스코필드의 이러한 활동이 독립운동을 돕는 공로로 인정되어 1968년 우리 한국정부에서는 스코필드를 독립유공자로 독립장을 포상하였다.[262] 해방 후 건국 공로 훈장과 문화 훈장을 받은 선교사는 윤산온, 마펫, 모우리, 질레트, 스코필드 등이 있다.

---

261 William Scott, *Canadians in Korea, Brief Historical Sketch of Canadian Mission Work in Korea*, (Nashville: Board of World Mission, 1975), 85.
262 김도형, "한국독립운동을 도운 유럽인 연구," 『한국학 논총』 제37집, (2012.), 536.

### 3) 3·1운동과 선교사들의 정교분리 원칙 이해

3·1운동이 일어나자 일본정부는 선교사들을 소집해놓고 만세운동 시위자들을 설득하여 이 운동이 진정되도록 해달라고 요청을 하였다. 그런데 이때 선교사들은 정교분리 원칙을 내세우며, 일본정부의 요구를 거절하였다. 그리고 오히려 일본정부가 이 운동을 무력으로 진압을 하는 중에 한국인들이 겪어야 했던 참상을 본국의 선교본부에 알리고, 각 나라의 외교관들에게 연락하였으며, 국내외 언론에 호소하여 일본정부의 악행을 폭로하였다. 이렇게 함으로써 일본은 세계문명국들로부터 압력을 받게 되었고 한국 병탄이후 군대를 동원한 무력 정치를 문민정치로 바꾸게 하는데 영향을 끼치게 된 것이다.

앞에서 밝힌 바와 같이 재한 선교사들이 서울 경기 지방과 각 지방에서 일어난 일본인들의 포학상을 선교본부에 속속 보고하였고, 선교 본부는 미국기독교연합회 동양문제 연구회를 설치하게 되었으며, 한국에서 선교사들이 보내온 보고서들을 정리하여 〈The Korean Situation〉 등 여러 가지 팜플렛을 출간하여 세계의 여론에 호소했다. 그리고 미국 신.구교 42개 교파는 한국 독립을 위하여 매일 1회이상 기도하기로 결정하고 전국 교회에 그 실행을 호소하였고, 전 미국교회 연합회는 주미 일본 대사에게 일본 정부의 만행에 관하여 강경한 항의서를 제출하는 한편 윌슨 대통령에게 한국 독립에 대한 건의서를 제출하였다.[263]

선교사들이 3·1운동 때 일본당국자들이 개최한 대책위원회에서 일본 정부의 잘못된 정치 행태를 꾸짖고 시정을 요구하고 또한 선교분부나 세계 여론을 움직여 일본을 압박한 활동들을 살펴 볼 때 재한 북미선교사들이 가지고 있는 정교분리 원칙의 성격이 무엇인지 알 수가 있다. 선교사들이

---
263 김양선, "3·1운동과 기독교계,"『3·1운동 50주년기념논문집』, (서울: 동아일보사 ,1969), 269-270.

가지고 있었던 정교분리 원칙은 정치와 종교의 엄격한 분리를 의미하지만, 정치가 종교를 탄압하거나 국민들의 인권을 짓밟고 자유를 억압하는 정책을 시행하거나 행동을 할 때는 단호하게 일어서서 정부의 잘못을 질타하고 시정을 요구하는 그런 의미의 정교분리 원칙이라는 것을 알 수 있게 된 것이다. 선교사들이 가지고 있던 정교분리 원칙은 결코 정부정책과 명령에 무조건 순종하고 정치에 대하여 침묵하는 것이 아님이 분명하다.

선교사들이 3·1운동 때 일본의 잔학성을 세계에 알리게 된 것은 3·1운동 자체가 순수한 민족애와 자유에 대한 동경에서부터 나온 용기와 희생의 정신이 발현된 것임을 인정했기 때문이다.[264] 그리고 3·1운동에 참가한 사람들에 대한 일본 당국의 가혹한 진압행위가 있었기 때문이다. 3·1운동이 일어나자 일본 총독부측은 선교사들에게 조선의 백성들을 설득하여 만세운동을 중단하게 해달라고 요청했다. 그때 선교사들은 정치적인 문제에 대해서 중립원칙을 지켜야 한다고 하면서 총독부의 요청을 거부하였고 일본인들에 의해 저질러진 '비인간적이고 잔인무도한 행위'를 비판하였다. 잔혹한 행위에 대해서는 중립이 있을 수 없음을 분명히 하였다.[265]

선교사들의 이러한 태도는 문자적으로 보면 정치적인 중립을 지키겠다는 뜻으로 풀이될 수 있다. 그러나 이 말의 표현은 친 조선적이고 조선민족교회를 옹호하는 입장인 것이다. 피지배국의 백성이 독립운동을 일으켰을 때 식민통치기관의 진압에서의 잔혹행위를 방관하지 않겠다는 데서 더욱 분명하게 드러난다. 통치기관으로서 피식민지국의 독립운동을 내란이나 소요사태로 죄를 묻지 않을 나라는 없을 것이다. 따라서 진압은

---

264 Bishop Herbert Welch, The Missionary's Attitude towards the Government in the Present Crisis, *The Korea Mission Field*, 1920, March, 57.

265 Charles Allen Clark, *The Korean Church and the Nevius Methods*, (New York: Fleming H. Revell Co., 1930), 164-167.

통치의 자연스럽고 정당한 치안행위이다. 물론 실제로 야만적인 탄압이 공분을 불러일으킨 것은 사실이지만 선교사들이 일본의 진압과정에서의 잔혹성을 문제 삼아 당국자에게 시정을 요구하고 더 나아가 일본정부가 행한 잔혹행위를 전 세계에 알려서 일본을 부끄럽게 만든 것은 을사늑약이후에 행해진 엄격한 식민통치 문제, 한민족의 문화적 역사적 기여에 대한 높은 평가, 그리고 하나님의 나라의 정의 구현이라는 신앙에서 나온 실로 헌신적인 고발인 것이다.[266]

한편 미국 선교사들이 정치적 중립을 내세워 일본 당국의 요청을 거절했다는 것은 미국선교사들이 향유하고자 했고 한국교회가 누려야 했던 종교의 자유가 일제에 의해 얼마나 철저히 억압되고 탄압되었는가를 몸으로써 항의하는 것이며, 또한 선교사들이 가지고 있었던 정교분리 원칙에 대한 이해가 무엇인지를 분명하게 드러내는 것이었다. 일본당국이 선교사들에게 독립 운동하는 한국인들을 진정시키라고 한 것은 일본식의 정교분리 원칙의 이해가 종교는 정부의 정치적 목적을 위하여 동원될 수 있는 국가의 도구라는 입장을 드러낸 것이다. 반면에 선교사들이 일본 당국자들의 요청을 거절하면서 굳이 정치적 중립을 말한 것은 일본당국자들의 정교분리에 대한 이해를 반대한다는 의미이고, 동시에 선교사들은 정교분리 원칙을 정치가 종교에 관여하지 않고 종교의 자유에 대해 어떤 억압도 압력도 탄압도 할 수 없다는 입장을 드러낸 것이다.

초기 한국교회 미국선교사들의 정치적 입장은 정치 중립원칙이었다. 선교사들은 정치적 동요로부터 한국교회를 보호하기 위해 정교분리원칙을 내세웠다. 이것은 때로 민족주의적 동기의 개종자들로 인하여 보수주의자들로부터 위협을 받으면서 수호해야 할 가치체계였다. 외국 선교사

---

266 민경배, "3·1운동과 외국선교사들의 관여문제," 『동방학지』, 제 59집 (1988.), 195.

로서는 선교국에서의 정치적 갈등이 아직 성숙하지 못한 교회로서는 자살 행위와 방불하다고 보았기 때문에[267] 교회를 보호하기 위해 정교분리를 내세워 교회의 정치활동을 금지시킨 것이다. 그러나 1905년이 되면서 조선의 통치가 일본으로 옮겨진 것이 확실하게 되었을 때 일제의 통치권을 인정하느냐, 아니면 조선을 통치 주권국으로 보느냐에 따라서 정교분리 원칙은 전혀 다르게 해석될 수 있는 소지가 있게 되고, 전혀 반대되는 행동을 하게 될 여지가 있게 된 것이다. 일본의 통치권을 인정하는 사람은 일본정부의 정책과 행정조치를 인정하고 따르게 되고, 일제의 조선통치를 인정하지 않는 사람은 일본정부의 정책을 반대하고 그 명령을 거부하게 되었던 것이다. 예를 들면, 대다수의 미국선교사들은 미국정부의 한반도 정책에 의해서 일본의 한국 통치를 인정하였으므로 일본정부와 크게 갈등이 없었지만, 헐버트는 조선에서의 일본의 통치권을 인정하지 않았기 때문에 일본군에 의해서 평양 토지가 몰수 될 때 일본을 고발했고, 고종의 밀사단으로 헤이그에도 갔으며, 워싱턴에서 루스벨트 대통령에게 고종의 친서를 전달하려다가 거절당하기도 했다. 헐버트는 을사늑약이후에도 조선에서의 일본의 통치를 인정할 수 없었기 때문에 그의 행동이 배일이 될 수밖에 없었고, 일본정부로부터 비난받는 것을 피할 수 없었던 것이다.[268]

그러나 대다수의 선교사들은 일본의 통치 체제를 인정하면서 정치문제에 대해서 개입금지의 입장을 표방하다 보니[269] 한국인의 입장에서 보면 그들은 친일적이고 한국의 민족적 고난에 대하여 무관심한 것처럼 보였다. 선교사들은 비록 한국인들에게 깊은 동정심을 가지고 있었지만

---

267 A. J. Brown, *Politics and Missions in Korea*, The Missionary Review of the World, 1902. 3. ( New York & London : Funk & Wagnalls Co., 1902), 188.
268 金正明, 『日韓外交資料集成』, 第8輯 (東京 : 巖南堂書店, 1963), 68.
269 류대영, 『개화기 조선과 미국선교사』(서울: 한국 기독교역사 연구소, 2007), 107-108.

반일활동에는 동조하지 않았고 오히려 일본정부에 대하여 준법적 자세를 가지도록 권고 하였다.[270] 선교사들이 처음부터 정치적인 중립의 입장을 표명하였고, 이런 입장을 지키기 위해 정교분리원칙을 강조해 왔기 때문에 한국의 교회역사가들은 미국선교사들이 내세운 정교분리 원칙이 한국교회의 체질을 비정치화로 굳어지게 만들었다고 비판했다. 그리고 한국사회에서 정교분리 원칙은 정치에 대하여 말하지 않고 정부의 정책과 명령에 묵묵히 순종하며 따르는 것이라는 의미로 이해되어 왔다.

그러나 3·1운동 때에 미국선교사들이 취한 행동들은 3·1운동 이전까지의 모습과는 상당히 다른 모습이었다. 미국선교사들은 독립운동에 대하여 사태진행을 예의 주시하면서, 예언자적인 고발, 조사, 현장참관, 자료의 집계, 보고서 작성, 세계여론에 호소, 일본정부에 대한 외교적 통로를 통한 압력과 제재를 총괄하였다. 3·1운동 때에 선교사들은 왜 이런 태도를 취했을까. 독립운동을 통해서 한국이 독립될 것을 확신하고 한국인들의 주권을 인정한 것일까, 아니면 그들이 지금껏 고수해 왔던 정교분리 원칙을 깨뜨리는 것일까, 아니면 그들은 오히려 그들이 이해하고 있는 정교분리원칙을 철저하게 이행하고 있는 것일까?

3·1운동 때 재한 선교사들이 일본 당국의 폭력적인 진압행위에 대하여 그 잘못을 지적하고, 또한 그 폭력 사태를 미국 선교부와 세계 언론에 알리게 된 계기는 무엇인가, 정치문제에 있어서 선교사들이 3·1운동 이전까지 전통적으로 지켜왔던 것은 정치적으로 중립의 입장을 취하는 것이었다. 그런데 3·1운동이 시작되면서 선교사들은 정부의 정치행위가 종교적 자유, 인권 침해, 인도적 문제에 저촉될 때는 정치 문제에 관여 하지 않을 수 없다는 입장을 분명하게 드러낸다. 선교사들의 이러한 입장을 한 마디로 표현한

---

270 Missionarys and Politics in Korea, *The Missionary Review of the World*, (1910. 3.), 220.

말이 '잔혹행동에 중립이란 있을 수 없고, 포악행위가 저질러졌을 때 침묵할 수 없다.'[271]였다. 전국적인 조직망을 가진 교회의 지도급 인사들이 그들의 소박한 확신과 순수한 동기에서 시작되고 평화적인 시위로서 독립만세를 외치는 3·1운동이 비문명적 혹독한 진압에 의해서 살상, 고문, 처단이 감행되었을 때, 선교사들은 일제에 대한 예언자적 비판과 함께 그들 자신이 전통적으로 가지고 있었던 정치중립의 입장이 무엇인지를 나타내게 되었던 것이다.

민경배는 선교사들의 정치문제에 대한 태도가 혁신적으로 변하게 된 것은 3·1운동이라는 특수한 상황이 있었기 때문이며, 이 상황이 정치중립의 원칙 혹은 정교분리 원칙의 해석을 혁신적으로 하지 않을 수 없게 만들었다는 견해를 밝혔다. 그는 구한말부터 일제의 병합을 거치는 동안 계속 표명되었던 정치중립의 의미변화나 구조적 진화는 사태의 심각한 상황 전개가 없이 진행될 수 없는 일이었다고 말한다. 그리고 이런 변화의 직접적인 계기가 되었던 것은 일제의 잔혹과 야만적인 소요진압 방법이라고 말했다.[272] 그러나 본 저자는 이러한 상황이 선교사들이 가지고 있었던 정교분리 원칙의 이해가 변화 되었다고 해석하기 보다는 본래 선교사들이 가지고 있었던 정교분리에 관한 이해가 3·1운동에 대한 일제의 가혹한 탄압이 진행되는 상황 속에서 드러나게 되었다고 주장하는 바이다.

본 저자가 이렇게 주장하는 이유는 다음과 같다. 앞에서 말한바와 같이 미국선교사들은 3·1운동이 일어나자 그 상황전개를 개인적인 친분관계를 통해서 혹은 공식적인 보고 형식을 통해서 미국에 있는 선교본부에 전보나

---

271 Robert Cornell Armstrong ed. "General Survey of 1920," *The christian movement in Japan, Korea and Formosa*, (Japan: Federation of Christian Missions, 1921), 331-342.

272 민경배, 윗글, 207.

편지형식으로 계속적으로 보냈다. 미국기독교연합회 동양문제위원회에서는 이렇게 해서 수집된 문헌들을 묶어서 〈The Korean Situation.〉이라는 책자를 발행했다. 이 책을 보면 재한 선교사들이 3·1운동의 상황을 보고하면서 한국에서 일어나고 있는 일들 중 어떤 문제를 중요하게 생각했는지 알 수가 있는 것이다. 선교사들은 한국인들이 일본정부를 향해서 자유를 요구하고 있다고 보고했다. 3·1운동을 자유를 부르짖는 운동이라고 말하고 있는 것이다. 그리고 한국인들이 이렇게 자유를 요구하게 된 것은, 한국에서는 관헌뿐만 아니라 민간 관리들도, 학교 교사들도 남자들은 칼을 차고 다니고 있으며, 군국주의적 체제를 유지하느라 정보 정치요원들을 풀어놓고 집회의 자유, 언론의 자유, 출판의 자유를 말살하고 있으며, 보석을 신청할 자유도 없으며, 일본인을 상대로 고소할 수도 없고, 죄수를 공개 심문하기 전에 앞서 2개월 이상을 유치해 두는 권리를 국가가 행사하고 있다고 보고되고 있다.

한국 사람들은 정부의 유급관직에 오르지도 못하게 되어있고, 학교에서 한국말과 한국의 역사를 가르치지 못하게 하며, 한국 사람을 그들의 토지가 있는 고향에서 내쫓기 위해, 싼 값으로 땅을 팔도록 강압하고 북방으로 추방하고 그 자리에 일본 사람들을 정착하게 한다고 보고하고 있다. 또한 한국의 기독교 지도자들은 이 운동을 실패 했을 경우 교회에 대한 핍박과 박해가 올 줄 알면서도 이 운동에 가담했다고 말하고 있다. 한국의 기독교지도자들은 여러 약소민족들이 민족적이요 종교적인 자유를 획득하는 역사의 갈림길에서 자기들도 그러한 축복을 위해 만세운동을 하는 것이 하나님의 뜻으로 믿고 이 운동을 시작했다고 말하고 있다.[273] 이러한 선교사들의 보고서 내용은, 선교사들이 1019년 9월 29일에 작성하여

---

273 The Commission on Relations with the Orient, *The Korean Situation,* (New York :Federal Council of the Churches of Christ in America, 1920), 『The Korean Situation 1, 2』자료총서 제 19집, (서울: 한국기독교 역사연구소, 2003) 참조할 것.

조선총독에게 전해준 건백서와 내용이 거의 동일함을 알 수 있다.[274] 이 건백서에도 종교 및 교육의 자유제한, 조선인에 대한 차별대우, 억압, 가혹한 취급 때문에 독립운동이 일어나게 되었음을 상기시키고, 맨몸으로 만세운동에 참여하고 있는 시위 군중에게 만행을 가한 사실에 분노를 금할 길이 없으며 이에 항의하고 시정을 요구한다고 되어 있다.

같은 맥락에서 3·1운동 기간 동안 선교사들이 총독부를 상대로 회합을 갖고, 건의하고, 미국 선교본부나 언론에 조선에서 일어나고 3·1운동과 이 운동을 하는 일본정부의 만행을 폭로한 것은 바로 선교사들이 가지고 있었던 정교분리 원칙이 무엇인지를 분명하게 드러내준 계기가 되었다는 것이다. 즉 선교사들이 가지고 있는 정교분리 원칙에 대한 이해는 정부는 종교의 자유를 완전히 보장하고 종교에 관여하지 말고 종교를 정치적 목적을 위해 이용해서는 안 된다는 것이며, 만약 정부가 이 원칙을 깨뜨리고 종교의 자유가 억압되고 인권이 짓밟히고, 생명이 경시되는 일이 자행되거나 사건이 발생하면 그리스도인들은 이것에 대해 정부에 항의하고 시정을 요구하는 것이 정교분리 원칙이라는 것이다.

### 4) 〈건백서〉에 나타난 선교사들의 정교분리 원칙 이해[275]

3·1운동이 시작되고 일본군에 의해 조선인들이 무참하게 학살되고 짓밟히는 현장을 목격하면서 선교사들은 박해받는 조선인들을 위해서 쉼 없이 노력하였다. 총독부 관원들을 만나 비무장으로 만세운동을 하는 백성들을 학살하는 일을 중지하도록 촉구했고, 본국의 정부를 통해서

---

274 이 건백서는 한국의 감리교와 장로교 선교사들이 연합하여 만든 복음주의선교사 연합공의회를 소집하여 조선총독에게 전해주기위해 작성한 건의서이다.
275 이 장은 본연구자가 『신학과 실천 제 31호』,2012. 여름호에 "1919년 〈건백서〉를 통해서 본 미국 선교사들의 정교분리 원칙에 관한 이해"라는 제목으로 실었던 내용을 바탕으로 하여 보완 수정하였음을 밝힌다.

일본의 정부에 압력을 가하도록 하기 위해 선교본부와 언론 기관에 조선에서 일본인들에 의해 자행되고 있는 반인륜적인 포학행위를 알렸다. 그래서 미국 기독교연합회에서는 3·1운동에서 희생당하고 있는 조선의 백성들과 조선 교회를 위한 대책을 세우기 위해 '동양 관계위원회(The Commission on Relation with Orient)'를 조직하였고, 동 위원회는 조선에서 선교사들이 보내온 편지들과 보고서들을 모아 〈The Korean Situation〉 이라는 팜플렛을 만들어 1919년 7월에 배포하였다.

동위원회가 이와 같은 팜플렛을 제작하여 배포한 목적은 첫째, 일본인들의 비인도적인 처우와 불법으로부터 조선인들을 보호할 수 있도록 가능한 한 모든 영향력을 발휘하기 위함이었고, 둘째, 미국에 건전한 여론이 조성되어 일본에 영향을 주어 조선의 정의와 공정한 처우를 하도록 압력을 가하기 위함이었다. 이 보고서는 조선의 독립운동과 관련된 정치적인 문제는 관여하지 않는다는 입장을 밝히고 있어 미국선교본부의 한계성을 드러내고 있지만, 일본정부의 잔인성, 고문, 비인도적 처우, 종교박해, 학살 등 만행을 종교적 공신력이 있는 기관에서 공식적으로 폭로함으로써 미국에서 일본의 만행을 규탄하는 여론의 조성은 물론이고 일제의 식민지 정책 전환에 영향을 미쳤다고 볼 수 있다.[276]

동양관계 위원회에서 〈'The Korean Situation〉 을 발간한 이후에 조선에서는 구 총독이 물러가고 새 총독 사이토(齋藤實)가 부임하게 되었다. 그리하여 합병이후에 강행되어 오던 무단탄압방침에서 소위 문화정책으로 바뀌게 되었다. 물론 이 문화 정책이라는 것도 기만과 가식에 불과한 것으로 여전히 일본 정부는 근본적으로 가지고 있었던 식민통치의 목적을 그대로 유지한 채 옷을 바꾸어 입히는 데 지나지 않았다고 비판을 받고

---

276 "The Korean Situation 1,2" 『자료총서 제 19집』(서울: 한국 기독교역사 연구소, 2003), 자료해제.

있지만 언론의 자유를 준다는 명목으로 동아, 조선, 시사 세 일간신문의 발간을 허가해 주었고, 일반 출판물의 제한도 다소 완화해 주었다. 그리고 말단 관리직 이나마 조선인들의 관리 수도 약간 늘렸다. 또한 헌병경찰을 없애고 일반경찰로 바꾸었으며 무단의 상징이었던 제복 착용과 착검도 폐지하였다.[277] 일본 정부의 이런 작은 변화도 조선 선교사들이 3·1운동의 상황을 본국의 선교본부와 언론기관을 통해서 일본을 압박한 것이 영향을 미쳤다고 볼 수 있다.

또한 재조선 선교사들은 1919년 9월 29일 선교사 공식기구인 장감 연합공의회[278]를 통해서 선교사들이 일본 정부에 바라는 〈건백서〉를 사이토 총독에게 전하였다. 이 〈건백서〉에는 일본정부가 조선을 병합한 이후에 조선 백성들에게 시행해온 여러 가지 정책들을 시정해달라는 것이었다. 우리는 앞에서 미국 선교사들이 3·1운동 기간에 일제에 대하여 취한 이러한 행동들은 미국선교사들이 가지고 있었던 정교분리 원칙에 대한 이해는 정부는 교회의 자유를 억압하지 말고, 교회의 믿는 일에 대하여 관여하지 말라는 의미요, 천부적 권리로서 종교의 자유를 보장해주는 의미인 것을 확인했다.

그리고 3·1운동 시기에 미국선교사들의 정교분리원칙에 대한 이해가

---

277 김성균, "사이토의 문화시책의 일 단면" 고재욱 편, 『3·1운동 50주년 기념논집』(서울: 동아일보사,1969), 499.

278 이 연합공의회는 미국 남북 감리교회, 남북 장로교회, 캐나다 장로교회, 호주 장로교회 등 6개 교단의 선교부 연합회이다. 이때 연합공의회에서 채택한 <건백서>는 조선주재 개신교회 선교사회의 결의를 통과한 것이므로 선교사 전체의 의견으로 보아도 조금도 틀림이 없을 것이다. 김양선, "삼일운동과 기독교계" 고재욱 편, 윗글, 269., 미르다 헌트리는 1919년 당시 조선에 있었던 491의 선교사들이 주고받은 서신 가운데서 스미스(Frank Herron Smith)만이 일본을 옹호하는 편지를 썼다고 말한다. 스미스는 감리교인으로 한국에 살고 있는 일본인과 같이 일하는 사람이었다. Mrs. Martha Huntley, *To Start a Work*, 차종순 역, 『새로운 시작을 위하여』-1884년부터 1919년 삼일운동까지(한국 초기 교회 역사) - 45.

무엇이었는지를 문서를 통해서 드러난 것은 바로 1919년 10월에 선교사들이 연합공의회에서 조선 총독부에 제출한 〈건백서〉이다. 이 〈건백서〉에는 통감부 시절부터 일본정부가 시행해 온 악정들과 종교정책들에 대해 비판하고, 3·1운동 때에도 선량한 시민들을 무참히 살상한 일본 정부의 포학무도한 행동들에 대해 항의하고, 시정을 요구하는 내용들이 있다. 그런데 선교사들이 〈건백서〉를 총독에게 제출했다는 자체가 이미 선교사들이 가지고 있는 정교분리의 이해가 지금의 대부분의 한국 교회 목회자들과 성도들이 가지고 정교분리에 대한 이해와는 다른 것임을 말해준다고 본다. 그렇다면 이 〈건백서〉에서 미국 선교사들의 정교분리 원칙에 대한 이해가 어떻게 나타나고 있는 것인가.

  1901년에 미국선교사들은 그들이 처해있는 정치적인 상황과 현실적인 필요에 의해서 조선 교회의 목사들로 하여금 정치에 개입하지 못하게 하였고, 교인들도 교회에서는 정치에 대해서 말하지 못하도록 했지만, 1919년 3·1운동 이후, 장감(長感)선교단체연합회의 선교사들은 일본정부의 종교정책과 법규에 대하여 문제점을 지적함으로써 교회는 정치에 대해서 말하지 말라고 한 금기를 깨고, 일본 당국자들에게 일본 정부의 종교정책을 시정해 달라고 말하였다. 조선 강제 병탄이후 일본 정부는 조선을 효율적으로 지배하기 위해 당시 독립을 위한 민족주의 운동이 가장 활발하게 진행되고 있었던 교회를 통제할 목적으로 포교규칙(1915), 사립학교규칙(1911), 개정사립학교규칙(1915) 등을 만들어 시행함으로 선교활동이 위축되고 기독교 사립학교에서의 성경교육이 금지되기도 하였다. 이러한 강압적인 조처에 항거하여 미국선교사들은 총독부에 정교분리 원칙을 지키고 종교의 자유를 억압하는 행위를 중지해 달라고 건의서를 제출하기에 이른다. 이 〈건백서〉의 내용을 보면 미국 선교사들이 원래 가지고 있던 정교분리 원칙이 어떤 의미를 담고 있는 것인지를 알 수가 있다.

먼저 선교사들은 조선 병탄 이전부터 조선에 살고 있었던 사람으로서, 병탄 이후에 일본정부의 무단통치로 인하여 그 이전 조선시대에 누렸던 종교와 교육의 자유가 제한되고 억압받았으며, 일본정부는 조선의 백성들을 부당하게 탄압하였고, 복종을 강요하고 학대를 가함으로써, 1919년에 백성들로부터 독립운동이라는 반항을 불러오게 하였다고 말했다. 3·1운동은 조선 병탄이후 일본 당국의 폭압정치의 결과로 일어나게 되었다는 것이다. 이것은 조선 병탄 이후에 일본정부의 가혹한 무단통치를 비판한 것이다. 그리고 3·1독립운동에 참가한 무장하지 않은 백성들에게 잔인하게 만행을 저질렀으며, 여자들과 어린 소녀들과 노인들 그리고 가장 교양있고 품위 있는 사람들에게까지 그 만행이 가해져서 온갖 경멸과 모욕을 주었다고 항의했다. 그리고 이러한 만행에 대하여 인간적으로 가슴깊이 분노를 느끼지 않을 수 없었다고 말했다.[279]

선교사들은 일본정부가 조선을 지배하기 시작한 이래로 조선의 인권과 자유를 탄압하고 억압하였음을 지적하는 것이다. 그러면서 미국 선교사들이 이런 〈건백서〉를 제출하게 된 것은 진정한 종교의 자유의 보장과, 백성들의 정신적 행복을 촉진해줄 것과, 직접 간접으로 정부의 방해를 받지 않고 교회가 발전할 수 있는 자유를 확보하기 위해 필요한 것을 진술한데 불과하다고 말했다. 선교사들은 "다른 모든 나라에서처럼 일본제국의 헌법에 이미 명시되어 있는 종교의 자유가 실행되어야 할 것"[280]

---

279 Hugh Miller and B.W. Billings, "*A Communication to His Excellency, Baron Saito, Governor-General of Chosen from The Federal Council of Protestant Evangelical Missions in Korea*", [a pamphlet] (Seoul: Protestant Evangelical Missions, September 29, 1919), 1., ; 朝鮮總督府編, 『朝鮮の 統治と 基督敎』(京城: 朝鮮總督府, 1923), 53.

280 Hugh Miller and B.W. Billings, 윗글, 2.

을 촉구하였다. 선교사들이 일본 헌법에 문서로 보장되어 있는 종교의 자유가 실제로 보장되도록 해달라고 촉구한 것은, 그동안에 일본 정부가 조선 교회에 대하여 종교의 자유를 탄압해 왔으며, 정교분리 원칙도 지켜지지 않고 부당하게 정부가 교회의 일에 개입하였고, 국민의 안녕과 질서를 위협한다는 명목으로 교회를 통제하고 더 나가서 교회를 일본 정부의 정치적 목적을 위한 수단으로 삼아 왔음을 지적하는 것이다.

〈건백서〉에는 구체적으로 일본 정부당국에 시정(是正)을 요구하는 내용들을 몇 가지로 건의 하였다. 첫째, 전도 사업에 관한 사항으로, 교회 및 전도사에 대한 단속을 완화해 줄 것을 요구하고 있다. 일제통치 이후 조선에서는 복음전파 사업이 계속적으로 방해받아 왔음을 지적한다. 그리고 노방전도 할 때나 복음을 설명하는 일이 방해를 받았고, 신자들이 그 가정에서 예배를 위해 모일 때도 집회 장소를 허락 받지 않았다는 이유로 집회가 금지 당하기 일 수였고, 교회나 전도처소를 개설하려하거나 예배당 건물을 개조하려해도 허가를 받아야 했으며, 허가원을 제출해도 이유 없이 연기하거나 거절해서 선교 사업이 지장을 받아왔음을 지적하였다. 그리고 성서연구회나 전도 집회 등도 쓸데없이 제한을 받아왔다고 말했다. 선교사들은 종교의 자유에 큰 탄압이 되는 이런 일들이 모두 일본정부가 조선의 기독교를 탄압하고 통제하기 위해 만든 포교규칙에 근거해서 행해지고 있으므로, 이 포교규칙에 의한 모든 보고제도를 폐지하든지 그 절차를 간단하게 해주기를 바란다고 했다.

미국선교사들이 포교규칙에 의한 모든 규칙을 폐지해달라고 까지 요구할 수 있었던 것은 그들의 의식 속에 있는 정교분리 원칙이 국가가 종교에 관여해서는 안 되고, 정부의 행정력에 의해 종교의 자유가 제한되어서는 안 된다는 청교도적 정교분리 원칙에 대한 이해가 있었기 때문이다. 우리는 미국선교사들이 일본정부에 대하여 포교규칙의 제반 규칙을 폐지하라고 할 수 있었던 것은, 로저 윌리암스(Roger Williams)가 주장하고 미국의 헌법에 보장되어 있는 종교의 자유와 정교분리 원칙을 알고 있었고, 당시 일반적으로 가지고 있는 정교분리원칙의 개념을 가지고 그렇게 했다고 보는 것이다.[281] 미국 장로교 해외 선교부 총무였던 브라운이 말한 바대로 19세기 말에 조선에 온 미국선교사들은 전형적인 청교도적 사람이었다.[282] 그리고 그들은 정교분리 원칙을 신앙처럼 믿고 있었던 사람들이었다. 그러므로 이들은 청교도적 경건주의와 근본주의 신학사상을 가진 사람들이며, 뉴잉글랜드의 청교도들이 가지고 있었던 종교의 자유의 개념과 정교분리 원칙에 익숙한 사람들이었다.

류대영은 선교사들이 정교분리 원칙에 익숙한 사람들이라는 것을 '정교분리 원칙을 신앙처럼 견지하고 있던 미국 선교사들'[283]이라고 표현하고 있다. 따라서 일본 정부가 공권력을 동원하여 종교문제에 관여하고, 일본 관헌이 종교적인 견해를 이유로 사람들을 처벌하고, 행정력에 의해서 종교의 자유가 제한되고 있는 현실이 전적으로 종교의 자유를 탄압하는 것이고, 정교분리 원칙에 위배되는 행위인 것을 명백히 판단 할 수 있었던 것이다. 그래서 미국 선교사들은 일본정부에 대해서 포교규칙의 제반 규칙을 폐지하라고 주장할 수 있었던 것이다.

만약 미국 선교사들이 정교분리 원칙을 정치에 대해서는 말하지 말고,

---

281 미국 선교사들은 청교도 신앙을 가진 사람들로서 웨스트민스터 신앙고백서를 잘 알고 있었고 이 고백서 내용들을 생활 속에 적용하며 살던 사람들이었다. 그런데 주지하는 바와 같이 웨스트민스터 신앙고백서 정부와 공직자편에는 정교분리에 관한 내용이 있다. 여기서 정부권력은 교회의 일에 관여하지 말고 종교의 자유를 침해해서는 안된다고 말하고 있다. A. A. Hodge, *Confession of Faith: A Handbook of Christian Doctrine Expounding The Westminster Confession*, 22-33.

282 Arthur J. Brown, 윗글, 540.

283 류대영,『개화기 조선과 미국선교사』, 122.

정부가 시행하는 모든 법과 정책에 순종하는 것이라고 이해했다면 정부가 만들어 놓은 법을 폐지하라고 말하지 못했을 것이다. 그래서 우리는 미국 선교사들이 종교의 자유를 정부의 어떤 법령으로도 축소될 수 없고 침해될 수 없는 천부적 권리[284]로서 이해하고 포교교칙의 제반 조항들을 폐지해달라고 요청한 것으로 본다. 또한 선교사들이 조선총독부의 수뇌부들을 향하여 조선의 기독교인들이 믿는다는 것 때문에 일본 경찰들로부터 부당한 차별대우를 받고 핍박을 받고 있는 사실에 대하여 크게 분노한다는 표현을 한 것은 그들이 조선 사람들의 인권이 짓밟히고 종교의 자유가 억압되고 있는 현실을 정확히 직시하고 있었다는 사실을 알 수 있는 부분이다.

사실 포교규칙은 일본정부가 조선의 기독교를 감시하고 효율적으로 통제하기 위해 만든 악법이었다. 이 규칙에 대하여 동아일보는 해방 이후에서야 "종교의 자유를 구속한 간교한 법령"이라고 평가를 했다.[285] 그리고 당시 임시정부에서 발행한 독립신문에서는 이 규칙은 조선의 기독교를 박멸하려고 만든 것이며, 일본정부는 정교분리라 하면서도 종교와 정치를 대등한 위치에 두는 것과 종교의 자유는 허락지 아니하고 종교를 정치 밑에 두고 정치의 지도를 받게 하며 권력의 노예를 만들려 한다고 포교규칙의 해악성을 폭로했다.[286]

또한 선교사들은 일본 경관들이 조선의 기독교신자들에 대해 가하는 차별대우를 금지해 줄 것을 요청하였다. 소요사태로 조선인들이 당국에 붙들려 가면 당국은 그들이 기독교 신자인지 아닌지의 여부만 묻고, 기독교신자이면 구속하고, 신자가 아니면 석방하는 사례가 많았음을

---

284 Henry Steele Commager ed., *Documents of American History*, (New York : Appleton-Century - Crofts, 1948), 126.
285 『동아일보』1947년 11월 28일.
286 『독립신문』(상해 임시정부발행), 1919년 8월 29일.

지적하면서 기독교인이라는 이유로 행정당국에 의해 차별당하지 않도록 시정해 줄 것을 요구하였다.[287]

둘째, 교육 사업에 관한 사항으로, 기독교 사립학교에서는 성경 및 종교적 의식을 과목 중에 넣어 줄 것을 허가해 줄 것과 조선어 사용의 제한을 철폐할 것을 요구했다. 선교사들은 기독교 사립학교의 목적은 기독교에 기초한 고등보통교육을 실시하는 것이기 때문에 성서를 가르치고 종교적 의식을 행하는 것은 세계 각국에 있는 사립학교들에서는 일반적으로 향유하는 특권이라고 말하면서, 조선에 있는 사립학교가 종교상 내지(일본)의 학교와 동일한 종교 교육의 자유를 요구한다고 말했다.[288] 그리고 선교사들은 기독교 사립학교의 교사와 학생들에게 양심의 자유를 허용해 줄 것을 요구했다. 당시 일본 당국은 일본 천황을 신이나 혹은 신과 동등한자로서 예배하도록 하고, 천황의 사진에 대하여 절하도록 강요했는데, 기독교인으로서는 하나님께 예배드리듯 천황을 예배할 수 없으며, 천황의 사진 앞에 절할 수 없으니 이런 양심상의 자유를 허용해 줄 것을 요구한 것이다.[289]

미국의 선교사들이 일제 당국자들을 향하여 이처럼 양심의 자유를 허용해 달라고 요구한 것도, 그들은 윌리암스가 주장하였고[290], 제퍼슨이 버지니아 〈권리선언〉에서 천명했던 '모든 사람은 양심의 지시에 따라 자유롭게 종교생활을 할 평등한 권리가 있다'[291]고 한 사상과 내용에

---

287 Hugh Miller and B.W. Billings, 윗글, 3.
288 윗글, 4.
289 윗글, 5.
290 윌리암스는 국가가 국민들에게 종교적인 통일성 강요 할 수 없으며, 참된 국가는 국민 각자가 양심에 따라 자기들의 종교를 신봉하는 것을 허용해도 국가는 번영할 수 있다고 주장함으로써 종교를 선택하는데 있어서 양심의 자유가 허용되어야 한다고 주장했다. Roger Williams, Samuel L. Caldwel ed. "Bloudy Tenent of Persecution", *The Complete Writings of Roger Williams Vo.3*, (America: Russell and Russel, 1963), 3-4.
291 Henry Steele Commager, 윗글, 103-104.

익숙한 사람들임을 잘 나타내 주는 것이다. 따라서 미국선교사들은 1919년 건백서에서 일본 당국에 대하여 미국의 청교도들이 누렸고 당시 미국의 시민들이 향유하고 있는 종교의 자유와 양심의 자유를 허용해 줄 것을 요구하고 있는 것이다.

    셋째, 종교문헌에 관한 사항으로, 기독교 서류의 검열을 폐지할 것, 교회의 신문 잡지 기타 출판물은 단순히 교회의 소식이나 종교적인 문서에만 제한하지 말 것을 요구했다.[292]

    넷째, 도덕적 개선에 관한 사항으로, 유곽(遊廓) 설립에 관한 법규를 단호히 고쳐줄 것과, 아편, 모르핀 생산 제조에 판매에 악용될 수 있는 법률을 개정해 줄 것, 미성년 일본인에 대한 금연령을 조선인에게도 적용할 것, 유년 노동을 제한하는 법률과 공장, 광산, 노동자들의 환경을 개선하는 법률을 제정해 줄 것을 요구했다.[293]

    마지막으로 조선인 죄수들에 대해 예심에서 그들의 자백을 강요하고 증거를 캐내기 위해 참혹한 고문을 하는 것을 반대하며, 3·1만세 사건을 일으킨 무장하지 않은 조선인에 대한 일본인 병사와 헌병 그리고 순사들의 잔인하고 야만적이며, 불의한 행위에 대해 선교사 단체로서 진정으로 항의한다고[294] 함으로써 일본정부의 잔인성을 폭로하고 있다.

    선교사들의 이러한 〈건백서〉가 총독부에 전달이 되고 나서, 총독부에서는 선교사들이 정교분리 원칙 즉 '종교가 정치에 관계하지 않는다.'는 말은 선교사들의 금언이라는 것을 다 알고 있는데, 어찌 선교사들이 일본의 정치문제에 간섭하고 나서느냐는 투의 말을 하면서 선교사들이 〈건백서〉를 제출한 것 자체와 그 〈건백서〉의 내용에 대하여 못마땅하다는 의사표현을

---

292 Hugh Miller and B.W. Billings, 윗글, 7.
293 윗글, 9.
294 윗글, 10.

하였다.295 그리고 선교사들은 일본의 교육 방침에 따르지 않을 뿐 아니라 일본관헌에 협조할 의사가 없는 사람들이므로 조선의 학생들을 교육할 자격이 없다고 말했다. 그러면서 조선에 있는 선교사들 중에는 조선이 일본의 일부이고 조선인이 일본의 신민이라는 사실 마저 인정하지 않을 뿐 아니라 '종교는 정치와 무관하다.'는 구실 하에 조선에서의 일본인의 주권을 무시하는 사람조차 있다고 선교사들을 비난했다.296

여기서 우리는 선교사들의 정교분리 원칙에 대한 이해와 일본 당국자들의 정교분리 원칙에 대한 이해가 다르다는 것을 알 수 있다. 일본 당국자들은 정교분리 원칙을, 교회는 정치에 문제에 관여하지 않으며, 정부가 무슨 정책으로 백성들을 통치하든 교회와 교회 지도자들은 그 정책에 무조건 따라야 하며, 종교는 정부에 방침에 따라서 백성들을 교육하고, 정부의 정책에 맞게 백성들의 정신을 교화해야하는 의무와 책임이 있는 기관으로 보고 있으며, 미국 선교사들은 정치는 종교에 대하여 일체 간섭하지 않아야 하고, 완전한 종교의 자유를 보장해야 한다는 뉴잉글랜드의 청교도적인 정교분리원칙에 관한 이해를 가지고 있음을 알 수 있다.

미국의 선교사들은 구한말 미국정부의 한반도 정책이 조선의 문제에 불간섭하겠다는 분명한 입장 하달과 당시 조선의 기독교가 아직 걸음마 단계에 머물러 있는 상태에서 국내 정치 문제 휘말려 교회가 미처 성장하기도 전에 화를 당할까 염려했기 때문에 교회의 정치 불개입을 선언하였고 엄격한 정교분리 원칙을 강조하여 조선 교회와 지도자들로 하여금 정치에 개입하지 말 것을 지침으로 내렸다.297 그런데 이러한 선교부의 지침이 내려지고

---

295 朝鮮行政編輯總局 編,『朝鮮統治秘話』(京城: 帝國地方行政學會, 1937,) 194.
296 윗글, 195.
297 박태영, "1919년 <건백서>를 통해서 본 미국선교사들의 정교분리원칙에 관한 이해"
　 『신학과 실천』제31호, (2012. 여름호), 501-502.

얼마 되지 않아서 조선이 일본의 식민지가 되었고, 일본정부는 당시 조선 기독교인들이 민족주의 운동의 본산으로 인식하고 있었기 때문에 기독교로 하여금 일본의 통치에 순응하도록 하고 또한 기독교를 효과적으로 통제할 목적으로 정교분리 원칙을 내세우게 되었다.

이런 상황에서 일본정부가 포교규칙, 사립학교법 등과 같은 종교의 자유를 탄압하는 악법을 만들어 시행함으로써 기독교의 자유는 짓밟히고 교회는 비정치화 성격을 띠게 되었다. 그리고 일본정부는 식민지 내내 조선 교회를 정치문제에 관여 하지 못하도록 하였고, 교회는 정치에 대해서 말하지 말아야 하고, 모든 권세에 순복해야 한다는 것을 교리처럼 강조하게 되었다. 그 영향으로 조선 교회가 일제에서 해방이 된 이후에도 한국 기독교인들의 의식 속에 정교분리 원칙을 종교는 정치에 대해서 말하지 않는 것, 교회는 모든 권세에 순복할 것이라고 인식하게 되었던 것이다.[298]

위에서 살펴본바와 같이 구한말 조선 교회에 정교분리 원칙을 선언하고 그 원칙을 지키도록 지시한 미국의 선교사들은 전형적인 뉴잉글랜드의 청교도들이었다. 그래서 그들의 신앙관은 청교도적 경건주의와 근본주의 신학을 19세기 말 조선에 전했을 뿐만 아니라 그들은 뉴잉글랜드의 청교도들이 가지고 있었던 종교의 자유의 개념과 정교분리 원칙에 익숙한 사람들이었다. 그리고 그들이 이해하고 있는 정교분리의 원칙은 정치권력이 종교문제에 개입하는 것은 잘못이며, 정부의 권력은 오직 신체와 물품들 그리고 인간의 외부 상태에만 미친다는 것이다. 따라서 정부권력은 종교에 관여하지 말 것이며 관헌은 종교적인 견해를 이유로 사람들을 처벌할 권리를 갖고 있지 않다는 것이었다.

우리는 선교사들이 105인 사건 때나 3·1운동 때 일본정부에 대해서

---

[298] 윗글, 502.

때로는 건의하고 때로는 본국 선교본부나 세계 언론을 통해서 일제의 악행을 고발하고 악행을 시정하도록 압력을 넣기도 했으며, 또한 건백서를 통해서 자기들이 가지고 있는 정교분리 원칙에 대한 이해가 정부가 불의를 행하고 인권을 유린하고 종교의 자유를 박탈하면 단호히 일어나고 저항하는 행동 원리인 것을 알아보았다.

 이제 우리는 정치가 종교에 관여하지 말고, 종교의 자유는 천부적인 인권으로서 보장되어야 한다고 믿는 미국 선교사들이 가지고 있었던 정교분리 원칙이 어떤 과정을 거쳐서 현재 한국의 대다수의 보수적인 목사들이나 그들에게서 가르침을 받은 교인들이 정교분리는 정치에 대해서 관여하지 말고 침묵할 것이며, 정부가 하나님이 세우신 기관이므로, 교회는 정부의 정책과 방침에 순종해야 한다는 의미로 변하게 되었는지 그 원인을 살펴보게 될 것이다.

# 제6장
# 총독부의 기독교 정책과 정교분리 문제

# 제 6 장 총독부의 기독교 정책과 정교분리 문제

우리는 지금까지의 논의를 통해서 구한말 미국 선교사들이 미국에서 습득하였고 또한 미국헌법에 명시되어 있는 정교분리 원칙이 '정치적인 목적을 위해서 국교도 정하지 말고, 종교 활동을 간섭하거나 종교를 정치적 목적을 위해서 이용해서는 안 되며, 종교의 자유를 천부적인 인권의 차원에서 보호되어야 한다는 의미'인 것을 확인했다. 이 조선교회가 이러한 의미의 정교분리 원칙을 미국 선교사들로부터 받아들였는데, 조선교회는 일제강점기를 지나며 '종교는 정치에 대하여 관여하지 말고, 교회는 정부에 대하여 복종해야 한다.'는 의미의 정교분리 개념을 가지게 되었다.

정교분리 원칙에 대한 이해가 이렇게 왜곡된 것은, 일본 제국이 종교를 정치도구화하고 조선교회를 정부의 시녀가 되도록 강요했으며, 정부의 도구로서 길들여지도록 강압적인 종교정책을 시행했기 때문이다. 따라서 우리는 일본 식민통치세력이 조선교회에 대하여 정교분리 원칙을 내세우며 시행했던 교회에 대한 정책들을 살펴보면서, 일제강점기에 일본 정부가 가지고 있었던 통치도구로서의 종교관의 실체와 정교분리 원칙의 왜곡해 나간 행적을 살펴보기로 한다.

## 1. 총독부의 조선 기독교 통제 정책

메이지유신을 통해서 등장한 근대국가 일본은 봉건막부 체제 하에서 희미해졌던 천황신앙을 '부활'시켜 국가통합의 강력한 동력으로 이용하면서 서구사회를 모델로 한 '근대화' 정책을 추구하였다. 이러한 정책의 기조 속에서 서양 근대문명의 상징으로 간주된 서양종교인 기독교도 널리 확산되었다. 이 기독교의 확산에 힘입어 종교의 자유와 정교분리의 원칙이 근대성의 핵심원리로 적극 수용되기 시작하였다.[299]

일본에서 종교의 자유와 정교분리원칙은 메이지 정부시절 구미사찰단의 해외순방이 있은 후에 도입되었다. 당시 사절단은 구미제국들과의 불평등 조약 관계를 개선하고자 하여 미국과 유럽을 순방하였지만, 그 뜻은 이루지 못하고, 서양문명의 정신적 지주는 기독교라는 것과 종교의 자유가 보장되지 않은 상태에서는 구미 문명국들과의 평등한 조약을 기대 할 수 없다는 것을 배우게 된다. 그리고 이 사절단들은 정부가 종교를 주체적인 입장에서 선택할 수 있다는 것도 배운다.[300] 이들이 본국으로 돌아와 순방을 통해서 배운 것을 토대로 일본의 종교정책을 세우게 된다.

당시 종교정책을 입안할 때 중심인물이 이노우에 다케시(井上毅)이다. 그는 헌법에 종교의 자유와 정교분리의 원칙이 명시 되어 있으면서도 국가가 종교를 관리 할 수 있는 법체계를 가지고 있는 독일의 헌법제도를 본보기 삼아 종교 정책을 확립하게 된다. 그래서 일본의 헌법에는 종교의 자유와 정교분리 원칙이 명시 되어 있으면서도 동시에 국가가 종교에 관여하고 종교를 통제 할 수 있는 장치를 마련해 놓았다. 그것이 바로 종교의 자유는 주어지되 국가의 안녕과 질서를 해칠 우려가 있을 때에는 언제든지 종교에 개입할 수 있도록 만든 일본식 종교의 자유요 정교분리 원칙이다. 국가의 치안을 해치는 요소가 있다고 판단되면 정부는 종교를 해산하고 종교행위를 금지시킬 수 있는 근거를 마련 한 것이다.[301] 여기서 중요한 것은 국가가 종교에 대하여 감독권을 가진다는 것과 언제든지 종교에 간섭하고 통제할 수 있다는 것이다. 이와 같이 일본제국의 헌법에서는 신교의 자유는 명시했지만

---

299 이진구, "일제의 종교/교육 정책과 종교자유의 문제,"『종교연구』제 38집 (2005.) 208.
300 齋藤智朗,『井上毅 宗敎』, (東京 : 弘文堂, 2006), 54-55.
301 윗글, 55-56.

국가의 통제를 전제로 한 신교의 자유를 선언했다. 이런 점에서 보면 국가의 종교 불간섭의 의미인 정교분리 원칙에 익숙한 미국선교사들과 조선 총독부 관리들 간에는 정교문제에 대한 충돌이 불가피 했던 것이다.

그리고 1890년대 들어서면서 개인의 자유와 존엄성을 국권에 종속시키려는 국가주의적인 이데올로기가 강하게 대두되면서 종교에 대한 정부의 적극적인 통제 방안이 강구되기 시작한다.

> (1) 국가의 통치에 있어서 종교의 교의(教義) 내용은 그다지 문제되지 않는다.
> (2) 통치자는 국민의 다수가 믿고 있는 종교를 존중해 주면서도, 교묘히 이용해야 한다.
> (3) 그리고 그 종교를 치안의 기구, 치국의 기구 즉 국내통치의 수단으로 이용해야 한다.
> (4) 또한 동시에 그것을 정략의 도구, 공격의 도구 즉 외국 침략의 무기로 이용해야 한다.[302]

이 내용의 요지는 종교의 교리에 관계없이 국민의 대다수가 믿고 있는 종교를 대내적 통치와 대외적 침략의 무기로 이용하자는 논리이다. 종교에 대한 소극적인 태도가 아니라 적극적인 개입과 통제의 의지가 역력하다. 이노우에 다케시(井上毅)가 주장했던 이 종교에 관한 정책은 일본제국주의의 종교정책의 핵심을 이루며, 이후 조선의 기독교 정책에도 그대로 적용된다. 일본은 종교의 자유와 정교분리라는 근대적 이념을 표방하면서도 실제로 다양한 형태의 종교관련 법령을 만들어서 개별 종교들을 통제하였던

---

302 中島三千男, "明治國家と宗教,"『歷史學硏究』第 413号, (1973. 10.), 41.

것이다. 메이지 정부는 종교의 자유를 인정하면서도 실제 행정상으로는 국가의 자의적 기준에 따라 '공인종교'와 '비공인 종교'로 나누어서 종교를 통제하였다. 그리고 공인, 비공인의 기준은 신도 30만을 기준으로 하였다.[303] 이것은 시대적인 필요에 의해 표면적으로는 종교의 자유를 수용하면서도 실제로는 종교를 정부의 통치기구로 이용하려는 발상이었다.

이처럼 정부가 종교를 통제하고 이용하기 위해 행정당국의 자의적인 기준을 가지고 기존 종교의 존속 여부를 결정할 수 있었다. 따라서 종교가는 종교의 자유를 얻고 행정상의 보호를 받는 이상, 정부의 정책과 방침에 방해가 되지 않도록 주의해야 할 것이며, 힘써 인민을 선도하고 교화하는 일익을 담당하는 것이 종교가의 정부에 대한 보답이었던 것이다. 종교가는 정부가 신교의 자유를 베푸는 은덕을 생각하여 그것에 보답하기 위해서 인민의 교화에만 관심을 가지고 정치에 방해가 되어서는 안 된다. 교권은 정권에 의해서만, 또 정권의 필요에 의해서만 보호받고 또 그것에 종속되어야 한다는 것이다. 이처럼 종교가 국가에 의해서 보호를 받음으로 종교는 당연히 국가에 봉사해야 하는 의무가 있는 것이다.[304] 여기에서 당시 일본의 국가 본위의 종교관을 알 수 있다.

일본 메이지정부는 근대화되고 개방된 나라임을 표방하기 위해 헌법에 '신교자유'를 명시하고 대외적으로는 기독교 수용을 용인 하였다. 그러나 명치 정부의 기독교 용인은 '신도(神道)'의 국교화를 추진하는 이른바 '신도 국교화 정책'을 전제한 기독교의 인정이었는데, 이즈음에 일본정부는 신도를 국가신도와 교파신도로 나누고 천황을 정점으로 하는 국가신도는 '초종교'로서 모든 종교 신앙에 우선하는 종교차별화 정책을 추진하였다. 이로써 일본의 근대 종교정책은 단순한 신교자유화가 아니라, 제한적이고 조건적인

---

303 中島三千男, 41-42.
304 村上重良, 『天皇制國家と宗敎』(東京: 株式會社 講談社. 2007), 102-103.

허용범위를 지닌 특수한 형태의 종교의 자유였다.[305]

이처럼 당시 일본정부의 제한적이고 조건적인 종교의 자유는 1889년에 제정된 제국 헌법에 그대로 나타난다. 제국헌법 제28조는 "일본 신민(臣民)은 안녕질서를 방해하지 않고 또한 신민으로서의 의무를 배반하지 않는 한 신교(信敎)의 자유를 보장한다"고 명기하고 있다.[306] 여기에서 주목되는 점은, 신교자유가 헌법적 자유로 보장된 사실보다는 그 조건 조항이다. 즉 포괄적으로 규정된 국가의 '안녕 질서', 천황의 '신민으로서의 의무'가 바로 그 전제 조건으로서 두 축을 형성한다. '신교자유'나 '포교자유'라는 근대 종교자유의 정신이 아무리 소중한 덕목이라 하여도 그것이 국가의 권위적 가치체계나 목표와 상충된다고 판단될 때에는 언제라도 제한할 수 있다는 근거를 명기한 것이다.

따라서 기독교는 물론 근대 일본의 모든 종교 신앙은 그 자유획득의 조건으로서, 국가적 목표나 사회적 함의(含意)에 전적으로 예속될 소지를 이미 포함하고 있었다. 따라서 이 자유는 국가의 안녕 질서가 우선되어야 한다고 판단되는 상황에서나, 혹은 신교의 자유를 빌미로 신민(臣民)으로서의 의무를 다하지 않는다고 판단될 때는 언제라도 제한 할 수 있고 인정하지 않을 수 있는 헌법적 근거를 마련한 것이다. 그러므로 일본 명치정부의 헌법 규정상의 신교의 자유는 헌법제정과정에서 구미 열강과의 기독교 포교의 자유를 요구한 외교상의 문제를 해결하기 위해 삽입된 만큼, 근본적으로 인간의 자연권으로서의 양심의 자유에 따른 서구의 종교자유와는 다를 수밖에 없었다.

이와 같이 메이지 정부는 종교를 치안과 치국의 도구로 이용하며,

---

305 윤경로, "일제의 초기 기독교정책과 한인 기독교계의 반응" 『한국사연구』 제 114호 (2001.), 155.
306 '日本帝國憲法', 제28조, 齋藤智朗, 『井上毅 宗敎』, (東京 : 弘文堂 , 2006), 50-51.

종교를 외국침략의 도구로 이용한다는 종교에 대한 기본 전제를 가지고, 외형적으로는 헌법에 정교분리와 종교의 자유를 보장하는 나라임을 선포해놓고, 내용적으로는 '안녕과 질서를 방해하지 않으면' '신민의 의무를 배반하지 않으면'이라는 단서를 붙여서 언제든지 종교의 자유를 탄압하고 또 종교의 일에 개입할 수 있는 근거를 마련해 놓았다.

조선 총독부는 메이지 정부의 종교에 대한 이해와 종교정책을 그대로 조선에 이식하여 사용하였다. 따라서 조선 총독부는 조선 통치기간 내내 기독교를 통제하고 정부의 정치적 목적을 달성하기 위한 도구로 이용하기 위한 여러 가지 정책을 시행하였다. 따라서 조선 총독부는 식민지 기간 내내 종교의 자유와 정교분리 원칙을 침해하고 오용 또는 남용하는 일을 계속했다.

그렇다면 일본정부는 이처럼 정교분리의 원칙을 내세우며, 실제로는 교회의 일에 개입하고 법적으로 통제하고 정책시행을 통해서 종교의 자유와 권리를 침해하는 사례들을 살펴보도록 한다. 일본정부가 교회에 대하여 시행한 기독교 정책에는 포교규칙, 사립학교 규칙, 사립학교 개정규칙, 신사참배강요, 종교단체법 그리고 전시체제하에서 시행한 국민정신 총동원 연맹운동 등이 있다.

## 2. 포교규칙에 나타난 기독교 통제

### 1) 포교규칙의 시행 배경

일본제국주의는 조선을 식민지화해가면서 서구 열강들이 조선에서 지니고 있던 기존 이익을 침해하지 않을 것이라고 약속하였다. 외국인 선교사들에게는 종교 및 신앙의 자유를 보장하겠다며 회유하였다.[307] 그것은 일본이 기독교국가인 서구 열강의 적극적인 지원 아래 조선의 식민지화를 추진하고 있었으므로 조선에서의 기독교세력을 무시 할 수 없었기 때문이었다. 그런데 조선병합이후 일제는 태도를 바꾸어 서구와 연계된 기독교도 적극적인 규제를 가하기 시작하였다. 데라우치 마사다케(寺內正毅) 총독도 〈한일 합방문〉 제5조에 종교자유에 대한 성명서를 첨부하였다. 그러나 그것은 일본 헌법에 보장된 선교의 자유와 예배의 자유를 인정한다는 것이 아니었다. 1910년 10월 5일 신임 각도 장관회의에서 정치에 관여하지 않는다면 신교의 자유를 보장하겠다는 총독부의 기독교 방침이 표명되었다.[308] 그러나 막상 기독교의 관한 법이 시행 될 때에는 종교의 자유가 제한되고 기독교를 통제하는 정책이 나오게 되었다.

조선 총독부의 종교정책의 성격을 알 수 있는 단초는 초대 통감이었던 이토 히로부미(伊藤博文)의 발언 내용에서 확인된다. 이토는 당시 일본 및 조선 감리교 감독을 겸하고 있는 해리스(M. C. Harris)에게 "정치상 일체의 사건은 내가 맡고, 이제부터 조선에서의 정신적 방면의 계몽교화에 관한 것은 간곡히 바라건대 귀하 등이 그것을 맡을 때 비로소 조선인민을 유도하는 사업이 첫 결실을 맺게 된다."[309]고 말한바 있다.

한마디로 조선에서의 일체의 정치문제는 통감이 맡을 터이니 선교사들은

---

307 朝鮮總督府 學務局 宗務課,,『朝鮮の 統治と 基督教』(京城: 朝鮮印刷株式會社, 1923), 6., 명치 39년 2월에 초대통감 이토 히로부미(伊藤博文)은 조선교회의 회유책으로 경성에 있는 조선인 소속의 중앙기독교청년회(YMCA) 운영자금으로 쓰라고 매년 만원을 하사했다.

308 "The New Korean Governer and Missions", Editorial, *The Missionary Review of the World*, 1910.2, 952. 中央日韓協會,『朝鮮의 保護及 倂合』(京城:友邦協會,1917), 338, 367-369.; 黑田甲子郞 編『元師寺內伯爵傳』(東京: 元師寺內伯爵傳記編纂所, 1926), 589-595.

309 朝鮮總督府 學務局 宗務課, 1923. 윗글, 6.

계몽교화의 일을 맡으라는 이른바 '역할 분담론', 곧 '정교분리원칙'을 제의한 것이다. 이 발언에는 '정치적' 방면과 '정신적' 방면을 구분하는 정교분리의 원칙과 동시에 식민지 조선의 '계몽교화'를 위하여 정치와 종교의 상호 협력이 필요하다는 논리가 엿보인다. 그러나 이것은 기만적인 것이다. 통치의 정당성이 결여된 식민지배체제에서 종교는 그 정치체제의 정당성을 강화시켜주는 도구로 기능했기 때문이다.[310] 그리고 이때 정치와 종교의 관계는 상호불간섭이라기 보다는 종교의 정치 불간섭이 강조되고 있음을 알 수 있다. 종교가 정치에 관여하지 않고 비정치적인 '순수한 교화활동'에 전념할 때 비로소 정치와 종교의 협력관계가 가능하다는 논리이다. 요컨대 종교의 철저한 '탈정치화'가 강조되고 있다.[311]

이토가 조선에 통감으로 부임할 무렵 조선통감부의 가장 큰 고민은 기독교를 어떻게 다루느냐 하는 문제였다. 러일 전쟁 후 외교권이 박탈되고 사실상 식민지로 전락해 갈 때 조선의 기독교 청년들이 반일운동을 하고 있었기 때문이다. 서울 상동교회 내의 상동청년학원 회원들이 선교사들의 만류에도 불구하고 을사조약 체결에 반대하는 항의 기도회와 시위운동을 펼친 일이며,[312] 기독교 대학인 숭실의 학생들이 평양에서 상경하여 조약을 철폐하라는 격문을 서울거리에 선포하고 을사오적의 처단을 요구하다가 일본 순사들과 충돌하여 경무청에 70일간 구금당하기도 하였다.[313] 기독교도이며 교육지사이기도 한 정재홍이 이토를 암살하려한 사건, 기독교신자 장인환이

---

310 강위조, "일제하 한국기독교의 존재양식과 그 발전,"『일제의 한국식민지 통치』(서울: 정음사, 1984), 424.
311 이진구, "일제의 종교/교육 정책과 종교자유의 문제,"『종교연구』, 제 38집 (2005.), 214.
312 한규무, "상동청년회에 관한 연구, 1897~1914",『역사학보』제126집 (1999.), 90-96.
313 鄭喬,『大韓季年史』下. (서울: 탐구당, 1971), 187.

미국 San Francisco에서 스티븐스를 살해한 사건[314] 등도 이즈음에 일어난 사건이었다. 나라 잃어 애통한 조선 사람들이 기독교에 들어와 위로받으며 교회의 프로그램을 통해 민족과 역사에 눈을 뜨기 시작하면서 기독교는 단순한 종교단체가 아니었다. 초기 기독교인들은 유교적 조선을 개혁하려는 여러 사회, 정치운동에 적극적으로 참여하였고, 일제의 통치가 시작된 후부터는 조선기독교는 조선 사람들만이 모이는 위로의 장소요, 민족의 암울한 현실을 말하고 또한 장래를 토론 할 수 있는 유일한 공간이었다.

그래서 독립운동의 거점과 연락망으로서, 조선 사람들의 최대의 조직 공동체로서 조선 사람이 함께 기대를 걸었던 종교였다. 교회의 지도자들은 민족의 지도자들로 부각되었다.[315] 따라서 이 시기에 조선 교회는 일제 식민 통치 당국으로부터 반일 활동의 '온상'으로 의심을 받고 감시받고 탄압받게 되었던 것이다.[316] 이처럼 일본 당국이 조선의 기독교를 독립운동의 거점이라고 인식하고 있는 상황 가운데, 이토는 조선의 기독교인들이 반일 운동을 하지 못하도록 하는 것이 중요한 과제였기 때문에, 조선과 일본의 감리교회 감독 해리스를 만났을 때, 조선의 기독교인들의 반일 운동을 차단하고자 하는 의도에서 교회의 탈정치화를 주문한 것이다.

조선 총독부 초대 총독으로 데라우치가 부임하고 1911년에 조선에서 천황제 국체에 저항하려는 어떠한 시도도 사전에 봉쇄하려는 조치를 취하였다. 또한 종교 단체에 대한 취체(取締)도 본격적으로 고려되기 시작하였다.[317] 1911년의 시정연보에는 처음으로 치안 부문에서 종교를 단속하는 항을 설정하여 당시 조선에서의 종교 단체 활동 상황과 포교

---

314 윗글, 191.
315 Chung Shin Park, 윗글, 117.
316 Arthur Judson Brown, *The Mastery of The Far East*, 568-570.
317 여기서 취체(取締)는 단속과 통제를 의미한다.

현황을 조사 정리하고 있었다. 이와 함께 다음과 같이 법규에 의한 종교 통제의 방침을 밝히고 있다.

> 종교 취체에 관해서는 명치 39년 통감부령 제45호로 내지인의 종교선포 수속 절차를 정한 바 있다. 하지만 조선인 및 외국인의 종교에 관한 것은 하등의 법규도 없어서 그로 인해 포교소가 함부로 설치되고 있어 그 피해가 크다. 특히 조선인의 조직과 관계되는 것으로는 천도교, 시천교, 대종교, 대동교, 태극교, 원종종무원, 공자교, 경천교, 대성종교 등의 여러 종이 있는데, 그 종류가 너무 많고 잡다 할 뿐만 아니라, 그 움직임도 정치와 종교를 서로 혼동하여 순연히 종교라 인정하기 어려운 것이 많아 그 취체가 불가피하다.[318]

이 취체 방침에서 일본 당국이 문제 삼은 것은 조선인들이 민족정신을 가지는 것임을 알 수 있다. 그런데 당시 기독교야 말로 어떤 종교보다 민족주의적인 정신이 강한 집단이었기 때문에 기독교는 병합초기부터 주의를 요하는 종교였다. 일제는 일단 병합에 성공하자 서구세력과 연결된 조선의 기독교 통제는 조선 총독부의 당면과제가 되었다. 데라우치 총독도 일본에 비해 성행하는 조선의 기독교에 대해 법을 제정해 통제할 필요성과 사립학교를 단속할 필요성을 인식하고 있었다.[319] 특히 데라우치는 조선인들이 치외법권의 환상에 사로잡혀 외국인 선교사의 비호를 받기위해 신앙에 귀의하는 경우가 있음을 인식하였고 이를 매우 싫어했다고 한다.[320]

---

318 朝鮮總督府 編,『朝鮮總督府施政年報』明治 44年 (서울:國學資料院, 1983), 77.
319 한석희,『일제의 조선 침략사』(서울: 기독교문사.1990),77.
320 上田義雄, "朝鮮の 實狀と 基督教",「基督教世界」(1977號, 1921), 小川圭治, 池明觀 編,『日韓キリスト敎 關係史資料 1876-1922』(東京: 新敎出版社,1995),243.

이러한 상황을 해결하기 위한 수단으로 일제는 무력을 동원한 1910년의 안악사건, 1911년의 105인 사건과 함께 회유책으로 실시한 조선기독교사절단 파견과 일본조합교회의 조선전도를 실시했고, 이와 함께 기독교세력을 통제하기 위해 일련의 법제정도 진행을 시켰던 것이다. 1911년 8월 23일의 〈조선교육령〉(칙령 제229호)과 같은 해 10월 20일의 〈사립학교규칙〉(총독부령 제114호)은 종교와 교육의 분리를 내세워 외국선교사가 운영하는 기독교학교 통제를 목적으로 하였고,[321] 이와 같이 일련의 법규에 의한 기독교 규제의 그물망이 짜여 가던 과정에서 그 완성의 줄을 당긴 것이 1915년 8월 16일 조선총독부령 제83호로 공포된 〈포교규칙〉이었다.

### 2) 포교규칙의 종교의 자유와 정교분리 침해요소

포교규칙은 애초부터 조선의 기독교의 선교를 방해하고 더 나가서는 교회를 통제하고 정부에 예속시키기 위한 목적으로 시행된 것이다. 포교규칙의 내용은 다음과 같다.

> 제1조 본령에서 종교라 함은 신도 불교 및 기독교를 일컫는다.
> 제2조 종교의 선포에 종사하려는 자는 좌의 사항을 구비하여 포교자로서의 자격을 증명할 수 있는 문서 및 이력서를 첨부하여 조선 총독에게 신고하여야 한다.
> 제4조 조선총독은 포교방법, 포교관리자의 권한 및 포교자 감독의 방법 또는 포교 관리자를 부적합한자로 인정될 때는 이의 변경을 명할 수 있다.
> 제5조 포교관리자는 조선에 거주하는 자라야 한다. 포교관리자는

---

321 윤선자, "1915년 〈포교규칙〉 공포이후 종교기관 설립현황," 『한국 기독교와 역사』제8호 (1998.), 114.

매년 12월 31일 현재를 기준으로 소속 포교자 명부를 작성하여 다음해 1월 31일까지 조선 총독부에 신고해야 한다. 이 때 포교자의 명부에는 포교자의 성명과 거주지를 기재해야 한다.

제 8조 종교선포에 종사하는 자는 성명을 변경하거나 거주지를 이전할 때, 또는 포교를 폐지할 할 때는 10일 이내로 조선총독에게 신고하여야 한다.

제 9조 종교적인 목적으로 교회당 설교소 또는 강의소를 설립하고자 하는 자는 다음과 같은 사항을 갖추어서 총독에게 허가를 받아야 한다.

 1. 설립에 필요한 사유 2. 명칭 및 주소지 3. 부지의 면적 및 건물의 평수, 기 소유자의 성명과 도면 4. 종교 및 기 교파나 종파 의 명칭 5. 포교담임자의 자격 및 선정방법 6. 설립비 지급방법 7. 관리 및 유지 방법

전항 제5조에 의해 포교담임자를 선장할 때에는 그의 성명 및 주소를 기재하고 이력서를 첨부하여 10일 이내로 조선 총독부에 신고하여야 한다.

제 10조 전조 제 1항 제 2호 내지 제 7호의 사항을 변경하고자 할 때는 그 사유를 명시하여 조선총독에게 허가를 받아야 한다.

제 12조 조선총독은 현재 종교용으로 쓰는 교회당. 설교소 또는 강의소 등에 대해 안녕 질서를 문란케 하거나 그럴 우려가 있다고 인정될 때는 그 설립자 또는 관리자에 대해 그것의 사용을 정지 또는 금지시킬 수 있다.

제14조 조선 총독은 포교 관리자. 포교 담임자 또는 조선 사찰 주지에 대해 필요하다고 인정 될 때는 보고서의 신고를 명할 수 있다.

제15조 조선총독은 필요한 경우 종교유사단체에 본령을 준용 할 수 있다.[322]

총독부는 포교규칙의 제정의 목적을 종교 자유의 보장, 포교행위의 공인, 그리고 종교에 대한 평등한 대우를 위한 것이라고 선전을 했지만[323], 사실상 종교 자유 보장의 필수조건이 되는 종교에 대한 평등한 대우가 이 법령 자체의 전제로 인해 보장될 수 없었다. 즉 "本令에서 종교라 함은 신도, 불교 및 기독교를 일컫는다."(제1조)라는 규정에 의해 세 종교만을 종교로 인정하였고, 그 이외의 종교들은 '유사종교'(類似宗敎) 혹은 '비종교'로 간주되어 종교로서 보호를 받을 수 없게 되었던 것이다. 총독부가 이처럼 특정 종교만을 종교의 범주에 포함시킨 것은 각 종교의 정치 지향성 여부와 그 종교가 국민교화에 적절히 이용될 수 있는 조직과 교육수준을 가지고 있는가 하는 점이 중요한 변수로 작용하였다.[324]

예컨대 정치지향적인 것으로 보이는 종교들에 대해서는 아예 '종교'라는 '보호구역'을 제공하지 않고 일반 사회단체로 간주하면서 직접적인 통제를 가하는 한편, 제도화된 종교들에 대해서는 '종교영역' 내에서는 자유를 보장하는 동시에 체제이데올로기의 교화수단으로 이용하려는 의도를 엿보이고 있다. 따라서 일제는 천도교와 같은 신종교에 대해서는

---

322 『朝鮮總督府 官報』第911號, 大正4年, 1915. 8. 16. 154-155.
323 "本令은 결코 信敎의 自由에 何等의 제한을 加하려는 것이 아니다. 단지 포교상의 手續을 규정하려는 데 지나지 않는다. 본령을 시행한 결과 사실상 종교선포에 종사해온 조선인 및 외국인도 이에 처음으로 그 선교행위를 공인받고, 포교자 일반에게 평등한 대우를 함을 환영하고 이것을 기화로 더욱 포교의 효과가 현저해지도록 노력하는 경향이 나타나고 있다." 朝鮮總督府統監府 編,『朝鮮總督府施政年報』第 5卷 (1915.), 영인본, (서울 : 國學資料院, 1993), 66-67.
324 박승길, "일제 무단 통치시대의 종교정책과 그 영향,"『사회와 역사』, 제 35집, (1992.), 44.

〈경찰범처벌규칙〉(1912)과 같은 일반 행정명령으로 통제하고자 하였으며, '공인종교'의 범주에 들어있는 불교와 기독교에 대해서는 포교규칙을 통해서 포교활동을 법적으로 통제하고자 하였다.

우리는 이 포교규칙이 기독교 통제를 주요 목적으로 제정한 법임을 주목해야 한다. 포교규칙 제 1조에서 신도, 불도, 기독교를 대상으로 함을 밝히고 있지만, 불교는 1911년 〈사찰령〉 (제령 제7호)으로, 신도는 포교규칙과 같은 날 발령된 〈신사사원규칙〉(신사사원규칙, 조선총독부령 제82호)으로 규율하였으므로,[325] 포교규칙은 기독교를 통제하는 것이 주목적이었던 것이다.[326] 1923년 조선총독부에서 발행한 〈조선의 통치와 기독교〉에서도 포교규칙이 기독교를 대상으로 함을 명시하고 있다.[327] 따라서 포교규칙은 1915년 제정부터 해방 이전까지 조선 기독교의 조직과 활동을 규율했던 명실상부한 기독교 통제의 기본법이라고 할 수 있다.[328]

포교규칙에서는 모든 허가와 신고의 대상이 조선총독으로 규정되어 있다. 문서구비 요건에서도 종교의 선포에 관한 규칙, 종교의 명칭, 포교방법, 교파, 종파의 명칭, 교의의 요령까지 문서로 작성하여 제출해야 했다. 교파나 종파의 명칭만으로 충분할 것을 교의의 요령까지 요건으로 정하여 보다

---

325 <神社寺院規則>은 총독부 자체적으로 법제정 이유를 밝히고 있듯이 병합 후 일본인 이주자가 조선에 증가하면서 신사. 사원 설립함에 법규가 없으므로 겪는 불편을 해소하고, 유지 방법도 없이 건립되거나 시설이 미비한 채로 설립되어 그 존엄을 실추시킬 우려에서 마련한 것이었다. 특히 신사의 경우는 일본 국체와도 밀접한 관계가 있어 그 설립유지에 대해서는 신중한 주의를 요하는 것으로 간주하여 일본 본토와 같은 제도를 갖추게 한 것이다. 결국 신사사원 규칙은 신민지에서 본국의 종교적 위세를 유지하기 위한 보호의 방책이었다고 할 수 있다. 안유림, "일제의 기독교 통제정책과 <포교규칙>,"『한국 기독교와 역사』, 제 29집 (2008.), 35-36.

326 포교규칙의 시행 목적에 관한 일한 견해는 다음의 연구서에서도 인정하고 있다.
윤선자, 윗글, 111-112.; 박승길, 윗글, 54.

327 朝鮮總督府 學務局 宗務課, 1923. 윗글, 7.

328 안유림, 윗글, 36.

구체적으로 대상 종교를 파악하려는 의도를 보이고 있다. 이것은 총독이 조선의 기독교를 손바닥 들여다보듯 소상히 파악하겠다는 것이고 기독교에 대한 강한 통제의지를 보이고 있는 것이다.

종교 용도의 장소 설립 요건에서도 일단 필요로 하는 요건사항이 7개로 가장 많다. 설립 부지와 건물 소유자의 성명뿐 아니라 설립비와 지불방법까지 신고하도록 하였고 조선총독에게 허가를 얻도록 하여 총독의 결정권을 강화하고 있다. 총독부는 포교관리자를 임명함에 있어서 신도 교파나 일본의 불교종파는 포교 시 그 장관이 임명하도록 했다. 그런데 일본 신도나 불교종파 이외의 종파는 총독이 그 필요시 임명한다고 규정함으로써, 총독이 자의적으로 포교관리자를 임명할 수 있게 한 것으로 교파의 최고 관리자에 대한 직접적인 통제를 가능하게 하였던 것이다.[329]

이와 맞물려 제 4조에서는 총독이 임의적으로 부당하다고 인정할 경우 포교 관리자를 변경하도록 명령할 수 있다. 이것은 교파의 최고지도자들에 대한 통제조항은 총독부의 강력한 간섭의지를 보여주고 있는 것이다. 포교규칙은 총독에게 종교통제를 위한 자의적인 권한들을 많이 부여하고 있다. 포교관리자의 설치와 변경, 포교 관리자 요건사항에 대한 변경명령권, 유사종교단체에 대한 포교규칙 적용여부 결정권들이 그것이다. 끝으로 매년 12월 31일에 행하는 신고의무에서 포교규칙은 소속 포교자의 명부(성명과 거주지를 기재)를 작성하도록 하고 있다. 이는 지도자의 신상을 파악하여 직접적인 통제에 효율성을 꾀하고 있음을 알 수 있다.

문제는 포교규칙의 법조문에만 존재하는 것이 아니었다. 실제적인 법 집행의 과정에서 포교규칙의 탄압적인 성격은 강화되었다. 포교규칙이 제정된 1915년 8월 16일 이후 총독부는 그 구체적인 집행을 위해 "고시 제

---

329 윗글, 47.

253호"(1915.10.1)로 포교규칙에 규정된 신고, 허가 등을 위해 필요한 포교계(布敎屆), 포교원(布敎願), 포교자 명부(布敎者 名簿), 포교관리자 설치계(布敎管理者 設置屆), 포교소 설치원(布敎所 設置願), 신도수계(信徒數屆)의 서류형식을 지정했다. "고시"에서는 각각의 서류에 기재해야 될 항목마다 구체적으로 적어야 할 내용을 세세하게 지정하고 있다. 예를 들면 포교계는 "종교 및 그 교파의 명칭"에서는 "명확히 기재하고 약명(略名) 등을 사용하지 않을 것을 요함"이라고 지시하고 있다. 또 "포교 방법"에는 "포교소에서 하는 포교, 순회포교, 가정포교, 통신포교 등 그 방법을 상세히 기입하라고 지시하고 있다.[330] 이같이 세세하게 지시를 내린 점에서도 실제 조선에서의 포교 상황을 철저하게 파악하고 통제하겠다는 의도가 드러난다.

뿐만 아니라 총독부는 시시때때로 행정기관에 "통첩"을 발령해서 포교규칙의 미비점이 있으면 독려하고 세부적인 집행관련 사항을 필요시마다 지시했다. "통첩 제342호"(1915.12.9)는 각도 장관에게 포교자 신고의 제출이 지연되지 않도록 경고하고 제출의무를 가진 당사자들에게 주의를 주도록 명하고 있다.[331] "통첩 제351호(1915.12.24)는 포교규칙에 규정된 서류가 탈루(脫漏)되는 일이 없도록 주의할 것을 명령하고 있다.[332]

이러한 세세한 요구 규정과 명령은 당시의 기독교 선교사들에게는 난감한 일이었다. 그러나 식민지로 전락한 나라에서 선교권을 보장받아야 했던 선교사들로서는 일제의 요구에 응하지 않을 수 없었다. 포교규칙 시행에 있어서 더욱 큰 문제는, 이 규칙의 집행과정에서 경찰력이 개입하는 것이었다. 포교규칙이 제정되고 한 달 후인 1915년 9월 17일 정무총감이 각도 장관에게 발령한 "포교규칙 시행에 관한 건"(통첩 제85호)에서는 종교에 관한 사항은

---

330 『朝鮮總督府官報』1915. 10. 1.
331 『朝鮮總督府官報』1915. 10. 9.
332 『朝鮮總督府官報』1915. 10. 24.

경찰기관과의 관계가 깊은 것으로 항상 상호 연락하여 보완하라는 지시를 하고 있다. 박은식은 포교규칙 시행당시의 경찰개입 상황을 진술하고 있다. "총독부는 포교규칙을 제정하여 교회관리자를 두었고 교회당, 설교소, 강의소는 허가 없이 설립할 수 없게 했다. 교회가 전도사업과 교회당 건축을 청원하면 고의로 질질 끌어 해가 바뀌도록 허가하지 않았다. 전도회, 사경회, 부흥회, 기도회, 예배회 및 선강회에도 꼭 경찰을 보내어 감시하였다."[333]

이와 같이 포교규칙은 시행당시 집행과정에서 많은 부분에 경찰력의 개입이 있었다. 그리고 이 규칙의 실행 과정에서 경찰력이 동원된 것은 이 법이 행정상의 신고나 허가 절차를 규정한 법에 그치는 것이 아니라 실제로는 보안법이나 치안유지법과 같이 사상을 통제하는 법의 기능까지 했음을 보여주는 것이라 하겠다.[334]

경찰들은 "규칙"의 준수 여부를 조사하고 감시한다는 구실 하에 수시로 교회를 출입했다. 경찰들의 예고 없는 잦은 교회방문과 위협은 신자들에게 두려움을 안겨주기에 충분했고, 신자들을 교회에서 멀어지게 했다.[335] 일본정부가 포교규칙을 시행을 하면서, 교회의 예배나 기도회에 경찰관을 파견하여 그 모임들을 감시하고 조사했던 것은 일본정부가 조선의 기독교를 일종의 독립운동의 비밀결사로 오인했기 때문이었다.[336]

포교규칙의 시행으로 총독부의 직접적인 통제를 받게 된 기독교계는 나름의 대응책을 마련해 갔다. 장로교 총회회의록을 보면 포교규칙이

---

333 박은식, 『한국독립운동지혈사(1)』, (일우문고, 1973), 109.

334 안유림, 윗글, 57.

335 윤선자, "1915년 포교규칙 공포 이후 종교기관 설립현황" 『한국기독교와 역사』, 제8호 (1998.), 127.

336 대한민국 임시정부자료집 편찬위원회, "조선총독의 교회에 대한 압박", 『대한민국임시정부자료집 7』-한일관계 사료집 제2권-, (과천: 국사편찬위원회, 2005), 260.

공포된 직후부터 그러한 노력이 시작되고 있음을 알 수 있다. 장로교는 1915년 9월의 제 4회 총회에서 포교규칙에 필요한 신고서 작성절차를 총독부에 자세히 문의하기 위해 김필수 등 3인을 총독부에 대한 교섭위원으로 정하고 각종 신고에 필요한 서식들을 만들어 각 교회에 반포할 것을 결의 하였다.[337] 1916년의 보고에 의하면 이 작업은 1년 동안 계속되어 포교규칙을 한글로 번역하여 각 노회에 배부하고 필요한 서식들을 출간하였다.[338] 그러나 여전히 출간치 못한 서식들이 있다고 하여 포교규칙 공포이후 1년이 지나도록 제출서식의 준비가 완료되지 못할 만큼 작업량이 많고 복잡했음을 알 수 있다. 1917년 제 9회 총회에서야 포교규칙 관련서식 17종을 1,000매씩 총 21,000매를 인쇄하여 각 교회에 분배하였다고 작업의 완료 상황을 보고하고 있다.[339] 그리고 17종에 이르는 서류를 제대로 작성하는 것도 큰 문제여서 이들 서식의 제출을 위해 각 노회에 사람을 두고 서류작성에만 전력하게 하자는 의논도 행해지고 있다.[340]

위와 같이 총독부가 포교규칙을 이용해 한국교회의 활동을 감시 통제하고, 또한 한국 교회의 전도활동을 방해함으로써 한국교회는 성장에 타격을 받게 된 것이다. 포교소와 포교자에 대한 규제는 신자 증가율의 침체를 초래하였다.[341]

포교규칙은 포교자 규제와 포교소 설립 규제를 주요 내용으로 하고 있다. 1915년부터 1920년까지 포교규칙이 시행되는 동안에 한국의 기독교 설립에 많은 어려움을 겪었다. 이 시기에는 가파르게 성장세를 보이던 교회가 교인

---

337 『대한예수교 장로회 총회 회의록』(1915년 9월 4일), 32.
338 『대한예수교 장로회 총회 회의록』(1916년 9월 2일), 12.
339 『대한예수교 장로회 총회 회의록』(1917년 9월 1일), 33.
340 당시 장로교 7노회, 즉 경기충청, 평안남, 평안북, 황해, 전라, 경상, 함경을 말한다.
341 포교규칙 시행 이후에 조선 교회의 신도수가 확연히 줄어들었음을 통계표를 통해서 알 수 있다. [표2] 참고 할 것.

수가 현저히 감소하고 성장세가 하향선을 그리게 되었다.[342] 그러나 1920년 규칙이 개정되자 한국의 기독교는 포교소 설립이 크게 증가하고 신자수도 크게 증가 했다. 이것은 규칙이 기독교 포교 활동에 가장 큰 장애요인으로 작용했다는 것을 확인시켜 준다.[343]

### 3) 선교사들의 포교규칙 폐지요구

이상에서 살펴 본바와 같이, 포교규칙은 모든 종교 행위를 행정기구를 통해 감독, 감시하며, 통제하려는 목적에서 제정된 것이며, 언제든지 통치자가 자의적 판단에 의해서 종교에 관여 할 수 있고, 종교의 존폐 여부를 결정할 수 있는 '종교의 저승사자'라고 할 수 있다. 따라서 이 포교규칙은 종교의 자유를 침해하고, 정부가 종교를 통제하고 예속 시킬 수 있는 것으로 정교분리 원칙을 침해 할 수 있는 악법이었다. 이렇게 포교규칙에는 종교의 자유를 억압하고 종교를 통제하고 정부에 예속시킬 수 있는 요소가 많았기 때문에 선교사들은 총독부를 상대로 포교규칙을 폐지해 달라는 요청을 하게 된다. 우리가 잘 아는 대로 선교사들이 포교규칙 폐지 요청을 한 것은 3·1운동 이후였다.

선교사 공의회에서는 새로 부임한 사이토 총독에게 포교규칙이 시행됨으로 복음전파 사업이 계속적으로 방해받아 왔다고 주장하였다. 노방전도나 설교하는 일에 방해를 받았고, 신자들이 가정예배를 드릴 때도 집회 장소를 허락 받아야 했기 때문에 빈번히 예배가 금지되었다고 정부당국의 불법 금지를 지적했다. 또한 교회나 전도처소를 개설하려 할 때나 예배당 건물을 개조하려 할 때 제때 허가를 해주지 않아서 선교 사업이 많은

---

342  Harry A. Rhodes, *History of the Korea Mission Vol.1 1884-1334*, (Seoul: The Presbyterian Church of Korea Department of Education, 1934), 563.
343  윤선자, 윗글, 141.

지장을 받아왔다고 강조했다.344 이것은 명백한 종교자유 탄압이요, 정부가 기독교를 통제하는 행위라고 주장했다. 그리고 이런 종교자유의 탄압과 기독교 총제가 포교규칙에 근거해서 행해지고 있으므로, 이 포교규칙을 폐지해 달라고 요청한 것이다.

앞서 건백서를 다루면서 언급한 바 있지만, 미국선교사들이 정부에서 만든 법규인 포교규칙을 폐지 해달라고 요청 할 수 있었던 것은 그들의 의식 속에 미국적인 정교분리 원칙이 있었기 때문이다. 즉 국가가 종교에 관여해서는 안 되고, 정부가 공권력을 동원하여 종교의 자유가 제한하거나 침해해서는 안 된다는 청교도적 정교분리 원칙에 대한 이해가 있었기 때문이었다.345 선교사들은 포교규칙 시행으로 인하여 조선 교회가 막대한 피해를 입고 있음을 지적하였다. 그리고 포교규칙을 폐지해 줄 것을 요청하는 것은 직접간접으로 정부의 방해를 받지 않고 교회가 발전할 수 있는 자유의 확보가 필요하기 때문이라고 말했다. 선교사들은 '다른 모든 나라에서처럼 일본제국의 헌법에 보장되어 있는 종교의 자유가 실제로 보장되게 해달라고' 촉구했다. 선교사들이 이러한 주장을 하게 된 것은 그동안 일본정부가 조선교회에 대하여 종교의 자유를 탄압했고, 정부가 교회의 일에 개입함으로써 정교분리 원칙이 침해 되어 왔음을 지적하는 것이다.

우리는 포교규칙을 폐지해 달라고 일본정부에 항의하는 선교사들의 행동을 통해서 미국 선교사들이 이해하고 있는 정교분리 원칙이 무엇인지를 확인 할 수 있다. 그것은 바로 정부가 교회의 일에 관여하지 말고 종교의 자유를 탄압하지 말라는 종교의 권리 선언이라는 것이다. 선교사들이 이렇게 포교규칙의 폐지를 요구하자 일본 당국은 이 포교규칙을 개정하게

---

344 Hugh Miller and B. W. Billings, 윗글, 2.
345 박태영, "<건백서>를 통해서 본 미국 선교사들의 정교분리 원칙의 이해", 497.

이른다. 포교규칙의 개정은 일제 통치기간 동안에 두 차례 이루어진다. 첫 번째 개정은 1920년 4월 7일(총독부령 제 59호)에, 두 번째는 1933년 12월 1일(총독부령 제135호)에 행해진다.346

1차 개정은 1919년 3·1운동 후 문화통치 시기에 행해졌다. 우리가 앞에서 살펴보았듯이 일제가 포교규칙을 개정하게 된 것은 선교사들이 선교사공의회를 통해서 종교의 자유와 전도의 자유를 억압하고 통제하는 종교규칙을 폐지해 달라는 내용이 포함된 탄원서가 총독부에 전달되었기 때문이다. 그러나 일본정부가 문화정치를 표방하면서 시행한 정책들은 3·1운동에서 드러난 조선인들의 결집을 분쇄하기 위한 회유와 분열책에 집중했다. 특히 일제는 3·1운동에서 전국적 조직력을 가지고 운동을 주도했던 기독교 세력을 주요 정책대상으로 삼았다.

3·1운동이후 총독부 학무국 안에 신설된 종교과는 '종교행정에 관한 사무를 처리하고 각종의 조사에 종사함과 함께 외국선교사와의 의사교통에 힘써 총독 총독정치의 철저를 기하는 것이 설치 목적이었다.347 총독부는 정교분리를 내세워 외국인 선교사와의 유대를 강화하고 오랫동안 선교사들의 숙원이었던 종교단체의 법인화를 인정해348 기독교 통제를 완화했다고 선전했다. 그러나 실제는 선교사들을 회유하여 조선인 신도들과 분열되도록 하는 기만적인 정책을 펴나간 것이다. 1920년 4월 3일자「매일신보」에는 "중요법령개정"이라는 기사로 당시 정무총감이던 미즈노렌다로(水野鍊太郞)가 개정된 포교규칙을 선전하고 있다.

전체적으로 수속을 간소화하고 허가사항을 신고사항으로 완화하고

---

346 『朝鮮總督府 官報』, 1920. 4. 7.; 1933. 12. 1.
347 朝鮮總督府, 『朝鮮に於ける新施政』(朝鮮 總督府, 1920) 39.
348 1921년 조선총독부는 민사령을 개정해서 종교의 선포를 목적으로 하는 재단은 공익법인으로 하여 그 재산관리와 유지에 편의를 주도록 했다. 朝鮮總督府『朝鮮に於ける新施政』(朝鮮 總督府, 1921), 58.

필요최소한도의 신고만 하도록 한 것이 개정의 요점이라고 한다.[349] 벌금형이 폐지된 것을 강조되었고[350] 실제로 종교용 장소 설립 시에 총독에게 허가를 받아야 했던 것(제9조)을 신고제로 개정했고, 제 14조의 형벌 조항은 폐지하고 있다. 그러나 외견상으로 통제를 완화한 것처럼 보이지만, 사실상 새로 삽입된 제 12조의 내용으로 총독부의 통제성을 더 강화했다고 볼 수밖에 없다. 그 12조는 다음과 같다.

> 조선총독은 현재 종교의 용도에 제공하는 교회당, 설교소 또는 강의소의 종류에 있어 안녕질서를 문란하게 할 이유가 있다고 인정될 때는 그 설립자 또는 관리자에 대해 그 사용을 정지하거나 또는 금지할 수 있다.[351]

이 조항은 그야말로 총독의 무소불위의 권한을 강화시켜 놓았다. 이 조항에 의하면, 총독은 "안녕질서를 문란하게 할 우려"라는 자의적 기존에 의해 마음대로 시설 사용을 정지, 금지 시킬 수 있으니 설립허가제가 신고제로 변경되었다 하더라도 통제에는 아무런 문제가 없었던 것이다. 한편 1933년 (소화8년) 12월 1일의 2차 개정은 제 11조 한조항의 변경만 이루어진 소폭의 개정이었다. 즉 "종교의 용도에 제공할 교회당, 설교소 또는 강의소 종류를 폐지하려 할 때는 10일 내에 조선총독에게 신고해야한다."는 원래의 조항에 "그 설립자에 변경이 있을 때"를 첨가하여 신고사항을 하나 더 늘린 것이다.

일본정부는 포교규칙을 개정하면서 수속을 간소화하고 허가 사항을 신고사항으로 바꾸었다면서 마치 기독교계에 큰 자유라도 허용한 것

---

349 「매일신보」1920. 4. 3.
350 「매일신보」1920. 4. 7.
351 「朝鮮總督府官報」1920. 4. 7.

처럼 선전했지만, 사실상 규칙 제 12조, 제 14조, 제 15조의 삼개조항은 불평등하며, 신교자유를 해치는 행동이며, 제 15조는 조선민족종교를 말살시키는 전제조항이 되었던 것이다.[352] 이러한 포교규칙은 일본정부의 정교분리정책이 종교의 자유를 억압하고 제 종교단체를 통제하기 위한 수단이지, 미국이나 유럽에서 적용하고 있는 종교의 자유를 보장해주는 정교분리의 원칙과는 너무나 거리가 먼 것이었다.

이상에서 살펴본바와 같이, 포교규칙의 개정과정을 보면 역시 처음의 기독교 통제적인 성격을 줄곧 유지, 오히려 강화해갔음을 알 수 있다. 그러나 포교규칙을 바라보는 당대인들의 인식이 일제하 국내 문헌에서는 잘 드러나지 않고 있다. 해방 후에야 동아일보가 포교규칙에 대해, "종교의 자유를 구속한 간교한 법령"이라고 평가를 했다.[353] 그러나 당대에도 국외에서 발간된 자료들에서는 포교규칙이 종교의 자유를 억압하고 제재하는 목적의 법임을 지적하고 있다. 임시정부 발행 독립신문에서는 포교규칙이 기독교에 대하여 포교를 제제하기 위해 만든 것이라고 분명히 말하고 있다.[354]

> 포교규칙은 교회 박멸을 위해 일종의 교회 단속용으로 제정된 것이고, 종교계를 압박하며 인민의 사상과 신앙의 자유를 구속함이 분명함하다고 말한다. 그리고 일본 정부는 항상 정교분리를 주장하면서도 종교와 정치를 대등한 위치에 두는 것과 종교의 자유는 허락지 아니하고 종교를 정치 밑에 위치하게 하여 정치의 지도를 받게 하며 교회를 정치의 노예를 만들려고 한다고 비판한다.[355]

---

352 장병길, "조선총독부의 종교정책," 『정신문화연구』통권 제25호, 1985, 55.
353 「동아일보」 1947년 11월 28일.
354 "일본 폭정사", 『독립신문』(상해 임시정부발행), 1919년 8월 29일.
355 대한민국 임시정부자료집 편찬위원회, 윗글, 256-264.

또한 제2조는 포교자의 자격증명을 요함으로써 한국교회가 그 전부터 전도자의 자격을 구비하지 않은 자 중에서도 목사의 허가를 얻어 자유로 활발하게 전도하던 것을 제한하는 것이라고 한다. 제 14조의 벌칙규정은 전도사업의 진보를 막으려는 목적이 명백히 드러난 것이라고 비판하고 있음을 볼 수 있다.

### 3. 사립학교 규칙을 통해 나타난 기독교 통제

조선총독부는 종교정책과 함께 일련의 교육관계 법령을 통해서 개신교를 통제하였다. 일제 강점 이전의 조선말에는 사립학교를 설치하고자 하는 경우에 정부의 인가가 불필요하였을 뿐 아니라 보고의 의무도 없었다. 따라서 한국인이나 선교사들에 의해 사립학교들이 활발하게 세워졌으며, 기독교계 사립학교의 경우에는 자유로이 기독교 교육을 행할 수 있었다. 그러나 통감부 시대부터 일제는 사립학교에 대해 통제를 가하기 시작하였다. 1908년에 공포된 〈사립학교령〉에서는 사립학교 설립에 관한 사전인가제를 도입함으로써 기독교학교에 커다란 부담을 주었고, 합방 후에 1911년 8월 23일에 나온 〈조선교육령〉(칙령 제 229호)[356]이나 1911년 10월 20일 〈사립학교규칙〉(총독부령 제 114호)[357]에서는 '忠良한 일본 臣民의 양성'과 민족주의적이고 정치적인 교육의 통제에 주안점을 두었었다.[358] 이 사립학교 규칙에서는, 학교설립에 총독의 인가를 절대시하였고, 한국인을 교육하는 모든 사립학교를 '규칙'의 적용범위로 하였다. 이는 민간인이 설립한 학교는

---

356 朝鮮總督府 學務局 編,『朝鮮敎育要覽』(京城 : 朝鮮總督府, 1915), 12.
357 『朝鮮總督府官報』1911년 10월 20일, 號外.
358 이진구, "일제의 종교/교육 정책과 종교자유의 문제"『종교연구』제38권 (2005.) 217-218.

물론 어느 정도 치외법권을 누리고 있던 선교사가 운영하는 기독교 학교도 규제하겠다는 것이었다. 조선 교육령 공포 이전인 1911년 7월 1일 데라우치 총독은 각도 장관회의의 석상에서 선교사가 운영하는 기독교 학교의 불온한 교육태도를 지적하고, 종교와 교육의 분리를 지시하였다.[359]

그리고 1915년에 〈개정사립학교규칙〉이 나오면서 사립학교에서의 종교교육을 금하는 조치가 명문화되었다.[360] 이 규칙의 제6조 제 2항에서 "성서, 지리, 역사 등의 과정을 가하여서는 안 된다."라고 규정하고 있다.[361] 총독부가 교과목에서 지리와 역사를 배제한 것은 민족주의적 교육을 막으려는 의도였고, 성서과목을 배제한 것은 종교교육의 금지를 위한 것이었다. 총독부의 정무총감은 "사립학교의 교과과정 외에 종교를 가할 수 없음은 물론 학교사업으로써 종교상의 교육을 베풀 수 없으며 종교의식을 행할 수 없다."[362]고 하였다. 이러한 주장들은 총독부가 지속적으로 내세우고 있는 '교육과 종교의 분리'라고 하는 원칙에 근거한 것이었다. 당시 총독부의 외사국장(外事局長)은 이렇게 말하고 있다.

---

359 髙橋濱吉, 『朝鮮教育史考』(京城: 帝國地方行政學會朝鮮本部, 1927), 364.; 大野謙一, 『朝鮮教育問題管見』(京城: 朝鮮教育會, 1933), 31.; 윤선자, 『한국근대사와 종교』(서울: 국학자료원, 2002), 20-21.

360 일제는 기독교 사립학교에서 기독교 정신을 말살하려는 목적으로 '사립학교 규칙' '개정사립학교 규칙'을 만들어 선교사들을 압박하였다. 그런데 이런 교육 법령들이 시행되는 시기에 조선의 학령아동들은 학교교육을 받지 못하는 원인이 되었다. 그래서 이시기에 학교 어린이들의 취학수가 현저하게 감소하는 것을 알 수 있다. <도표 2> 참고할 것.

361 "사립학교의 교과과정은 보통학교규칙, 고등보통학교규칙, 여자고등보통하교규칙 또는 전문학교규칙에 규정한 교과과정에 준하여 이를 정하고, 이밖의 학과목은 일제 부과할 수 없다. …"<개정사립학교규칙>, 제6조 2항. 『朝鮮總督府 官報』第 789號, 1915. 3. 24.

362 朝鮮教育會 編, "私立學校聖書敎授に就いて 通牒(1915)," 『朝鮮敎育法規例規大全』(京城 : 朝鮮敎育會, 1927), 531.; 손인수 『한국근대교육사 1885-1945』(서울: 연세대출판부, 1971), 123-124.

종교의 선전은 오직 교회의 관할에 속한 반면 교육 사업은 전적으로 정부의 관할에 속한다. 정부가 종교에 관여해서는 안 되듯이 교회도 정치적 행정일반, 특히 행정사업의 한 부분인 교육에 관여해서는 안 된다.[363]

총독부는 이 법령이 실시되기 이전부터 종교교육을 실시하여 왔던 사립학교에 대해서는 10년간의 유예기간을 주었지만 새로 설립되는 사립학교에서의 종교교육은 즉각적으로 금한다는 명령을 내렸다. 그러자 선교사들은 기독교학교에서의 종교교육을 사실상 금지시키는 이러한 조치는 "교육과 종교의 자유를 부정하는 행위"라고 간주하였고, 선교사 연합공의회는 총독부의 이러한 교육정책을 반박하는 결의문을 채택하였다. 그 내용은 기독교교육을 허용하겠다던 종전의 확약이 〈개정사립학교규칙〉에 의해 지켜지지 않았음을 항의하면서 10년의 유예기간이 지나기 전에 최소한 일본 본토에서와 같은 수준으로 법령이 개정되기를 희망하는 것이었다.[364]

이에 대해 총독부는 사립학교에서의 종교교육 금지 조치가 결코 종교의 자유를 부정하는 것이 아니라고 주장하였다. 당시 총독 데라우치(寺內正毅)는 이렇게 말하였다.

우리는 완전한 종교적 신앙의 자유를 보장한다. 기독교에 대해서는 단지 관용이 아니라 우호의 감정을 가지고 있다. 기독교학교에서의

---

363 김승태 편, 『일제강점기 종교정책사 자료집, 기독교편 1910-1945』(서울: 한국기독교역사연구소, 1996), 103.
364 Archur Judson Brown, 윗글, 184-85.

성서공부를 금지시키는 것은 국가적 교육적 조치의 하나이지 결코 기독교에 대한 차별대우는 아니다.[365]

이처럼 총독부는 교육의 영역에서 종교의 가르침을 제거하는 것이 종교자유의 원칙에 위배되는 것이 아니라고 계속 주장하였으나, 선교사들은 교회로부터 교육의 기능을 배제시키는 총독부의 교육 정책을 받아들일 수 없었다. 이들은 정부의 원조를 받지 않은 사립학교에서는 종교교육을 포함한 어떠한 교육도 행할 자유가 보장되어 있음을 서구의 예를 들어서 주장하는 한편, 기독교학교에서의 교육이 국민도덕의 기초를 제공함으로써 궁극적으로 국가의 이익에 도움이 된다고 주장하였다.[366] 그렇다면 조선총독부는 왜 '사립학교 규칙'을 발표하여 기독교 사립학교를 통제하고, '개정사립학교규칙'을 만들어 기독교계 사립학교에서 종교교육을 하지 못하도록 금지 조치를 내린 것일까?

### 1) 사립학교규칙 시행의 배경

1911년 사립학교규칙이 식민지교육체제 확립을 위해 조선총독부가 사립학교의 형식적 골격을 규정하여 체제 내 편입을 유도한 것이라면, 1915년의 개정 사립학교규칙은 그 내실을 담보하기 위해 교육내용에 가한 규제 조치였다고 할 수 있다.[367] 즉 성경이나 기독교에 대해서 가르치지 못하도록 한 것이다. 그렇다면 1915년 개정 사립학교규칙에서, 조선 총독부가 기독교계 사립학교에서 종교교육을 금지시킨 이유는 무엇인가? 조선총독부가 기독

---

365 Archur Judson Brown, 윗글, 596.
366 윗글, 597-599.
367 이명실, "일본 메이지 정부의 '문무성 훈령 12호'와 조선총독부의 '개정사립학교규칙'에 관한 고찰"『한국교육사학』제 30권 제2호, (2008.), 60.

교계 사립학교의 종교교육을 완전히 금지한 배경은 무엇인가?

첫째, 일제가 기독교세력을 반일의 온상[368]이라고 인식했으며, 이러한 기독교세력의 확대에 대한 두려움이 있었다는 점을 들 수 있다. 1910년 당시 한국의 기독교는 20만명의 성도, 800개 이상의 학교와 3만명이 넘는 학생, 1,100개에 이르는 교회집회소 이외에 270명의 외국인 선교사, 2,300여명의 조선인 교직원을 거느리는 방대한 조직이었다.[369] 이러한 기독교의 교세확장은 총독부의 통치자들에게는 위협의 요소가 되었다. 그런데 이들이 기독교에 대한 직접적인 통제를 가할 수 없었던 것은 외국인 선교사와 외교상의 문제가 연결되어 있었기 때문이었다. 기독교 교세 확장을 방치한다는 것은 반일세력의 온상이 확대되는 것을 방관하는 것을 의미했지만, 반면 이에 대해 단속하는 것은 외국과의 관계에 문제가 발생할 수 있기 때문에 조선 총독부 통치자들은 고민하게 되었다.

둘째, 일제가 기독교계 사립학교에서 종교교육을 금지시킨 이유는, 일본의 통치자들이 105인 사건과 같은 조작사건을 통해서, 기독교계의 지도부를 탄압함과 동시에 그들이 주목한 것이 학교교육내용에서 종교교육의 요소를 제거하면서 기독교학교를 없애거나 하여, 이들 학교를 공립보통학교화하여 식민지체제로 편입시키는 것이었다.[370] 1910년 이전부터 일본의 통치자들은 한국의 사립학교의 교육활동 및 실태에 대하여 큰 불만은 가지고 있었다. 그들은 사립학교가 학교라는 이름만으로 국권 회복을 표방한다는 점, 야회 학습 대운동회 등을 하여 치안 상에 큰 영향을 준다는 점 등[371]을 부각시켰으며, 당시 조선인들에게서 찾아 볼 수 있었던 사립학교의 실태와

---

368 Chung Shin Park, 윗글, 134.
369 飯沼二郞, 韓哲曦, 남영환역, 『일본 통치와 일본기독교』, (서울: 도서출판 영문, 1993), 50.
370 이명실, 윗글, 62.
371 大野謙一, 『朝鮮敎育問題管見』(京城 : 朝鮮總督府 朝鮮敎育會, 1936), 42.

위상[372]을 살펴볼 때, 단속하고 통제해야 할 위험한 단체로 인식되었다. 이러한 상황을 해결하기 위하여 일본 통치자들은 사립학교를 단속할 필요를 느꼈고, 그것이 1908년 사립학교령으로 공포된 것이다. 특히 미션스쿨이 초등교육과 연결되어 있다는 점은 제국의 존재와 번영에 공헌하는 국민정신의 함양이라는 교육목적 달성에 위험요소가 되었고, 이에 외국으로부터의 간섭 배제라는 원칙은 총독부 관료의 공통된 인식이 되었다.

셋째, 일제는 메이지유신 때, 천황제 절대주의 교육체제를 확립해 가면서, 종교를 인심지배의 도구로 종교가를 국민교화를 위한 정부의 일꾼으로 활용한 경험이 있다. 이 경험을 살려서 일본은 종교를 통제하고 조절해서 정치적인 목적을 이루려고 하는 것이었다.

1910년 합병을 전후해 조선 통치의 방법이 일본내 각 신문이나 잡지에 다수 게재되는 경향을 보이는 가운데, 조선인을 동화시키기 위한 방법의 하나로 제시된 것이 종교, 특히 기독교를 통한 통치였다. 그러나 일본인들이 조선인들에게 전하려했던 기독교는 일본적 기독교를 말하는 것이다. 즉 일본인들이 조선인에게 전도하여 조선인을 충량한 황국신민으로 만드는 것이 그들의 목표였던 것이다.[373] 당시 일본인들이 조선인들에게 전도하여 조선인을 일본인으로 만들어야 한다고 신문이나 잡지 등을 통해서 공공연하게 주장했다는 것은, 그들의 종교에 대한 의식이 종교는 정부의 정치적 목적이나 정책을 위해 국민들을 교화하고 선도하는 기능을 해야 한다 것이었다. 이것은 종교의 정치의 도구로써의 기능을 말하는 것이다.

---

372 당시 조선인들에게는 사립학교가 교육을 통해서 민족적 특성을 유지할 수 있는 장소였다. 1910년 당시 사립학교는 2천 2백여 개가 있었는데, 이는 사립학교에 다니는 조선인 수가 많았다는 것을 의미한다. 이 가운데서 외국인 선교사가 관계한 학교는 800여개에 이르렀다. 幣原坦, 『朝鮮教育論』(東京: 六盟館, 1919), 230.

373 丹羽清次郎, "<思潮評論>朝鮮教化의 問題", 小川圭治, 池明觀 編, 『日韓キリスト教關係資料 1876-1922』, (東京:新敎出版社, 1995) 325-326.

따라서 일본정부가 사립학교 규칙과 개정사립학교 규칙을 통해서 조선의 기독교가 학생들을 일본정부가 목표하는 대로 충량한 황국신민으로 만드는 일에 봉사하도록 하기 위함이었다.

이상에서 살펴본 바와 같이, 일본정부가 사립학교 규칙과 개정 사립학교규칙을 만들어 시행하게 된 배경에는, 외국인 선교사의 활동 및 기독교계 학교의 사상검열이라는 요소를 내포하고 있었고, 조선 총독부의 식민지 교육체계의 확립이라는 측면에서 체제 이데올로기 유지, 보급에 장애가 되는 기독교의 사상이나 종교교육을 단속할 필요가 있었던 것이다. 그리고 조선의 기독교계 사립학교들이 조선의 반일세력의 온상의 역할을 한다는 일본 당국자들의 시각과, 일제의 관료들이 종교를 '인심지배'의 도구로, 침략세력의 일원으로서 종교가여야 한다는 관점을 가지고 있었으며, 조선 인민을 동화하기 위한 방법으로 기독교를 동원하려는 의도로 사립학교 교육령과, 개정 사립학교 교육령을 발표한 것이다.

### 2) 조선총독부의 교육정책과 선교사들의 대응

1910년대 조선선교부가 가장 힘겨웠던 것은 바로「개정사립학교규칙」에 의한 미션스쿨에서의 성경교육과 종교 행사 금지에 관한 문제였다. 선교사들이 학교에서 성경을 가르치고 예배를 드리는 것은 그들의 '존재의 이유'였으므로 「개정사립학교규칙」이 시행될 때 선교사들은 투쟁할 수밖에 없었다. 특히 미국장로회선교본부 측에서 일본정부의 기독교정책을 긍정적으로 평가할 때, 조선 선교부 선교사들은 격하게 비판을 전개했다.

1915년에는 선교본부의 로버트 스피어(Robert E. Speer)가 조선을 방문해 사태를 수습하기 위해 데라우치 총독 및 그 관료들과 회견을 가졌는데, 그는 귀국하면서, 총독부는 진정한 종교의 보급을 환영하고 있고, 조선이 더욱 좋아지도록 총독부가 성의와 높은 목표를 지향하며 노력하는 것에 완전한 신뢰를 갖게 되었다고 말했다.[374] 이렇게 선교본부 총무가 발표한 총독부에 대한 견해를 접하자, 조선선교 실행위원회 위원인 찰스 샤프(Charles E. Sharp)는 스피어가 조선의 상황의 핵심을 전혀 간파하지 못하고 있다고 반박하고 선교활동과 관련하여 일본에 대해 다음과 같이 기록했다.

> 그들의 이상은 기독교와는 상반된 것이다. 지난 천왕 즉위식 때의 모습을 통해 일본의 진정한 모습은 거의 변하지 않았음이 밝혀졌다. 이번 일본정부의 기독교 정책으로 인하여 예상되는 투쟁을 과거 수세기에 걸쳐 진행되었던 로마제국에서의 교회 투쟁과 아마도 필적할 수준일 것이다. 그리고 교회가 수난의 길을 걸어갈 수밖에 없었던 것이 바로 가장 강력한 로마 제국 때문이었다.……일본은 오늘날 선진국으로서는 유일하게 이교도의 정권 하에 있음을 우리는 주목해야 한다.[375]

샤프는 기독교에 대한 총독부의 행정상 문제점을 다음과 같이 말한다. 교육과 종교를 분리시키는 새로운 규칙인 '개정사립학교규칙'이 목표로 하는 것은 미션스쿨로부터 기독교를 추방시키는 것이다. 그들은 당연히 제국 신민인 많은 아동과 청소년들을 미션스쿨이 교육시킨다는 것에 대해 질투하고 있다. 샤프는 총독부가 선교사의 중립성에도 만족하지 못하고 있었으며 선교사가 정부의 대변자가 되길 원하고 있음을 지적했다.

---

374 *Copy of Letter from Charles E. Sharp to Robert E. Speer*, Feb. 9. 1916. 이성전, 『미국선교사와 한국 근대교육』, (서울: 한국기독교 역사연구소, 2007), 36. 재인용.
375 윗글, 1.

우리는 정치적 대변자가 되기 위하여 여기 있는 것이 아니다. 또는 총독부의 야망을 도와주기 위하여 여기 있는 것도 아니다. 그 이외의 정부에 대해서도 마찬가지이다. 우리는 조선인 또는 일본인 양쪽의 도구가 아니다. 우리는 중립을 유지하려고 노력해 왔으며, 선교활동도 상당히 성공하고 있음을 확신한다.[376]

샤프는 일본정부가 개정사립학교규칙을 통해 노리는 것은 교육과 종교의 분리를 강조하면서 실상은 사립학교에서 기독교를 제거하려는 것이고, 더 나가서는 기독교 지도자들을 국가의 정치적 대변인으로 이용하려는 것이라고 핵심을 꿰뚫어 보고 있었다. 그의 이런 저항은 정부가 교회를 지배하고 통제하려는 의도를 거부하는 것이며, 정교분리라는 것은 교육을 종교에서 분리해서 정부가 교육을 맡는 것이 아니고, 정부가 종교의 일에 관여하지 말고 통제하지 않는 것임을 밝히고 있는 것이며, 종교의 교육기능을 정부는 간섭하지 않아야 한다는 분명한 입장을 보이는 것이었다. 이것은 샤프의 개인적인 견해라고 하기보다는 그가 조선 선교부 실행위원회의 의장이었기 때문에 조선 선교부를 대표하는 것이었다.[377]

일본정부의 조선에서의 목적은 조선의 어린이들부터 어른에 이르기까지 충성스런 황국신민을 만드는 일이었다. 그런데 기독교 사립학교는 신앙교육을 하기 때문에, 총독부의 교육목적 달성이 어렵게 된다고 판단하였다. 그리하여 집요하게 기독교 학교에서 성경을 가르치는 것과 예배드리는 것을 없애려고 했던 것이다. 이에 대하여 선교사들은 정부의 의도대로 따라가면 기독교 사립학교의 존재의 목적이 상실되기 때문에 교육은 포기할지언정 성경교육과 예배는 포기 할 수 없다는 입장에 서게 되었다. 그리고 기회가

---
376 윗글, 4.
377 이성전, 윗글, 40.

있을 때 마다 기독교 사립학교에서의 성경교육과 예배회복을 위해서 노력했다.

3·1운동을 계기로 소위 '문화통치'가 행해지면서 사회정치적으로 상대적 유화국면이 조성되자 선교부는 총독부에 종교교육의 자유를 정식으로 건의하게 된다. 장감(長監)선교단체연합회가 제출한 〈연합 종교회 건백서〉는 교육 사업만이 아니라 전도사업, 의료사업, 종교서적 출판 종교재산에 관한 문제 등 선교활동 일반에 관한 내용을 포함하고 있다.[378] 이 건백서에서 선교사들은 대한제국 시대보다 일제하에 들어와 오히려 종교 및 교육의 자유가 제한되어 왔음을 환기시키면서[379] "우리는 세계의 여러 대국과 같이 일본제국 헌법이 이미 보증한 종교적 자유를 조선에 있어서 실제로 향유하기를 간절히 바랍니다."[380] 라고 건의 하고 있다.

이 건백서의 내용 중 종교교육의 자유에 관한 것은 "기독교 사립학교에서의 성서교육 및 종교의식을 교과목으로 허가해 달라는 것"이었다. 요컨대 세계 각국의 기독교학교에서 만이 아니라 일본 본토의 기독교학교에서도 종교교육의 자유가 보장되고 있으므로 식민지 조선에서도 종교교육이 허용되어야 한다는 논리이다. 곧 기독교 이념에 근거하여 세워진 사립학교에서 종교교육을 행하는 것은 너무도 당연한 권리라는 입장이다. 한편 "학부형이 그 자녀를 기독교학교에 보내는 것을 관원이 위압에 의해 방해하지 말아 달라."[381] 는 건의도 하고 있다.

총독부는 이러한 내용의 건의안을 어느 정도 수용하게 된다. 그리하여

---

378 〈全宣教師大會陳情書〉, 朝鮮總督府 學務局, 『朝鮮の 統治と基督教』, (京城: 朝鮮總督府 學務局, 1921), 부록 편.

379 선교사들은 이때 "조선 시대에 우리들이 향유했던 종교 및 교육의 자유를 제한하고" 있다고 말했다. 朝鮮總督府 學務局, 윗글, 45.

380 윗글, 46.

381 윗글, 50.

모든 사립학교에 대해 종교교육을 금지했던 초기의 규정을 개정하여 학교의 등급에 따라 다른 기준을 적용했다. '고등보통학교'에 대해서는 성서교육과 예배의식을 정규 과목으로는 인정하지 않고 단지 방과 후에 별도로 이루어지는 '과외'수업으로만 허용하고, '각종 학교(各鐘學校)'나 '지정 학교(指定學校)'에 대해서는 성서교육과 예배의식을 정규과목으로 허용했다. [382] 여기서 우리는 조선총독부가 1915년〈조선교육령〉과 〈개정사립학교규칙〉을 공포하면서 모든 중등 사립학교로 하여금 10년 내에 '사립 고등보통학교'로 새로 인가받을 것을 요구했을 때, 조선의 장로교와 감리교가 이러한 총독부의 교육정책에 대하여 대응했던 양상의 차이를 주목해 보아야 한다.

### 3) 감리교와 장로교의 대응 비교

총독부에 의하면 사립 고등보통학교는 관공립 고등보통학교와 동등한 특권이 주어지는 학교로서 졸업 후에 학생들은 상급학교에 진학할 수 있는 자격이 부여되었다. 그러나 이와는 달리 잡종학교나 갑종학교는 상급학교진학 자격이 부여되지 않을 뿐 아니라 취직하기도 어려운 일종의 '무인가 학교'였다. 이러한 이유로 승격요구를 받은 기독교학교들은 딜레마에 빠졌다. 만일 총독부의 요구대로 일정한 자격을 갖추어 고등보통학교로 승격이 되면 관공립 고등보통학교와 동등한 대우를 받게 되지만 그 대신 성서교육과 예배의식을 정규과목으로 삼을 수 없는 심각한 문제점이 있었다. 이와 반대로 고등보통학교로 승격하지 않으면 종교교육은 할 수 있지만 사실상 무인가 학교로 전락되어, 학생 모집 자체가 어려워지고 결국에는 폐교 사태에 직면할 수 있기 때문이었다. 요컨대 기독교학교들은 몇 년의 유예기간이 남아 있기는 하였지만, '승격'과 '폐교' 중 어느 한쪽을 택해야 하는 기로(岐路)에 서게 되었다. 이때 장로교와 감리교가 서로 다른 입장에

---
382 Harry A. Rhodes, 윗글, 503.

섰다. 장로교는 기독교 교육이라는 학교설립 목적을 상실한다면 학교의 존립 의의가 없다는 입장을 고수했다. 당시 장로교의 대표적 학교였던 평양 숭실학교의 교장이었던 마펫(S. A. Moffett)은 이 문제에 관한 토론이 열릴 때 벌떡 일어나 다음과 같이 말했다.

> 우리 좀 하나님께 의지하고 기다려 봅시다. 아직도 기한은 몇 해 남았으니 그대로 계속하면서 총독부에 우리들로서는 성경을 가르치지 못하고 하나님을 반대하는 학교는 유지해 나갈 수 없다는 것을 솔직히 말합시다.[383]

이처럼 장로교계 학교들은 최대한 시간을 벌면서 종교교육의 지속 방안을 모색하였다. 이와는 반대로 감리교는 학교 안에서 성서교육이나 예배의식 등을 직접 행하지 못해도 간접적인 선교효과를 위해서 학교를 존립시켜야 한다는 입장을 취했다. 당시 조선감리교 연회 회의록은 다음과 같이 기록하고 있다.

> 참된 종교 교사가 가르치는 교육으로부터 종교를 분리시키는 것은 사실상 불가능하다. 기독교가 진리이고 인격이 그 진리를 전파하는 힘이고 기독교 교사들이 확보될 수 있는 한, 선교부위 교육 사업에 조금의 지체도 있어서는 안 된다.[384]

이는 아무리 어려운 상황에 처할지라도 기독교학교의 운영을 포기해서는

---

383 Allen D. Clark, *A History of the Church in Korea* (Seoul: The Christian Literature Society of Korea, 1971), 195.

384 <조선감리회 연회록>(1915) 제 7권 (서울: 기독교 감리회백주년기념사업위원회); Allen D. Clark, 윗글, 192.

안 된다는 결의로 보인다. 즉 학교에서 성서교육과 예배의식을 행하지 못한다 하더라도 기독교인 교사들이 인격적으로 학생들을 지도한다면 기독교정신이 학생들에게 전달 될 수 있을 것으로 판단한 것이었다. 이러한 선택에 따라 감리교계 학교들은 대부분 10년의 유예기간이 경과 되지 않은 상황에서 배제학당과 이화학당을 선두로 광성학교, 호수돈 여학교, 정의여학교, 배화여학교 등이 순차적으로 고등보통학교로 승격 되었다.[385]

김흥수는 이때 감리교의 방침이 다수의 비기독교인들을 학교에 입학시켜 한국 사회에 기독교의 영향을 침투시키고자 했다고 말한다. 그리고 이러한 선교방향은 나무랄 것이 없지만, 결과에 있어서는 감리교 선교사들로 하여금 총독부의 사립학교 간섭에 타협하는 것을 용이하게 하고 말았다고 지적한다. 또한 그는 타협은 교회 안의 일을 교회 자신의 손으로 처리할 권리, 즉 교회의 자유에 대한 관심이 빈약한 것과 무관하다고 주장하기는 어려울 것이라고 말했다.[386] 이 말은 이때 감리교회가 의미 있는 선교방향을 선택했지만 교회의 자유와 권리를 지키는 데는 소홀히 했다는 지적으로 보인다.

이처럼 장로교와 감리교가 종교교육의 문제에 대해서 서로 다른 대응을 한 이유는 우선 두 교파의 선교원칙의 차이에서 볼 수 있다. 장로교 선교부는

---

385 朝鮮總督府學務局 編, 『朝鮮諸學校一覽』(京城 : 朝鮮總督府, 1927), 337-343. 물론 감리교 선교사들 중 무스(J. R. Moose)는 기독교학교가 종교교육을 행하지 못하면 차라리 학교를 폐쇄하는 편이 낫다는 견해를 표명하기도 했다. "우리가 공개적으로 우리학교에서 종교의식을 거행하지 못하고 성경을 가르치지 못하고 졸업장에 서기 19xx 년이라고 못 쓸 때가 온다면 그때는 우리가 우리의 모든 학교를 폐쇄하고 우리의 시간과 힘을 복음 전하는데 바치는 때가 되리라고 믿는다."라고 했다. Charles D. Stokes, *History of Methodist Missions in Korea:1885-1930*, Ph. D. Diss. (Yale University, 1947), 259.

386 김흥수, 윗글, 194.

"교회의 첫 번째 주요한 과제는 어느 영혼에게나 그리고 도달가능한 모든 영혼에게 복음을 전하는 것이며"[387] "비 기독교인들에게 세속적 교육을 제공할 필요가 없다."[388]는 원칙을 가지고 있었다. 이러한 원칙에 근거할 때 종교교육을 포기한 상태에서의 세속교육은 애초부터 그 존재의미를 상실하는 것이었다. 그러므로 장로교는 기독교학교에서의 성서교육 금지를 사실상 선교활동의 포기를 요구하는 것으로 이해하였으며 나아가 이를 종교의 자유를 침해하는 것으로 받아들였던 것이다.[389]

조선이 일제의 식민지로 편입되면서, 〈개정사립학교규칙〉으로 대표되는 일제의 교육정책에 의해 개신교의 선교활동은 중대한 제약을 받게 되었다. 이 법령은 10년의 유예기간을 주면서 기독교학교에서의 종교교육을 전면적으로 금지시켰고, 개신교선교사들은 이 법령이 〈제국헌법〉이 보장하고 있는 종교의 자유를 부정하는 조치라고 주장하면서 총독부와 담론투쟁을 전개하였다. 이 과정에서 '교육과 종교분리'라고 하는 새로운 담론이 등장하였는데, 이 담론은 '정치와 종교의 분리' 즉 정교분리 담론과 짝을 이루면서 일제의 주요한 이론적 무기로 활용되었다. 일제는 교회에는 포교규칙을, 기독교계 학교에는 사립학교 규칙을 공포하여 탄압하고 통제하였던 것이다.

---

387 Charles D. Stokes, 윗글, 296.
388 윗글, 297.
389 선교사들은 이때 "일본 정부가 한국시대의 자기들이 향유한 종교 및 교육의 자유를 제한한다."고 말했다. 朝鮮 總督府學務局(1921년), 〈全 鮮宣教師大會 陳情書〉, 45.

## 4. 종교단체법을 통한 기독교 통제

조선의 기독교를 통제하고 지배하려는 의도에서 만들어지고 시행된 또 하나의 방법이 종교단체법이다. 1939년 3월에 성립되고 4월에 발포된 '종교단체법'은 전체37개 조항으로 편성된 법률인데, 그 목적이 소위 '종교보호'에 있다고 명시되어 있으나 사실상 각 종교단체를 천황제 국가의 강력한 통제 아래 두기 위한 포석임이 분명하였다. 일부 주목되는 조항만 살피면 다음과 같다.

"제3조 교파, 종파, 또는 교단을 설립할 시에는 설립자, 교칙, 종파의 제도, 교단의 규칙, 조직 등이 명기된 법인문서가 관할 주무 대신의 인가를 받아야 할 것.[390]

제4조 교파 및 종파는 관장을, 교단에는 교단 통리자를 두어야 하는데, 이들 관장이나 교단 통리자의 취임은 주무 대신의 인가를 받아야 할 것. 제16조 종교단체가 교사의 행위, 종교의 교의를 선포하는 의식집행, 또는 종교상의 행사 등에서 안녕질서를 방해하거나 신민으로서의 의무를 위배하는 경우, 주무 대신의 판단에 따라 이를 제한, 금지시킬 수 있으며, 교사의 업무를 정지시키거나 종교단체의 설립인가 자체를 취소할 수 있다. 제17조 종교단체, 또는 기관의 책임을 맡은 자가 법령, 또는 규칙, 종규, 교단규칙, 사원규칙, 교회규칙을 위반하거나, 기타 공공의 이익에 위배되는 행위를 할 시에는 주무 대신의 판단에 따라 그 인가를 취소, 혹은 직무정지, 금지, 또는 기관의 책임자의 교체를 요구할 수 있다."[391]

이상에서 살펴본 바와 같이, 이 종교단체법으로 종교기관의 설립, 운영,

---

390 종파, 교파를 관할하는 主務大臣은 '文部大臣'이다.
391 「宗敎團體法」, 1939.4 『日本基督敎團史資料集-第1篇 日本基督敎團の成立過程(1930-1941)』 (東京: 日本基督敎團宣敎硏究所, 1997). 398-405.

책임자 임명, 전반적인 교의, 내규 등의 수립, 시행에 있어 정부 기관의 간섭은 절대적으로 강화될 수밖에 없었다. 종교단체와 국가기관간의 법률적, 행정적 관련이 빈번해 질수록 종교신념체의 자유로운 성립과 운용이 침해를 당하는 것은 상식적 수준의 이해가 아닐 수 없었다. 그럼에도 불구하고 당시 일본정부가 '종교단체법'의 제정 목적이 종교단체를 보호하기 위한 것이라고 주장한 점은 역시 기만적 논리가 아닐 수 없다. 사실 여기에는 누가 보아도 기독교 각 교파, 교단을 비롯한 종교단체의 천황제 국가예속 강화의 목표가 있음을 쉽게 간파할 수 있다. 그리고 여기에 한 가지 사실을 더한다면, 기독교의 경우, 서구 교파교회 본부와의 연계선을 차단하여 교의적, 체제적 관계구도를 무력화시키고자 하는 정치적 의도도 포함되었다고 볼 수 있다.

이 법의 제정으로 종교 활동이 더 위축, 제한될 것을 우려한 장로교총회는 1926년 9월 종교법안 심사위원회를 구성하고 그 대책을 강구케 하였다. 또한 조선예수교연합공의회 역시 이 법안에 우려를 표명함으로써 장로교 총회는 총회대로 하되 연합공의회와 공동으로 행동하기로 하였다. 연합공의회 명의로 일본 귀·중(貴·中) 양원에 "우리 조선에서도 종교법안을 반대함"이라는 내용의 전보를 보냈다.[392] 다행히 이 법안은 야당과 종교계의 강력한 반대 속에서 귀족원에서 특별위원회에 회부하여 심사 토의케 하던 중 의회가 폐회됨으로 더 이상 논의되지 못하고 폐기되고 말았다.

그러다가 1939년에 종교단체법이 통과되었다. 일본의회에서 가결된 종교단체법은 제16조에서 "종교단체 및 종교교사의 행하는 종교교리 선포 혹 의식집행 혹은 종교상 행사가 안녕질서를 방해하며 혹 신민 된 의무에 배치될 시는 주무대신이 이를 제한 혹 금지하며 교사의 업무를 정지하고 혹은 종교단체의 설립인가를 취소할 수 있음"이라고 명시하여 종교단체에

---

[392] 『조선예수교장로회총회 제16회 회록』(1927), 28.

대한 국가의 강력한 통제의 길을 합법화시켰다. 이는 새로운 종교단체법에 적응하여 일본 내 교파, 교단으로 존재하는 절차와 요건을 구성함에 있어 각 교파, 교단으로 세분된 형태로는 도저히 감당할 수 없는 현실적 문제의 직면을 의미했고, 이는 같은 계통의 교단끼리라도 통합하여 대체하지 않으면 안 될 위기감을 조성했다. 또한 새로운 종교단체법의 의도를 더욱 명확히 드러낸 것이다. 영미 계통의 기독교파가 소속 정체성을 지닌 채 본부와의 연계를 유지하는 것을 허용할 수 없다는 점이었다. 일본정부는 종교 단체법을 통해서 그들의 종교에 대한 관념을 그대로 드러냈다. 즉 모든 종교를 정부를 위한 도구로 만들어서 국민의 교화의 수단으로 쓰려는 의도를 드러냈던 것이다.

# 제7장
# 신사참배를 통한 조선교회의 국가 예속화

# 제 7 장 신사참배를 통한 조선교회의 국가 예속화

일제하에 우리 조선국 각 도시마다 시설물로서 군림했던 것은 소위 신사(神社)라는 것이었다. 총칼로 위압한 것이 군대와 경찰이었듯이 정신적으로 위압한 것이 신사였다. 서울의 남산위에 우뚝 세워진 조선신궁은, 경복궁을 완전히 가리고 세워진 조선총독부 청사와 더불어 일제 식민정책을 상징하는 쌍벽이었다.[393] 그렇다면 일본의 신도는 무엇이며, 일본정부가 신사를 세워서 참배를 강요한 목적은 무엇인가?

## 1. 신사참배 강요의 목적

왕정복고 제정일치의 기치를 내걸고 등장한 일본의 유신정부는 국민의 대통합을 목적으로 천황을 신격화하여 모든 신민이 천황을 숭배하도록 신도 국교를 창안하게 되었다. 유신정부는 일본은 황조천조대신이 세운 나라로서 일본 천황은 만세에 유일한 신적계보를 이어오고 있는 신적인 존재라고 말하였다. 그리고 백성들은 이 천황의 인자의 황은에 힘입어 살고 있으므로 모든 백성들은 천황을 경모해야 한다고 가르쳤다. 그것이 국가가 생동하고 발전하는 길이요 국운의 발전이 영원무궁할 수 있는 길이라 했다.[394] 이처럼 현인신인 천황을 경배하는 것이 정치의 요체요 황국통치의 근본이라 하였다.[395] 유신정부는 천황숭배를 통해서 국민통합을 이루어내고 부강한 국가건설을 이루기 위해서 전국에 신사를 만들게 하였고, 신사에

---

393 손정목, "조선총독부의 신사보급, 신사참배 강요정책연구,"『한국사연구』제58호, (1987. 10), 105-106.

394 神祇院 編,『神社本義』(東京: 神祇院, 昭和19,1944) 1-3.

395 윗글, 6-7.

제사를 드리도록 했다. 백성들에게 신사제사를 드리게 한 것은 신의 이름을 빙자해서 백성들로 하여금 천황의 은혜에 감사하고 그의 덕을 칭송하기 위함이었다. 백성들을 신사에 절하게 함으로써 항상 천황의 은덕이 자기들에게 미치고 있음을 느끼고 감사하며 황제를 위해 충성을 바치게 하려는 목적이었다.396 그러나 해외 유학 등을 통해서 신진 문물을 경험한 엘리트들이나 기독교인들의 반발에 부딪혀 유신초기의 정부의 천황중심의 종교정책은 주춤하게 된다. 그러다가 일제 말 전시체제하에서 일본정부는 천황숭배를 축으로 하는 신도 정책이 필요하게 되었다.

일본정부가 1931년 만주사변, 1937년 중일전쟁, 1941년 태평양 전쟁으로 이어지는 전시체제에서 가장 절실했던 것은 한반도 안정과 조선인들의 순종, 그리고 적극적인 협조였다. 즉, 조선 사람을 전쟁에 동원시키고, 조선 땅에서 전쟁 물자를 동원하는 일이 필수 요소였다. 일본정부는 이러한 목적을 위해 신사참배를 총동원체제의 중요수단으로 삼기 시작했다. 즉 신사참배를 하게 함으로써 조선백성을 제국 신민화(帝國臣民化)하고, 조선인의 정신에 천황제 이데올로기를 주입시켜서, 조선백성들을 통제하고 동원 체제에 수월성을 기하려고 하였다. 또한 조선의 기독교를 통제하고 더 나가서는 조선의 기독교 제거 내지는 무력화 정책에 효율성을 꾀하려 하였다.397

신사참배 강요 정책은 정치적인 면에서 보면, 일제가 중일전쟁을 시작하면서 대륙침략 전쟁에 조선인을 동원하기 위한 황민화 운동에 필요한 수단이었다.398 그러나 이것은 조선인들에게 천황숭배 사상을 주입하여 조선의 기독교인들로 하여금 천황을 숭배하도록 만드는 것이기

---

396 윗글, 88-89.
397 박태영, "신사참배의 종교성에 관한 연구," 『인문학 연구』, 제 41집 (2011.), 38.
  이장은 본연구자가 『인문학 연구 제 41집』, 2011. 에서 "신사참배의 종교성에 관한 연구"
  라는 제목으로 실었던 소논문을 수정, 보완한 것임을 밝힌다.
398 櫟木壽男, "朝鮮總督府の 神社政策", 『海峽』제4輯, (社會 評論社, 1974), 35.

때문에 신사참배는 조선민족혼을 말살하는 수단이며, 또한 기독교신앙을 천황숭배로 대체하는 종교의 식민지화를 목적으로 한 것이다.[399]

일본은 침략으로 식민지를 확보하면 그 지역에 예외 없이 관폐사(官弊社)를 설치하였다. 그리하여 이를 중심으로 일본의 거류민들이 세운 신사를 그 밑에 두고 현지인의 토속신앙을 교화한다는 명목으로 이른바 종교적 지배체제를 꾀하였다.[400] 조선 총독부도 내무국 지방과가 중심이 되어 관립신사 건립 계획을 세우고 1912년부터 이에 대한 막대한 예산을 배정하였다. 이 신사는 경성의 남산 중턱에 20만평의 부지를 조성하여 건립하기로 하고, 제신을 일본 내무대신에게 조회하여 '천조대신(天照大神)' '명치천황(明治天皇)'으로 하였으며, 1918년 12월 일본 내각 총리대신에게 신사건립을 위한 청의서를 올렸다.

> 아직 조선전국의 민중 일반이 존숭해야 할 신사가 없어, 민심의 귀일을 도모하고 충군애국의 염(念)을 깊게 하는 일에 유감스러운 점이 없지 않았다. 따라서 차제에 국풍이식의 대본으로서 내조선이 함께 존숭할 신지(神紙) 권청하여 한반도 주민으로 하여금 보본반시의 성을 바치도록 하는 것을 조선 통치 상 가장 요긴한 일이라 생각된다."[401]

위의 청의서에 조선에서의 신사건립의 목적이 나타난다. 조선인들이 신사참배를 함으로써 일본에 대한 충군애국의 마음이 일어나게 하고, 성을

---

399 윗글, 36.
400 김승태, "조선총독부의 종교정책과 신사(神社)," 『한국 기독교역사연구소소식』, 제 79호 (2007.), 63-64.
401 朝鮮總督府 編, 『朝鮮神宮造營誌』, (京城 : 朝鮮總督府, 1927), 9.

다하여 천황의 은혜에 보답하게 하는 것이 신사를 세우는 목적이었다. 그런데 조선인들이 일본천황에게 충성을 다하고 일본국가에 애국하는데 큰 장애가 되는 것은 조선인의 민족정신이었다. 일제는 3·1운동 때 조선의 기독교인들의 강력한 저항을 보고, 조선인을 황민화하기 위해서는 조선 기독교인들에게서 민족주의적인 저항정신을 제거하고 일본 천황을 존숭하는 마음을 심어주는 것이 식민지 사업의 핵심임을 깨닫게 되었다.[402] 그리하여 조선에 신사를 건립하게 하고 신사참배를 강요하게 된 것이다.

만주사변에서 중일전쟁으로 이어지는 1930년대의 중반기 당시 조선총독부의 입장에서 볼 때 기독교는 바로 식민통치 수행 상, 그리고 그들이 말하는 이른바 성전(聖戰) 수행 상에 커다란 암적 존재(癌的存在)였으며 이를 그대로 방치하고서는 도저히 아무 일도 뜻대로 할 수 없다는 판단이 내려져 있었다. 당시 총독부에서 기독교를 관장했던 경무국 보안과(=高等警察)의 한 당무자는 조선의 기독교는 첫째, 외국계교파가 절대적으로 우세하며, 둘째, 교파 내에 있어서 선교사의 세력이 지대하고, 셋째, 기독교 신자 중에 민족주의운동자(독립운동자)가 많다는 세 가지 점을 三大特徵으로 들고 있다.[403] 이 중에 세 번째 기독교인들 중 민족주의자들이 많다는 점을 다음과 같이 말하고 있다.

> 종래의 민족주의자운동의 역사를 돌이켜 보면, 지난날 민족주의운동의 거물이라고 불려 진 인물들은 대개 기독교도(基督敎徒)였음과 동시에 운동에 가담한 자 중에도 다수의 기독교가 개재(介在)해 있었다. 그리고 이러한 사실은 최근에 이르기까지 몇 번이나 되풀이 된 바이며 민족주의운동사건을 검거할 때 마다

---

402 欄木壽男,, 윗글, 31-32.
403 森浩, "事變下に於けるキリスト敎," 『朝鮮』(1938. 11), 57-63.

그 감(感)을 새로이 해온 것이다. 되풀이해서 말하는 것 같지만, 과거에 있어서나 또 현재에 있어서나 소위 민족주의자로 지목되는 자와 기독교도와는 밀접불리(密接不離)의 관계가 있으며 한때는 기독교는 민족주의자의 소굴(巢窟)이며 아성(牙城)이라고 까지 일컬어졌다. 따라서 기독교문제는 순수한 종교상의 문제에 그치지 않고 그 이면에 정치적인 문제가 잠재(潛在)해 있다고 예상되어 온 것이었다. 최근에 동우회사건이나 흥업 구락부 사건이나 간에 그 모두의 관계자는 거의 다 기독교도였으며 또한 교회를 배경으로 혹은 교회내의 세력을 이용하여 조직의 확대, 의식의 교양에 분주(奔走)해 온 것이었거나 혹은 기독교 조직을 그대로 민족주의 운동에 이용한 것으로 생각되고 혹은 국외의 힘을 교묘히 이용한 것으로 추측되는 것도 있으나 그 어느 것이거나 간에 민족운동과 기독교의 관계는 여전히 견고하여 떼어내기가 힘든 것으로 생각되는 것이다.[404]

일본정부가 국민의례라는 명목으로 기독교인들에게까지 신사참배를 강요한 것은, 기독교와 교회공동체는 일본정부에게 그들의 식민통치 수행상 훼방거리가 되어왔기 때문에, 한반도내의 기독교세력을 거세 내지는 무력화하려 했던 것이다. 또한 구미인(歐美人) 선교사와 조선의 일반신도들 사이를 이간(離間)하고 마침내 그들을 조선의 땅에서 추방해야할 필요가 있었기 때문이다.

일본정부의 총독부에 의한 조선 내 기독교 세력의 거세 혹은 무력화 정책, 그들의 표현에 의하면, 조선 내 기독교의 '일본적 전향' 정책은 두 가지 측면에서 단계적으로 추진되었다. 그 첫 단계가 미션계 학교에 대한 탄압과

---

[404] 윗글, 62-63.

그를 통한 구미선교사들의 교육으로부터의 추방이었고, 둘째 단계가 교회의 일본화 즉 국가신도이었다. 이 두 단계에서 총독부가 동원한 수단이 바로 신사참배 강요였고, 그 결과로서 그들이 얻은 것은 첫째가 구미선교사들의 자신퇴거 또는 추방이었으며 둘째는 한국교회의 무한정의 타락이었다.[405] 일제가 조선을 강제 병합한 이후에 일본의 조선통치에 있어서 가장 큰 장애로 여겼던 것은 한국인의 '민족적 자각심'[406] 이었다.

그런데 한국에서 민족적 자각심이 강한 집단이 기독교이며, 애국 계몽 사상과 국권회복 운동의 온상[407]의 역할을 해 온 집단이 기독교였기 때문에, 일본정부는 조선인민에게서 민족정신을 없애고, 기독교 집단을 무력화하고 더 나가서는 교회를 일본정부의 선전도구가 되게 하려는 목적으로 신사참배를 강요하게 된 것이다.[408] 그러므로 일본정부가 신사참배를 강요하게 된 것은 첫째, 조선인의 정신을 개조하여 일본 국민화 하려는 의도요, 둘째, 조선 사람들의 민족의식을 말살하고 독립의 의지를 완전히 제거하려는 목적이 있었던 것이며, 셋째로, 조선의 기독교 조직과 기독교 학교를 효율적으로 동원하고 이용하려는 의도와 더 나가서는 기독교의 말살을 목적으로 하였던 것이다. 넷째, 조선의 기독교인들에게 천황숭배 이데올로기를 집어넣어 천황숭배자가 되게 하여 종교 식민지화를 이루려 했던 것이다.

---

405 손정목, 윗글, 138.
406 渡部學, 阿部洋 編, 『日本植民地教育資料集成』第69卷, (東京: 龍溪書舍, 1991), 김승태 편『일제강점기 종교정책사 자료집 1910-1945』기독교편, (서울: 한국기독교역사연구소, 1996), 40.
407  Arthur Judson Brown, 윗글, 568-570.
408 G. T. Brown, *Mission to Korea*, (Seoul: Board World Missions, Presbyterian Church, Presbyterian Church, U.S., 1962), 157.

## 2. '천황제 이데올로기'와 '국가신도'의 종교성 검토

조선교회는 1930년대부터 1945년 해방되기까지 일제의 신사참배 강요로 인하여 혹독한 시련을 겪고 곤욕을 당하였다. 신사참배를 반대한 사람들은 옥고를 치루었고, 여러 지도적인 신앙의 인물들이 옥중에서 순교를 당하였다. 그러나 조선교회 전체를 보면, 교회들이 일제의 핍박에 굴종하여 교단차원에서 신사참배를 결의하게 되었고, 각 교단의 임원이며 대표들이 앞장서서 신사참배를 하게 되었다. 이때 신사참배를 거부한 사람들은 신사참배의 종교적인 성격 때문에 신사참배를 하는 행위는 우상숭배요, 하나님의 계명을 지키지 않는 배교의 행위라고 여겼다. 그래서 고난을 무릅쓰고 순교를 당하면서도 신사참배를 거부한 것이며, 신사참배를 했던 사람들은 일제 당국자들이 주장한바 대로 신사참배를 국가 의례로 여겼기 때문에 신사참배를 한 것이다. 따라서 신사 참배의 종교성 여부를 밝히는 것은 신사 참배 문제를 다루는데 있어서 가장 핵심적인 내용이라 할 수 있다.

1930년대 후반 일제의 집요하고 강압적인 황민화 정책으로 한국민족 자체가 말살 될 위기에 처해 있을 때 한국교회 역시 기독교 순수 신앙이 왜곡되고 박해받는 위기 상황에 놓이게 된다. 그런데 이 시기에 한국 교회는 두 가지 상반된 행동 양태를 보여주고 있다. 일제의 강압과 회유에 굴복하거나 편승해서 저지른 친일·부일 행각과 민족정신과 순수 신앙을 지키기 위해 투쟁한 행적이 그것이다.[409] 그런데 여기서 신사참배를 한 사람들은 이 신사참배가 종교가 아니라 단순한 국가 의례이기 때문에 국민으로서 국가 의례에 참여하는 것은 당연한 일이라는 주장을 하고, 신사 참배를 반대하고 끝까지 신사참배를 거부했던 사람들은 신도는 종교이고, 따라서 신사에

---

409 한국기독교연구소 편, 『한국 기독교의 역사 II』(서울: 기독교문사. 1990), 338.

참여하는 것은 우상에게 절하는 것으로 배교행위라고 생각하고 온갖 수난과 순교를 기꺼이 감당하였다. 그렇다면 우리는, 일본정부가 강압적으로 시행한 신사참배가 과연 국민의례인가? 아니면 우상숭배인가? 라는 점을 분명히 규명해야만 하는 것이다.

우리는 먼저 '천황제 이데올로기'와 '국가신도'에 과연 종교성이 있는가를 학자들의 주장을 통해서 살펴본다. 일본과 한국에서 다년간 신사행정에 관여하고 있으면서 신기사(神祇史)를 연구하여 신도 및 신사에 정통한 오야마(小山文雄)가 조선총독의 위촉으로 저술한 〈신사와 조선〉(神社と 朝鮮)에서, 신사의 본질과 참배 목적에 관하여 다음과 같이 말하였다.

> 우리들은 조선(祖先)은 조신(祖神)에 대한 열렬한 신앙을 그대로 황실존숭(皇室尊崇)위에 옮겼다. 씨족조신(氏族祖神)의 존숭은 바로 황실존숭에 귀일되었다. 이리하여 천황은 현인신(現人神)이 되었다. 이 국민적 감격, 국민적 신앙이 있어서 비로소 세계에 통하는 만세일계제제(萬歲一系帝制)를 확립할 수 있었다. 이것을 종교라 칭할 수 있다면 이야말로 참으로 세계에 비류 없는 위대한 종교가 되지 않으면 아니 된다.[410]

여기서 국가 신도에 종교성이 있음을 명백히 하였다. 무라가미 시케요시는 (村上重良)은 "19세기 중반에 성립된 근대 천황제(天皇制) 국가는 제정일치를 내걸고 천황의 종교적 권위를 부활시켜 신도와 불교의 분리를 강행하고 전 신사(全 神社)를 국가제사(國家祭祀)의 시설로서 일원적으로 재편성했다."고 말했으며, "천황의 조상신을 모시는 이세신궁(伊勢神宮)은

---

410 小山文雄, 『神社と 朝鮮』(京城: 朝鮮佛教社, 1934), 13-14.

본종(本宗)으로서 전 신사(紳士)의 정점에 두었고 천황의 종교적 권위와 신사신도(神社神道)를 직결시키는 것을 통해 새로운 국교(國敎) '국가신도(國家神道)'를 창출해냈다"[411]고 주장함으로써 국가신도의 종교성을 지적하고 있다.

한편 천황제 이데올로기의 '종교성' 파악을 위해서는 근대 천황제 국가의 종교정책이 시행되어 나온 과정을 살피는 일이 필요하다. 일본정부가 '신도 국교화정책'을 펴게 되자 이 정책이 헌법에 보장되어 있는 '신교(信敎)의 자유'에 모순된다는 주장에 부딪히게 된다. 그러자 정부는 국교화를 추진하였던 신도를 이른바 '국가신도'와 '교파신도'로 구별하였다. 그리고 천황의 종교적 권위와 직결된 '국가신도'를 초종교의 위치, 최고의 권위를 지닌 국가제사로 승격시켰다. 그리고 천황을 정점으로 한 국가신도는 종교가 아니라는 이른바 '신사비종교론'을 주장하였다. 이러한 논리는 일제 말 신사참배 강요가 더욱 강화되고, 특히 기독교계에 대한 강압과 설득이 진행되면서 더욱 강조되었다. "신사에 참배하는 것은 종교를 강요하는 것이 아니기 때문에 국민의 신교의 자유가 침해되는 것이 아니다."[412] 라는 입장이었다.

이러한 '신사 비종교론'과 이른바 '국민의례론'으로 여타의 종교계, 특히 기독교계의 이의제기와 반대를 제압하였다. 그러나 국민의례임을 강조하며 참배를 강요했던 국가신도가 엄밀히 볼 때 종교일 수밖에 없다는 증거는 많이 있다. 즉 천황이 '종교적 권위'일 수밖에 없는 사실은, 여러 자료에서 밝혀진다. 우선 마츠야마(松山常次郎)는 국가신도의 종교성을 다음과 같이 비판하였다. "정부는 이 신사는 종교가 아니다 라는 입장에 있지만, 하늘의 신에게 제사를 지내는 일은 종교일 수밖에 없다." "이세신궁은 종교를 초월하는 종교로서 일본의 국민 된 자는 반드시 숭배하지 않으면 안 된다.

---

411 村上重良, 『天皇制國家と宗敎』(東京: 株式會社 講談社, 2007), 4.
412 高橋濱吉, 『朝鮮敎育史考』(京城: 帝國地方行政學會, 1927), 507.

이것은 제국헌법에 명시된 신교자유의 정신과 모순되는 것이다."⁴¹³ 츠라타미(貫民之助)도 신사의 종교적 성격을 분명하게 주장하며, 기독교인의 신앙 기준으로 볼 때, 신사참배를 거부하는 일은 옳다는 주장을 폈다.

신사는 종교가 아니라고 오늘날 정부에 의해 취급되고 있지만, 우리 국민의 대부분이 사실상 종교적 신앙을 지니고 신사에 나가는 사실 등은 명백히 신사가 종교적 시설이라는 것을 나타내고 있다. 따라서 사실상 종교인 신사 예식을 그 종교를 믿지 않는 타인에게 강요하는 일은 당연히 신교자유의 헌법에 위배되는 일이다. 그리고 신교(信敎)자유의 헌법과 당착(撞着)되는 경우는 헌법을 따라야 함은 더할 논지가 없다. 따라서 종교적 신앙에 의해 신사참배를 거절하는 것은 당연한 일이라 하겠다. 곧 신사에 참배하지 않는 일이 우리의 국체에 반하는 것이라는 말은 온당치 않은 말이다.⁴¹⁴

이 논설은 신사참배 문제에 대한 일본기독교계의 반응 중에 가장 신앙적 입장, 기독교적 입장에서 주장된 내용 중 하나로 평가 될 수 있다. 이는 한국의 신사참배 반대자들과 논리를 거의 함께 하고 있다. 특히 신사의 역사와 참배의 형식 속에 포함된 종교적 의미는 기독교인의 신앙 양심상 상호 용납되지 않을 수밖에 없는 점을 강조하였다. 또한 그 근거로서 제국헌법에 명기된 신교자유 조항을 들었는데, 신사참배가 신교자유와 상충될 때는 헌법에 명기된 신교자유를 따라야 한다는 적합한 논리를 적용시켰다.

박정신은 신사참배가 종교행위인 것을 다음과 같은 명쾌한 논리로 설명한다. 제정일치의 전통, 특히 신도의 우두머리 신이 일본을 아마테라우스 여신인 점, 일본의 천황은 사람의 옷을 입은 신의 후예로서 일본을 다스린다는

---

413 松山常次郎, "神社問題と基督敎"『特高月報』1938.8月號. (圖書出版 高麗書林, 1991), 117-118.
414 貫民之助, "神社參拜の 問題に 就て"『基督敎週報』第65卷 8號, 1932.10.28.; 富坂キリスト敎センタ―編, 『日韓キリスと敎關係史資料 Ⅱ 1923-1945』(東京: 新敎出版社, 1995), 179-180.

것, 그래서 천황은 신이고 신사는 종교기관이며 이 신사를 참배하는 행위는 종교행위라는 것이다. 신도라는 일본 종교가 천황제도와 '용해되어'(fused) 신사참배라는 종교의례가 국가의례라는 옷을 입고 나타난 것이라고 주장하고 있다. 신도와 천황제가 뗄래야 뗄 수 없이 결연되어 있고 용해되어 있었다는 것이다. 그렇기 때문에 기독교인들, 특히 조선의 기독교인들에게 이 신사참배 문제는 단순한 국가의례가 문제가 아니고 그들의 '믿는바'의 문제, 다시 말하면 종교의 본질 문제가 될 수밖에 없었다고 말한다.[415]

위에서 살펴본 바와 같이 일본정부는 '신사 비교종교론'을 내세워, 국가가 신도의 제사를 종교로부터 분리하여, 실제로는 종교로서 기능하면서도 표면상 국가는 그것을 종교가 아니라 의례와 관습에 지나지 않는다고 주장하였던 것이다. 그러나 이것은 비록 표면적으로는 종교와 정치를 분리하는 것처럼 보이지만, 결국 모든 국가 제사를 천황에게 직속시킴으로써 천황이 정치적으로 종교를 장악하였던 신권적 천황제의 모습과 크게 다르지 않았던 것이다. 국가 신도의 종교성은 천황을 신성불가침의 현인신(現人神:ぁらひとがみ)으로 숭배하였던 점에서 부정할 수 없다. 이러한 맥락에서 종교와 분리해 낸 제사와 의례를 신앙에 관계없이 모든 이들에게 강요하였다는 점을 감안한다면, 신사 비교종교론을 통해 일본 정부는 신사를 일반 종교로부터 분리해 내어 일반 종교들보다 상위에 두는, 초월종교적인 지위를 부여하였던 것으로 볼 수 있다.[416] 그렇다면 이렇게 종교성이 분명하게 드러나는 신사 참배에 대한 한국 교회의 반응은 어떠하였는가?

---

415 박정신, 『한국기독교사의 새로운 이해』, (서울: 도서출판 새길, 2008), 120-122.
416 안재익, "메이지 시대 종교정책과 국가신도의 형성," 『동양사학과 논문집』제32집, (2008.), 276.

## 3. 신사 참배 강요와 선교사들의 항거

일본정부가 신사참배 강요를 수단으로 한, 한국의 기독교세력의 무력화 혹은 한국 교회의 '일본적 전향 정책'은 먼저 1932년과 1935년에 평양에 있는 기독교 사립학교들에게 신사참배를 강요함으로 시작이 되었고, 가장 노골적으로 일본의 마각을 드러낸 것은 전조선인 황국신민화운동이 고조된 1938년 이후부터이다. 그런데 이때 선교사들은 두 가지의 상반된 대응 태도를 보였다. 첫째는, 일본정부가 발표한대로 신사참배는 단순한 국민의례이므로 조선의 교인들이 참배해도 문제 될 것이 없다는 입장에 있었던 대표적인 사람이 언더우드이다. 둘째는, 신사참배에는 종교적인 요소가 있기 때문에 신사참배를 하는 것은 우상숭배에 해당하고 십계명 제 1계명을 범하는 죄가 되므로 신사참배는 반대해야 한다는 입장에 선 대표적인 선교사는 매큔이다.

### 1) 언더우드의 대응

일제가 기독교학생들에게 신사참배를 강요하는 논리는 이렇다. 첫째, 신사참배는 종교의식이 아니라 국민의례이며, 예배행위가 아니고 조상에게 최대의 경의를 표하는 것일 뿐이다. 둘째, 교육의 목적은 학생들의 지적인 육성에만 있는 것이 아니라 학생들로 하여금 천황의 신민이 되게 하는 데 있다. 그러므로 교사와 학생들이 모두 함께 신사참배를 통해서 천황에 대한 경의를 표해야 한다는 것이다.[417] 이러한 일제의 논리에 대해 조선 교회로서는 종교적인 입장에서나 민족적 양심으로도 용납할 수 없는 일이었다. 그런데 학생들을 가르치는 선교사들의 위치에서도 개인에 따라서 상반된 입장을

---

417 한국 기독교 역사 연구소, 『한국 기독교의 역사 Ⅱ』, 290.

보였다.

미국 북장로교 선교사인 평양 숭실 전문학교 교장 매큔(G. S. McCune, 윤산온)은 신사참배 반대 입장이고, 서울에 있는 연희 전문학교교장 언더우드(Horace H. Underwood, 元漢京)[418]는 신사참배를 국가의식으로 받아들이면서 신사참배를 하고 학교교육을 계속하겠다는 입장에 섰다. 그는 숭실전문학교 교장 매큔과 동일한 북 장로교 선교부 소속이었지만 신사문제에 대해서는 상반된 입장을 보였다. 언더우드는 선교사들이 일본 당국의 "손님"이기에 일본법을 지키고 '일본 정부와 국민들 간의 문제에 개입하지 않아야 한다'[419]고 말하면서 일본정부의 신사참배 정책에 타협적인 태도를 취한다. 그는 신사참배가 외관상 종교의 색채가 보이지만 일본 당국이 신사참배는 국가의례라고 선언해 왔고, 그리고 그 의식도 국가적 영웅을 기념하고 애국정신의 함양을 목적으로 하므로 신사참배를 하는 것은 예배의 성격이 아니라고 주장했다.[420] 그러면서 만약 신사참배의 외적 특성으로 인하여 혹시 있을지 모를 심리적인 갈등을 없애기 위해, 다음과 같은 선언을 하도록 했다. "정부의 명령에 따라 생도 00명 및 교원 00명은 명일 00신사에서 의식에 참여한다." 언더우드의 생각은 일본정부가 신사참배가 종교적인 것이 아니다 했음으로 기독교인들이 하등의 종교적 의미로 참여하는 것이 아니라는 것이다.[421] 언더우드가 이러한 입장을 취한 것은, 신사참배를 거부할 경우에 기독교 학교의 폐쇄, 기독교학교 학생들의 비 기독교학교로의 전학 금지, 의료 및 선교 방면의 사업 중지,

---

418 원한경은 언더우드의 아들로 1934년 이후부터 연희전문학교의교장으로 취임하였다.
419 Horace H. Underwood, "신사참배는 교리위반 아니다." 『朝鮮日報』, 1938. 8. 16.
420 Letter From H. H. Underwood to McAfee, February 5. 1936. 이만열 엮음, 『자료집 Ⅱ』94-95.
421 Horace H. Underwood, 윗글.

정부당국으로부터의 압박, 조선 학부모와 학생들로 부터의 비난 등이 초래될 것을 우려하여 신사참배를 해야 한다고 주장한 것이다.

한편 언더우드가 신사참배를 받아들이는 입장을 취하면서 내세운 논리는 '가이사의 것은 가이사에게' 였다. 즉 정부가 실시하는 정책에 대하여 교회가 개입하거나 반대해서는 안 된다는 '정교분리 원칙'을 지킨다는 입장이었다.[422] 그러나 여기서 언더우드가 놓치고 있는 것은, 일본정부가 종교의 일에 간섭하고 종교를 압박하고 통제함으로서 얼마나 크게 종교의 자유를 침해하고 정교분리의 원칙을 훼손하고 있었는가를 제대로 보지 못했다는 점이다. 정교분리 원칙의 관점에서 보면, 신사참배에는 종교적인 요소가 분명이 있음에도 불구하고 정부 측 주장만을 믿고, 신사참배를 했다는 것은, 그가 정교분리원칙을 따르는 자 같지만, 사실은 정치의 종교지배를 인정하는 것이고 정교합일을 따르는 것과 마찬가지였던 것이다.

### 2) 매큔의 저항

매큔은 105인 사건, 3·1운동, 신사참배 등의 사건에 관련된 인물로 한국인 역사학자들에게 익숙한 선교사이다. 그는 1872년 미국 펜실베니아 태생으로 파크대학과 미주리 대학을 졸업하고 신학을 공부하여 1905년 5월 목사안수를 받았다. 그는 그해 9월에 그의 부인(Helen McAfee McCune)과 함께 미국 북장로교 교육 선교사로 한국에 들어왔다.[423] 그는 아내와 함께 4년간 한국어를 열심히 공부했고, 배위량(William M. Baird) 선교사가 평양에서 숭실대학을 경영하는 것과 평양지역의 학교와 교회를 경영하는

---

[422] 김승태, "1930년대 기독교학교의 신사문제 소고", 『한국 기독교와 신사참배 문제』 (서울: 한국기독교 역사 연구소, 1991), 385-389.

[423] Helen McAfee McCune, "The Wreck of the Anto Maru," *The Korea Mission Field*, 제 2권, 1905. 11.

일을 도왔다. 그는 1909년에 평안북도 신천지역의 신성중학교 교장직과 그 지역 내에 있는 초등학교를 감독하는 일도 맡게 되었다. 신성중학은 매큔이 부임한 후 학생들이 늘어서 1911년 9월 학기에는 153명이 학교를 다닐 정도로 성장했다. 이 학교를 졸업한 학생들은 주로 초등학교 교사로 진출하거나 숭실대학 등 상급학교에 진학했다.

    1910년대에 신사문제는 단지 천황의 사진에 대한 배례강요 문제가 있었다. 일제가 신사참배를 강요하는 과정에서 제일 중요하게 생각하는 문제는 기독교학교였다. 신도 즉 천황제 이데올로기를 이용하여 조선의 백성들을 일본제국 백성으로 만드는데 가장 좋은 곳이 학교였기 때문에, 일제는 조선의 학교교육의 목적을 민족동화에 두고 국민의례와 애국사상의 고취의 방법을 통해서 신도사상을 가르쳐 왔다. 그런데 이것이 공립학교에서는 문제가 되지 않았지만 기독교학교의 경우에는 신사참배가 처음부터 문제가 되었다. 선천지역의 신성학교 교장 매큔은 "학당학생들이 일본천황의 사진을 숭배함을 원치 아니함은 이러한 사진숭배 행위가 천연물을 숭배함과 동일한 즉 기독교학교에서는 당연히 이 이단을 배척할 것이요, 이미 이것을 숭배하도록 정하였다면 이것은 일본인의 천황을 천신과 같이 여기는 것을 승인함이니 이것은 기독교 교의에서 불허하는 바라" 하여 항의하였다.[424] 이처럼 일제의 천황사진 배례강요는 선교사들의 항의를 불러일으켰고, 그러다가 3·1운동 이후인 1920년 9월 전선교사대회에서 선교사들은 기독교학교 학생들에게 천황숭배를 강요하는 것을 기독교 신학의 입장에서 비판하는 진정서를 제출하였다.

    선교사들은 그리스도교 학교의 학생으로 하여금 천황예배를 프로그램의 하나로 삼는 의식에 참여하게 하여 황제의 사진 앞에 경례를 시키는 명령에

---

424 국사편찬위원회, 『한국 독립운동사 자료 21』, 제 4권 임정편 (서울: 국사편찬위원회, 1992), 95.

대해 일체 반대한다고 항의했다. 황제를 신 또는 신과 같이 지고한 자로 숭배하는 것은 그리스도 교도에게는 불가능한 일이므로 그와 같이 무리한 요구가 없기를 바란다는 의견도 전했다.[425]

1919년 10월 13일 미국 노리스(G.W. Norris) 의원이 미국국회에서 일본당국이 한국 학교에서 한국어와 한국 역사를 가르치지 못하게 하고 종교의식도 행하지 못하게 하면서 신도를 강요하는 것은 잘못된 정책이라고 비판하였다. 노리스는 한국의 학교에서 한국 언어와 역사 지리를 가르치지 못하게 금지시키는 법률을 일본인들이 발효시켜서 강행하고 있으며, 기독교에 대한 탄압조치로서 학교에서 어떤 종교적 의식도 갖지 못하도록 금지시켰고 그 대신 한국 사람들에게 신도의 위폐를 섬기도록 강요하고 있다고 비판했다.[426] 일본의 종교탄압에 대한 노리스의 이러한 비판은 신도가 한국인의 민족정신을 말살하는 것이며, 또한 종교의 자유를 박탈하는 비민주주의적인 일본의 정책임을 말하고 있는 것이다. 일본이 황제숭배사상인 신도를 조선인들에게 주입시켜 조선인을 일본의 황국신민화하려는 정책을 실시한 것은 병합 초부터 나타났지만, 신사참배문제를 반대하는 일로 기독교인들을 탄압하게 된 것은 1930년대 중반 때부터이다.

1932년 봄 소위 춘계황령제(春季皇靈祭)[427]의 제례(祭禮)를 평양에서는 서기산(瑞氣山)위에 있는 충혼탑(忠魂塔)앞에서 치렀는데 이는 만주사변의 전몰장병(戰歿將兵)을 위한 위령제를 겸한 것으로 각급 학교의 참여를 명령하였다. 이때 기독교 학교 11개교는 만주사변에서 죽은 영혼을 달래는

---

425 James E. Fisher, *Democracy and Mission Education in Korea*, (New York: Columbia university, 1928), (영인본, Seoul : Yonsei Univ. Press, 1970), 74.
426 Congressional Record Senate 66, 1919년 10월 13일 G.W. Norris 의원의 발언, 김승태 엮음, 윗글, 재인용.
427 매년 봄과 가을, 춘분, 추분의 날에 전국의 신사에서 소위 황령(皇靈)에게 제사를 지냈다.

제식에는 참가할 수 없다 하여 거부하였다. 다만 기독교 학교를 운영하고 있던 선교사들은 제례 후에 있는 국민의례에만 일부 학생들을 참가시키는 것으로 총독부 측과 타협을 하였다.[428] 이 때 신사참배는 거부하면서 국민의례에는 일부학생들을 참가하도록 하겠다는 절충안에는 당시 미국 북 장로교 선교부에 소속되어 있는 선교사들이 신사참배를 어떤 시각으로 보았는지 잘 나타나 있다. 소열도 선교사가 미국 북 장로교 선교본부 총무 마카휘이에게 보낸 당시의 상황보고 내용은 다음과 같다.

> 일본 정부는 신사참배가 단지 애국적인 행사라고 선언했지만, 선교부 소속 선교사들은 정부당국의 주장에 동의하지 않는다. 죽은 사람들의 영혼들을 기념하면서 수행하는 신사참배는 아주 분명한 종교적인 요소들이 있으며, 주문을 읽고, 제물이 받쳐지며, 죽은 사람들의 영혼이 임재하고 떠나가는 것이 공식적으로 선언되고 하는 것은 분명한 종교적인 요소들인 것이다.[429]

선교사들은 신사참배에 종교적인 요소가 있음을 분명히 인식하였기 때문에 기독교 학교 학생들이 신사 참배하는 것을 반대하였다. 그러나 일본정부가 신사참배는 국민의례라고 주장하며, 국민으로서 국가의식에 참여해야 한다고 강압했기 때문에 어쩔 수 없이 우상숭배에는 참석하지 않고 국민의례에만 참석한다는 전제하에 학생 일부대표들만 참석하게 한다는 등의 방법들을 강구하게 되었던 것이다.

---

428 『기독신보』1932. 12. 14. 참조 "平壤基督敎學校 靈祭不參拜事件"
429 소열도 선교사(T. S. Soltou)가 미국 북 장로교 선교국 총무 C. B. McAfee에게 보낸 1935년 6월 6일자 서신에는 이 당시의 상황에 대하여 언급하고 있다. Letter from T.S. Solutou to C.B. McAfee, June 6, 1935. 11-12. 이만열 엮음, 『신사참배 영문 자료집 Ⅱ』 -미국 북장로회 해외 선교부 문서 편- (서울: 한국 기독교역사연구소, 2004) 11-12.

1935년 11월 14일 평남도지사 야스다케 다다오(安武直夫)는 도내 공사립 중등학교 교장회의를 소집하고 평남 도청에서 회의를 진행하는데, 개회 때에 참석자 일동의 평양신사참배를 명령하였다. 이에 대하여 회의에 참석하였던 숭실 전문학교 교장 매큔을 비롯한 기독교계 학교의 교장들은 기독교인의 교리와 양심상 이에 응할 수 없다고 하였다. 특히 매큔은 신사의식들은 종교적 요소들을 가지고 있고, 일반적으로 거기에서 영들을 예배하는 것이라고 믿어지기 때문에, 기독교인으로서 신사참배가 사람의 양심을 더럽히고 전능하신 하나님의 법을 위배하는 일이며, 헌법에 보장되어 있는 종교의 자유에도 반대되는 행위이기 때문에 신사참배를 할 수 없다고[430] 주장하며 신사참배를 거부 하였다.

우리는 이 말속에서 이때 회의에 참석했던 선교사들과 매큔은 청교도 신앙을 가지고 있으며 뉴잉글랜드에서 체득한 양심의 자유와 정교분리원칙에 대한 그의 이해를 읽을 수 있다.

평남 도지사가 교장회의에서 선교사들에게 신사참배를 요구 했을 때 이를 거부한 매큔은 그후 1936년 도지사에게 보낸 서신에서 신사참배에 응할 수 없다는 입장을 조목조목 밝히고 있다. 1. 현재 행하는 신사의식들은 나에게는 분명히 종교적 의미를 내포하고 있는 것으로 보이기 때문이며, 2. 대부분의 일반인들이 실제로 거기서 신령들을 예배한다고 믿기 때문에, 3. 기독교인들은 효도와 구별하여 조상숭배는 하나님께 대한 죄라고 믿기 때문에, 그리고 4. 나도 하나님의 말씀에 의해 기독교인들에게 그 같은 것이 금지되어 있다고 믿기 때문이다.[431]

---

[430] Letter from G. S. McCune to N. Yasutake, December 13th, 1935, 이만열, 『자료집』, 39.

[431] Letter from G. S. McCune to N. Yasutake, January 18th, 1936, 이만열, 위 자료집, 74.

매큔에 있어서는 신사의식에 내재한 종교적 성격, 신령 예배에 대한 일반적인 믿음, 조상숭배의 죄, 성서의 금지규정이 신사참배 불가의 근거가 되고 있다. 또한 일본정부가 조선의 기독교인들에게 신사참배를 강요하는 것은 명백한 종교의 자유의 침해이며, 정치가 종교의 일에 개입하여 종교를 조정하고 통제함으로써 정교분리 원칙을 훼손하는 범죄행위인 것을 지적하고 있다. 신사참배에 대한 이러한 견해와 태도로 인하여 매큔은 1936년 1월 20일에 숭실전문학교장 직에서 파면되었고, 1937년 10월 29일에 미 북장로교 선교회 본부는 폐교원을 제출하여 숭실전문, 숭실중학, 숭의여중 등이 폐교하기에 이르렀다.[432]

### 3) 헌트의 저항

매큔이 일본정부가 신사참배를 강요하는 것은 하나님의 십계명 중 제일계명을 범하는 우상숭배에 해당하며, 정교분리원칙을 훼손하는 것이라고 주장하면서 인간의 양심의 자유를 따라 신사참배를 거부하는 입장을 취하였던 것에 비하여, 헌트는 칼빈주의 개혁신학의 하나님 주권사상을 바탕으로 한 저항정신과 언약사상을 근거로 신사참배를 거부하는 입장에 섰다고 할 수 있다.

헌트는 1903년 6월 4일 평양에서 미 북장로교 선교사로 활동하고 있었던 한위렴(William Brewster Hunt, 1869-1953)의 아들로 태어났다. 당시 평양에는 미 북장로교의 선교 본부가 자리 잡고 있었고, 한위렴은 1897년에 미국 장로교회로부터 한국 파송 선교사로 임명받고, 그의 첫 안식년을 갖기까지 평양에서 사역하였으며, 그 후에는 재령 선교에 선구적인 역할을 감당하였다.

---

432 「福音新報」 1937.2.11. 『日本 キリスト教 關係史資料 II 1923-1945』, 151.

헌트는 어릴 때부터 아버지로부터 경건한 신앙의 삶과 선교사로서의 삶을 배웠고 그의 가문은 조상 때부터 청교도 신앙과 선교적 헌신이 강했던 집안이었다. 그는 1620년에 메이플라워호를 타고 영국을 떠나 신대륙으로 이주한 비국교도 청교도 존 헌트의 후손이었다. 비국교도 청교도들은 종교의 자유를 찾아 화란으로 망명했다가 다시 신대륙으로 이주한 순례자들이었다. 그들은 성경대로 교회를 개혁코자 하는 열의가 매우 강했으며 언약사상을 매우 중요하게 생각했던 인물들이었다. 또한 그의 증조부인 티모시 헌트는 예일 대학 출신으로 하와이 선교에 앞장섰던 인물이며, 서부 개척운동이 한창일 때인 1849년에 캘리포니아 주의 샌프란시스코로 이주하여 최초의 개신교회를 설립한 목회자이자, 캘리포니아 주립대학교와 샌 안셀모 신학교를 설립한 교육자였다.[433]

또한 조부인 제임스 헌트도 신실한 신앙인이요 장로로서 일리노이 주 오타와 지역에서 활동하였다. 이런 분위기 속에서 그의 부친 한위렴은 프린스톤 신학교를 졸업하자마자 선교사로 자원하였고, 그 당시 미국인들에게 거의 알려지지 않았던 은둔의 나라 한국에 대한 선교열정을 가슴에 품고 미 북장로교 선교사로 평양에 도착하였다. 그리고 이러한 신앙의 유산이 헌트에게도 자연스럽게 계승되었다. 그는 1919년 평양 외국인 학교에서 고등학교 2학년까지 마치고, 학업을 계속하기 위해 미국으로 떠났다. 미국으로 떠나기 전 그의 나이 열여섯이던 해, 그는 역사적인 3·1 독립운동의 현장을 목격하였다. 그는 일본군이 도망치는 한국 군중을 총검으로 난도질하고 그 중 많은 이들을 감옥으로 끌고 가는 참혹한 현장의 목격자였던 것이다. 조선인의 평화적인 독립운동을 진압하는 일본군의 잔인하고도 야만적인 만행이 미국으로 떠나는 헌트의 기억에 생생하게

---

[433] 박응규, "신사참배반대운동의 신학적 근거에 대한 연구"-한부선을 중심으로-『신학과 선교』, 제 7호 (2003.), 185.

남게 되었다. 헌트는 조선의 군중들이 독립만세를 외치다가 일본군에게 끌려가면서 떨어뜨린 태극기를 가지고 미국으로 떠났다. 이미 조선에서는 찾아볼 수 없게 된 태극기가 그가 공부했던 미국의 휘튼 대학과 럿거스 대학교, 그리고 프린스톤 신학교의 헌트의 기숙사 방에는 걸려 있었던 것이다.[434]

헌트는 청교도적인 경건한 분위기의 가문에서 나서 선교사인 아버지 밑에서 성장했지만 휘튼 대학 2학년 재학 중에 하나님의 존재에 대한 고민과 구원의 확신에 대한 의문이 일었다. 그런데 그는 기도하면서 이 문제를 해결하고자 노력하는 가운데 극적으로 하나님의 은혜를 체험하게 되고 자기가 죄사함을 받았다는 것과 구원의 확신을 갖게 되었다.[435]

그는 1928년에 신학교를 졸업하고, 같은 해에 북장로교 선교사로 한국에 파송되었다. 그의 첫 선교지는 청주였다. 그의 선교사역은 하나님의 말씀에 대한 전적인 신뢰의 토대 위에서 전개되어 나갔다. 성경중심적인 그의 신앙은 그가 어려운 시련의 고통을 뚫고 나가는 힘이 되었다. 헌트는 청주에서 만주로 사역지를 옮기게 되었다. 헌트 선교사가 선교지를 만주로 선택하고 그 곳을 향해 출발한 것은 1936년 초가을이었다. 그는 만주 할빈(Harbin)시에 거처를 정하자 봉천노회에 가입하였다. 당시 봉천노회 산하에는 38개 교회가 있었다.[436] 그는 제 27회 총회 때 봉천노회 소속 선교사의 자격으로 총회 총대로 참석하였고, 총회장이 신사참배 결의안을 발의하여 결의를 진행할 때 신사참배를 결의하는 것은 불법임을 외치다가 일본 형사에게 붙들려 바닥에 내던져졌다.[437]

---

434 박응규,『한부선 평전』(서울: 도서출판 그리심, 2004), 66.
435 윗글, 73-74.
436 조선예수교장로회 총회 제 27회 회의록(1938, 9월 10일 - 9월 16일), 220.
437 대한예수교 장로회 총회역사위원회, 대한예수교 장로교회사 (상), (서울: 한국

1938년 9월 총회가 끝난 후 헌트는 만주로 돌아갔다. 그는 자신이 돌보고 있던 25개 예배 처에 참석하는 800명에 교인들에게 자신의 신념과 입장을 밝혔다. 그는 옛날 스코틀랜드에서 발생했던 '언약파 운동'을 본보기 삼아 신사참배하지 않기로 서약하는 운동을 전개하였다. 헌트의 의견에 찬동하여 서약문에 서명한 사람들은 800명중에서 500명이었다. 이 운동에 끝까지 협력하여 앞장섰던 사람이 김윤섭 전도사와 김신복 여전도사 그리고 간호원 안영애 선생이었으며 그들은 모두 순교하였다.[438]

일제에 의해 신사참배 거부운동을 하는 사람들에 대한 박해가 점점 거세지고 있는 상황에서 헌트는 조선의 교인들이 기독교 신앙이 흔들리고, 한국이라는 나라를 사랑하는 애국심이 약화되는 것을 보면서, 신사참배강요에 대항할 수 있는 교리적 준거의 필요성을 절감하였다. 이러한 상황 속에서 헌트와 평신도 지도자들은 1939년 1월에 '장로교 언약문서'를 작성하였다.[439] 그 후로부터는 이 문서에 동의하지 않는 자들에게는 세례를 베풀지 않았으며, 이 문서에 서명하지 않은 자들은 누구도 예배를 인도할 수 없었다.

헌트가 신사참배 반대운동을 할 수 있었던 것은 하나님의 주권에 대한 절대적인 확신이 있었기 때문이었다. 역사의 주인은 하나님이시며, 그의 섭리에 따라 역사가 진행된다는 확고부동한 신념은 신사참배강요가 지향하고 있었던 천황에의 절대적 복종을 대항할 수 있는 근거를 제공했다. 즉, 하나님의 절대주권에 대한 신앙으로 천황의 권위를 상대화시킴으로 거부운동을 전개해 나갔다.[440] 그는 뉴잉글랜드의 청교도들이 성경대로

장로교출판사, 2003), 440.
438 박응규, 윗글, 274-291.
439 박응규, 『한부선 평전』, 윗글, 275.
440 헌트와 만주의 조선인 성도들이 모범으로 삼은 것은 스코틀랜드 장로교 전통이었다.

교회를 개혁하고자 하는 성도를 박해하는 교회는 참교회가 아니라는 것을 분명히 인식하고 신대륙으로 떠났듯이, 우상숭배를 공식적으로 가결하고 오히려 신사참배를 거부하는 성도들을 핍박하는 교회는 더 이상 참교회가 아니며 그런 교회를 떠나는 것은 당연한 일이라고 믿었다.

1938년의 제 27회 총회에서 조선 장로교 총회가 신사참배를 하기로 가결한 후에, 적지 않은 성도들과 목회자들이 타협한 교회를 떠나 따로 예배를 드리며 신사참배반대 운동을 전개해 나갔다. 헌트와 만주지역 성도들이 언약문서를 작성하고 그 공동체를 중심으로 신사참배 반대운동을 전개해 나가자 봉천노회는 북만주 지역에 산재해 있는 25여 개의 미자립 교회들을 돌보고 있었던 헌트의 목사직을 1939년에 제명하였다.[441] 노회가 헌트를 제명 처분하는 것을 보고 미국 정통장로교회는 신사참배를 하고 있는 조선 교회들과의 관계를 단절하기로 결정을 하게 된다. 요하네스 보스(Johannes G. Vos)는 당시 신사참배를 가결하고 세속 통치자의 통제아래 놓여 있는 교회의 상황에 대해서 "종교를 통제하는 세속 통치자야 말로 인간의 종교적 자유를 침해하였으며, 또한 교회의 머리이신 그리스도의 주권을 찬탈 하였다."[442]고 언급했다.

장로교총회에서 신사참배를 결의 하고 또한 노회에서 신사참배 반대 운동을 하고 있는 선교사들과 목사들을 제명처분 한 것은, 이때 조선 교회가

---

스코틀랜드 장로교회는 존낙스에 의해서 개혁이 추진되었고, 완성을 이루어 내었다. 존 낙스는 종교와 정치의 개혁을 추진하는 과정에서, 하나님의 뜻을 어기고 있는 악한 권력기관, 즉 정부와 평화적인 교류를 통해서 원만한 타협과 건설적인 해결이 불가능하다면, 그 다음에 취해야 할 차선의 방법은 무엇일까에 대해 많은 고민을 하게 된다. 존 낙스는 모든 국가의 권위가 하나님으로부터 부여 된 것이므로, 어떤 정치권력도 절대화 될 수 없다는 입장이었다. Richard L. Greaves, *Theology Revolution in the Scottish Reformation* (Michigan: Christian Univ. Press, 1980), 179-180.

441 안용준, 『태양신과 싸운 이들』(서울: 세종문화사, 1972), 174-175.

442 Johannes G. Vos, "Christian Mission and the Civil Magistrate in the Far East," *The westminster theological journal*. vol.3, No. 2, 1940-1941, 18.

성경을 하나님의 말씀으로 믿고 순종하는 청교도신앙도, 교회에 대한 정부의 개입과 통제로부터 자유를 의미하는 정교분리 원칙도 폐기처분 해버린 것이며, 일본의 천황을 신으로 섬기고 일본국가에 예속되어 국가의 도구 노릇을 하는 국가의 어용기관이 되어 버린 것이다.[443]

헌트는 1941년 10월 22일 드디어 검거 당하고 말았다. 그는 경찰서 유치장과 감옥에서 9개월 동안 구류 당한 채 갖은 육체적 고통을 당했다. 만주의 추운 겨울(영하25도)을 감방에서 지낸다는 것은 상상하기 어렵다. 그는 가진 모욕을 당했다. 어떤 때는 간수가 말라붙은 소똥이나 말똥을 강제로 먹게 하였다. 그는 눈을 감고 먹었다. 주님을 위한 고생이라면 이것도 마다할까. 1941년 12월 8일 세계 제 2차 대전이 발발하였다. 감옥에 들어온지 1개월 18일에 대전이 발발하였다. 이때부터 헌트는 적국의 민간 포로로 취급을 받았다. 1942년 6월 1일 포로교환으로 가족과 더불어 마지막 배에 오르기까지 그의 옥중생활은 그야말로 상한 갈대요 꺼져 가는 등불과도 같았다. 그는 하나님의 보호와 섭리로 아프리카를 거쳐 배편으로 자유의 나라 미국으로 갈 수 있었다.[444]

### 4) 남장로교 풀턴의 저항

1930년대 후반에 일본이 신사참배를 강요하고 나올 때, 신사의 종교성을 파악하고, 가장 선명하게 신사참배 반대의 입장을 취한 선교회는 전라남북도에서 선교하는 미국 남 장로교회 선교회와 경남지역의 선교를 담당하고 있던 호주 장로교 선교부일 것이다.[445]

---

443 장로회 신학대학교 100년사 편집위원회, 『장로회 신학대학교 100년사』 (서울: 장로회 신학대학교, 2002), 269.
444 Bruce F. Hunt, *For A Testimony* (The Banner of Truth Trust, 1966), 159.
445 신도의 종교성 여부에 대하여 논란이 일 때, 호주 장로교 선교사 매클라렌(Charles I. McLaren)은 국가신도주의의 위험성을 조사하고 그 문제에 대한 호주장로회의

미국 남 장로교회 선교본부는 조선에서 신사참배 문제가 제기되자 당시 일본에서 선교사로 있던 풀턴(Darby C. Foulton) 선교사를 전권대표로 조선에 내한하도록 하였다. 폴턴은 1937년 2월에 내한하여 전주에서 남 장로교 선교사 총회를 소집하여 '학생과 교직원에게 신사참배를 시키기 보다는 차라리 학교를 폐쇄'하도록 허락하는 강경한 신사참배 반대안을 발표했다. 그중에 두 가지만 소개를 하면 다음과 같다.

첫째, 일본정부의 신사참배 강요로 기독교 교리를 수정하지 않고는 우리 교육 사업을 계속 할 수 없을 것 같은 최근의 사태발전을 고려하여, 이에

---

신학적 입장을 정리하는데 공헌을 했다. 그는 신사참배 반대 이유를 다음과 같이 말했다. 첫째, 그는 일본정부가 신사참배를 강요하는 것은 하나님의 주권을 거부하는 것이므로 신사참배는 불가하다는 입장을 분명히 했다. 정병준, 『호주 장로회 선교사들의 신학사상과 한국선교 1889-1942』, (서울: 한국기독교역사 연구소, 2007), 307-308. 둘째, 그는 국가신도주의는 일본의 군국주의자들이 자기고취(self-exalting)의 목적을 이루기 위해 만들어낸 것이기 때문에 반대한다는 입장이다. C. I. McLaren, "The Pagan State and The Christian Church in Japan," *The Reformed Theological Review* (May 1943), 18. 일본의 군국주의자들은 천황을 '현인 신' 이라고 떠들어 대지만 사실은 천황을 그들의 무법한 음모의 꼭두각시로 만들었다. 매클라렌은 그들이 황제를 이용해서 자신들에게 광신적인 충성심을 끌어냈다고 주장한다. 셋째, 국가신도주의는 무서운 전쟁을 야기할 것이며, 전 국민들을 침략전쟁으로 몰아 갈 것이다. 그리고 이런 전쟁은 하나님께 신성모독이 됨으로 이를 반대한다고 했다. 정병준, 윗글, 308. 호주장로회 소속 선교사들은 매클라렌을 통해서 일본 신도의 위험성을 정확하게 파악하고, 신사참배를 거부해야 하는 이유를 파악하였기 때문에 신사참배반대를 결의 할 수 있었다. 그들은 자신들이 창조주이시며 우주의 지배자 이신 유일하신 하나님을 예배하는 사람들이기 때문에, 그리고 다른 영들에게 바쳐지고 그곳에서 일반적으로 예배행위가 행해지는 신사에 참배하도록 하는 명령에 순응하는 것은 하나님의 명백한 명령에 불순종하는 것이 될 것이기 때문에, 그들은 신사참배를 할 수도 없고, 학생들에게 신사참배를 하라고 가르칠 수도 없다고 신사참배 반대를 1936년 2월 7일에 마산의 선교협의회에서 결의했다. Edit h A. Kerr and George Anderson, *The Australian Presbyterian Mission in Korea 1889-1941*, 1970, 57. 호주 선교사들은 신사참배 반대 결의를 했을 뿐 아니라 호주 선교부를 거점으로 삼아 각 지역 교회를 순회하며 신사참배 반대 운동을 했다. 경남지역에 최덕지 이술면 이복순 등은 각 지역을 순회하면서 1주일 혹은 10일씩 부흥회를 열고 신사참배반대운동을 했던 것이다. 이들은 순회를 마치고 나면 다시 태매시 선교사(Maysie G. Tait)의 집으로 모여 3-5일간씩 준비기도로 무장하고 다시 지역교회를 돌았다.

마지못해 우리 한국 선교부에 적절한 절차로 우리 학교를 폐쇄할 적절한 조치를 취할 것을 지시한다. 둘째, 우리는 이러한 조치의 결과를 깊이 생각하여 왔다. 이 방법이 수많은 가정에 대한 교육의 기회를 잃게 한다는 것을 의미하며, 수년 동안 이사업에 헌신해온 교사들과 선교사들에게 슬픔을 줄 것이라는 것을 알면서도 이 방법을 채택하지 않을 수 없는 것을 매우 유감으로 생각한다.[446]

풀턴과 미국 남장로교 소속 선교회에서 이렇게 학교를 폐쇄 할 수밖에 없는 불가피한 이유는 일본 국가신도에 종교적인 요소가 들어있는 것이 명백하기 때문이었다. 폴턴은 보고서에서 국가신도에는 종교적인 요소가 있다고 설명하고 있다. 요점을 정리해 보면 다음과 같다.

> 1. 일본정부가 말하고 있는 신사의 비종교성은 기만이다. 신사의식은 조상숭배를 포함하고 있으며, 그리스도인들은 일치하여 조상숭배를 금해왔다.
> 2. 국가신도와 교파신도의 명확한 구별이 없다. 일본정부가 공식으로 신문에 보도한 내용을 볼 것 같으면 국가신도는 명백하게도 종교적 성격을 가지고 있다.
> 3. 신사의식은 기도하는 것 신에게 예물을 드리는 것 등을 포함하고 있음으로 종교의식 이외에 아무것도 아니다.[447]

남장로교에서 이러한 강경한 입장이 선언된 지 얼마 안 되어 중일전쟁이

---

[446] C. Darby Fulton, "*Policy regarding School in Korea.*", April 6, 1937. The Executive Committee Foreign Missions U. S. A. 이만열 편, 『신사참배문제 영문자료집 Ⅱ』, (서울: 한국기독교 역사연구소, 2004), 223-224.

[447] C. Darby Fulton, "*The Fundamental Issue Reasons For Regarding Shinto as Religion,*" The Executive Committee Foreign Missions U. S. A. 김흥수 편, 『WCC 도서관 소장 한국교회사 자료집』. (서울: 한국기독교역사연구소, 2003), 291-296.

일어나 기독교계 학교에 대하여 본격적인 신사참배를 강요하자 남장로교 학교들은 이를 완강히 거부하다가 폐교명령을 받거나 자진 폐교하였다. 그리하여 1937년 9월 6일을 기해서 전북과 전남 지역에 산재해 있던 10개의 기독교학교는 폐쇄되었다. 광주의 숭일, 수피아, 목포의 영흥, 정명 등이 폐교당한 데 이어 순천의 매산, 전주의 신흥, 기전, 군산의 영명학교 등이 폐교 하였다.[448]

## 4. 신사참배 반대운동의 민족주의적인 성격

신사참배는 1911년 105인 사건이나 1919년 3·1운동 탄압보다도 더 크고 직접적으로 기독교 신앙에 위협을 가하는 종교적인 탄압이었다. 105인 사건이나 3·1운동으로 인한 탄압이 민족주의 운동과 조선의 독립을 막기 위한 탄압이었다면 신사참배의 강요는 '신앙의 자유를 박탈당하고 신앙의 양심을 유린당하는 종교박해요, 한국교회가 당한 수난이요, 전 민족이 당한 큰 박해였다.[449] 일제의 신사참배 강요는 세속권력을 절대화하고 인간을 신격화하는 일제의 천황제 이데올로기와 관련된 것으로 정치, 종교, 교육, 문화 등 여러 부분에 걸친 복합적인 문제이기 때문이다.[450]

일본의 국가신도는 일본이 해외 침략과정에서 처음부터 천황중심주의와 그것을 옹호하는 군사 무력주의가 깊숙이 연계되어서 출발하였기 때문에 천황제와 군국주의가 강한 결속을 가지고 제국주의적 침략정책 및 식민지 지배전략으로 이용되어 왔다. 그리고 이러한 신도와 군국주의의 결부는

---

448 김양선,『한국 기독교사 연구 Ⅱ』185.
449 김양선, "신사참배 강요와 박해," 김승태 편,『한국기독교와 신사참배 문제』(서울: 한국기독교연구소,1991), 19.
450 김승태 편,『한국기독교와 신사참배 문제』, 5.

일본이 침략전쟁을 치루면서 더욱 강화되었다.[451] 1910년 한일합방 이후의 일본이 조선에서 실시한 신사참배를 포함한 모든 정책은 일본이 지배하는 조선 사람들의 조선인으로서의 의식과 정신을 제거하고, 조선인 모두를 법적으로나 심리적으로 표준화된 일본제국의 신민들로 만드는 가장 강력한 도구였다.[452]

이와 같이 일본은 신사참배를 통해서 조선인에게서 조선인으로서의 자아의식을 제거하고 일본인 정신을 가진 사람으로 만들려는 의도를 가지고 있었다. 그러므로 신사참배는 조선인을 일본인으로 정신 개조시키는 가장 핵심 사업이었던 것이다. 그런데 청교도 신앙을 가진 미국의 선교사들이 신사참배를 반대하고 그 영향으로 조선의 학생들까지 신사참배에 불응할 때 일본당국자들에게는 선교사들이 눈에 가시와 같이 미웠을 것이다.

선교사들이 가지고 있었던 청교도적 신앙은 하나님 절대주권 사상을 교리의 중심으로 하기 때문에 하나님 이외의 다른 신을 섬기거나 우상에게 절한다는 것은 용납될 수 없는 하나님의 계명에 대한 불순종으로 간주된 것이다. 이러한 청교도의 사상은 18세기 미국으로 건너간 순례자 청교도들에게 전해졌다. 매큔을 비롯한 베어드, 마펫, 마오리 등 숭실학교의 학장들은 이러한 청교도적 전통에 충실한 자들이었다. 그러므로 일제의 천조대신을 숭경하는 신사참배란 청교도 신학사상을 지닌 이들에게는 기독교의 유일신 여호와 하나님 신앙과 정면 배치되는 것이었다.

그러므로 매큔을 비롯한 선교사들이 신사참배를 반대한 것은 첫째, 정치로부터의 교회의 독립을 지켜냈다는 것이며, 국가의 교회에 대한 간섭에 저항함으로써 국가가 교회를 간섭하거나 통제하는 것을 거부하는

---

451 박용규, "한국교회 신사참배반대운동: 역사적 개관"『신학지남』, 제67집 제4호, (2000.), 172.
452 김선건, "한국 기독교와 신사참배 1931-1945" 김승태 편, 『한국기독교와 신사참배 문제』, 430.

정교분리원칙을 고수한 것이며,[453] 일본 식민주의에 대항하면서 조선의 민족독립 정신을 실천한 셈이 된 것이다.

강요된 신사참배에 끝까지 저항했던 선교사들의 저항 근거 중 하나는 성경에 대한 아주 근본주의적 존숭태도였다. "성경대로 믿고 그대로 실천에 옮겨야 한다는 성경중심의 신앙은 미국선교사들이 뉴잉글랜드의 청교도 신앙을 그대로 이어받고 있음을 나타내 주고 있는 것이다. 물론, 이 선교사들의 청교도적인 신앙을 전수받은 조선교회 성도들이 신사참배를 거부하고 저항한 것도 성경을 절대 무오한 하나님의 말씀으로 믿는 성경의 권위에 대한 존숭에서 나온 것이다.[454]

이렇게 청교도적인 신앙심으로 하나님의 말씀에 대한 존숭의 마음으로 선교사들이 신사 참배를 반대하였지만 신사참배 반대운동은 민족운동으로서의 성격도 있는 것이다. 일제가 전쟁 동원기에 신사참배를 강요하면서 강조했던 핵심내용이 동조동근(同祖同根)사상, '내선일체' 사상이었다. 그러므로 신사참배를 반대한 것은 곧 조선인은 일본사람과 동족이 아니며, 일본과는 다른 민족으로서 독립나라임을 선언하는 것과 마찬가지였던 것이다.

박정신은 신사참배 반대운동이 조선 기독교의 민족주의의 표출이었음을 '용해론'을 통해서 설명한다. 신사참배가 종교와 국가권력이 '용해된' 국가종교인 신도의 신사참배였고, 또한 신사참배를 반대한 조선의 기독교인들에게도 기독교 신앙과 민족의식이 용해되어 있었기 때문에 신사참배 반대는 곧 일본의 국가 권력을 거부하는 것이 되고 동시에 조선인의 민족주의의 표출이라는 것이다.[455]

---

453 박태영, "신사참배의 종교성에 관한 연구,", 윗글, 51-51.
454 김희권, "신사참배에 대한 한국교회의 저항, 그 성경적 근거", 윗글, 67~68.
455 박정신, "신사참배 반대운동: 종교운동인가 민족운동인가," 윗글, 120-122.

일본이 국가신도를 내세우며 신사참배를 강요했는데 이 국가신도에서 핵심요소는 천황이 신적인 존재라는 것이다. 그리고 일본정부는 천황에게 신성을 부여하는 작업을 이미 헌법을 통해서 마쳐놓은 상태였다. 1889년에 나온 '제국헌법' 제 3조에 "천황은 신성해서 침범할 수가 없다"라고 했을 때 이것은 제정일치나 일본종교인 신도의 국가종교화의 뜻을 분명히 하였던 것이다. 이른바 국체 개념의 등장이다. 이 개념이 무엇인지 살펴보자.

> 대일본제국은 황공하옵게도 황조인 아마테라스오미가미(天照大神)가 개국한 나라고 그 신의 후예이신 만세일계(萬歲一系)의 천황이……과거로부터 무궁하게 통치하신다. 이것이 세계 어느 나라에 없는 우리의 국체다……우리 국가에서 역대의 천황은 늘 황조와 일체되어 현인신으로서 그 치세동안 신으로 다스리시고……[456]

여기서 나타내고 있는 것은 신도의 우두머리 신이 일본을 세운 아마테라스오미가미라는 것이다. 그리고 일본의 천황은 사람의 옷을 입은 그의 후예로서 일본을 다스린다는 점이다. 즉 일본의 전통사상인 제정일치를 말하고 있다. 그러므로 일본의 백성 된 사람은 신사를 찾아 조상 공경하듯 해야 한다는 것이다. 따라서 천황은 신이고 신사는 종교적인 기관이며 이 신사를 참배하는 행위는 종교적 행위인 것이다. 그러므로 우리는 신도라는 일본 종교가 천황제도와 '용해되어'(fused) 신사참배라는 종교의식이 국가의례라는 옷을 입고 나타난 것이라고 주장하는 것이다.[457] 천황제도와 국가종교가 된 신도가 하나로 용해되었다는 것을 일본과 조선에서

---

456 村山重良, 『國家神道』, (東京 : 岩波新書, 1970), 14.
457 박정신, 윗글, 122.

신사행정에 관여했던 오야마의 글을 통해서 확인할 수 있다.

> 국민으로서 수입종교를 신앙한다는 이유로 국체신도를 신본하지 않는 자가 있다면 그것은 분명 반국민적이다. 다시 생각건대 다른 종교도 신도도 결국은 동일 부류의 절대 진리를 신앙하는 점에서 동일점에 귀일되는 것으로 믿는다. 타종교를 신앙하기 때문에 신사참배를 거부하는 것은 이 진리의 철저하지 못한 협량하의 태도라고 보지 않을 수 없다.[458]

이 글이 우리에게 분명히 말해주는 것은 신도와 천황제가 하나로 결연되어 있고 용해되어 있었다는 사실이다. 김양선은 이 글이 '기독교와 신도'를 본질적으로 '동일진리'임을 역설한 것으로 보고 있으며 나아가 '국체신도'의 '아마테라스 오미가미와 그리스도를 동질동위의 신'으로 간주하고 있다고 예리하게 지적한 적이 있다.[459]

일본이 신사참배를 강요할 때 선교사들과 조선의 기독교인들은 '십계명'을 지키는 사람들이었다. 이 '십계명'의 첫째가 "너는 나 외에는 다른 신들을 네게 있게 말지니라"이다. 신사참배를 거부한 사람들은 소박하지만 바로 하나님이 모세를 통해서 이스라엘 백성들에게 내려주신 십계명 제일계명을 지킨 사람들이다. 이기선은 일본의 신사참배 강요를 다음과 같이 설명하고 있다.

> 옛날 유대가 바빌론에 포로가 되었을 때, 그들의 신앙이 억압 받았고 이스라엘 족속이 멸망의 위기에 처해 있었다. 지금 일본이

---

458 小山文雄, 『神道와 朝鮮』, (京城 : 朝鮮佛教社, 1940), 196.
459 김양선, 윗글. 19

조선 사람에게는 바벨론이고, 조선은 유대다. 일본식 이름이 조선 사람들에게 강요되고 신사참배가 강요되고 있다."[460]

우리는 이기선의 글에서 신사참배거부운동을 한 사람들이 성서에 기초하여 초월적 존재인 여호와에 대한 깊은 신앙심을 가지고 일제탄압의 상황을 종교적으로 인식하고 있음을 알 수 있다. 그리고 그들이 그 성서의 언어들을 통해서 일본을 바벨론과 동일시하고 유다를 조선과 동일시 함으로써 강한 민족의식과 신앙심을 함께 나타내고 있음을 알 수 있다. 다시 말하면, 이 신사참배 거부운동에 앞장선 사람들에게서 기독교 신앙과 민족의식이 용해되어 있음을 밝히 알 수 있다는 것이다.[461]

위에서 살펴본 바와 같이 일제가 강요하는 신사참배라는 것이 종교와 국가권력이 '용해된' 국가종교인 신도의 신사참배였기 때문에 소수의 조선 기독교인들의 대응이나 저항도 '용해된 것'이다. 다시 말하면 그들이 가진 종교인 기독교신앙과 민족의식이 용해된 것일 수밖에 없었던 것이다. 이런 뜻에서 일제 말 신사참배거부운동은 조선 기독교 민족주의가 표출된 운동이다.

따라서 미국 선교사들과 한국 교회 성도들이 순수한 신앙인의 마음으로 신사참배를 반대한 것이지만, 신사참배에는 일본 천황숭배 사상이 용해되어있기 때문에 신사참배를 반대하는 것은 일본 천황을 반대하는 것이고, 한국의 입장에서는 가장 핵심적인 민족운동의 성격이 있는 것이다.

---

460 "이기선 목사외 20인 예심종결결정문 제 13조," 김승태 엮음, 윗글, 465.
461 박정신, 윗글, 121-122.

## 5. 조선 기독교의 신사참배 결의의 의의

선교사들이 신사참배 문제를 놓고 참배 반대자와 찬성자로 서로 견해를 달리했던 것처럼, 한국의 기독교인들도 반대자와 찬성자로 나누어졌다. 평양 산정현 교회의 주기철 목사, 평북 신의주를 중심으로 활동한 이기철 목사, 경남 부산을 중심으로 활동한 한상동 목사 등 소수의 사람들이 신사참배 반대 운동을 전개해 나갔으며, 이들은 연합하여 다음과 같은 신사참배 거부를 위한 실천운동을 강력하게 추진해 나갔다. 첫째 신사참배학교에는 자녀들을 입학시키지 말 것, 둘째 신사 불참배 운동을 일으켜서 기성교회를 약체화내지 해체시킬 것, 셋째 신사 불참배 신도를 규합하여 가정 예배를 드리고 그것을 육성하여 교회를 신설할 것. 넷째 신사참배하는 목사의 세례를 거부할 것 등이다.[462]

이러한 기본 방안을 내걸고 신사참배 거부운동을 목숨을 내걸고 전개하여 나간 교회 지도자들이 있었는가 하면, 대부분의 기독교 인사들은 신사참배가 국가의 의례라는 일본정부의 주장을 그대로 받아들이고, 신사참배를 행해왔으며, 특히 1938년 9월 9일부터 16일까지 평양의 서문밖교회 예배당에서 제 27회 총회가 개최되었는데, 여기에서 전국에서 각 노회의 총대들이 모여 교단차원에서 신사참배를 하기로 결의하였다. 총회 이튿날인 9월 10일 평양 노회장 박응률이 평양, 평서, 안주의 3개 노회를 대표하여, 신사참배는 국민의 당연한 의무임을 설파한 후에 다음과 같이 긴급동의를 하여 제출했다.

우리는, 신사는 종교가 아니며 또 기독교의 교리에 위배되지

---
[462] 「이기선 목사외 20인 예심종결결정문 제 15조」. 김승태 엮음, 466.

않는다는 참 뜻을 이해 할 뿐 아니라 애국적 국가 의식임을 자각한다. 따라서 솔선수범하여 신사참배를 하고 자진하여 국민정신총동원에 참가함으로써 비상 시국하에서의 총후 황국 신민으로서 충성을 다하도록 한다.[463]

위에서 살펴본 바와 같이 신사참배를 종교행위로 보고 적극적으로 신사참배 반대 운동을 한 개인 선교사들과 선교회, 개 교회와 개인의 입장들이 있었지만, 반면에 한국 기독교 전체로 본다면 신사참배를 국가의식의 하나로 보고 신사참배운동에 적극 협력을 하였다. 당시 개신교를 대표하는 장로교회는 1938년 9월 제27회 총회에서 신사참배를 결의하였을 뿐 아니라 "국민정신총동원운동"에 참여하여 황국신민으로써 적성(赤誠)을 다하기로 결의하였다.[464] 이로써 장로교회는 국민정신총동원운동에 적극적으로 참여하게 되었다. 1938년 9월 총회에서 가결한 신사참배 결의는 장로교회가 일제에 결정적으로 굴복한 사건이다. 이후에 장로교회는 전적으로 일본 제국주의의 봉사기관으로 전락하였다.[465] 신사참배 결의 이후 장로교회는 마치 터진 봇물처럼 아무런 거리낌도 없이 국가에 협조하는 길로 나갔다.

1939년 9월 총회 중에는 '국민정신 총동원 조선예수교장로회연맹' 결성식을 거행하였다. 궁성요배, 국가봉창, 황국신민서사제창으로 시작된 결성식은 로마서 13:1-7을 봉독하고 국가에 순종할 것을 강조하고, 국책수행에 협력할 것을 선언하였다.[466] 총회장은 연맹의 이사장이 되고, 노회별로 국민정신총동원 조선예수교장로회 지맹을 결성하고 각 교회는 애국반을

---

463 『대한 예수교 장로회 총회 제 27회 회의록』, 9.
464 제 27회 회의록, 9.
465 『장로교신학대학교 100년사』, 269.
466 『대한 예수교 장로회 총회 제 28회 회의록』16-17.

결성하였다.[467] 장로교회가 국민총동원 조선연맹의 산하조직이 되어버린 것이다. 이제 교회의 모든 집회마다 국가의식을 먼저 행해야 했다. 교회의 모든 집회까지 국가를 위한 집회가 되어 버린 것이다. 이후 장로교회는 교회라기보다는 일제정부의 한 조직이 되어 버린 것이다.

이상에서 살펴본 바와 같이 신사참배는 신도의 핵심사상인 황제 이데올로기를 구심점으로 한 사상이므로 처음부터 종교의 요소를 가지고 있었다. 그러나 서양 선진국들과의 외교관계에서 일본정부가 종교 이데올로기로 국민을 통제하고 타종교를 억압하는 것이 문제가 되자 중간에 정교분리 원칙을 내세워 교파신도와 국가신도를 구분하여 종교성을 감추려고 했으며, 신사참배는 국가에 애국충정을 나타내는 국가 의례임을 강조했지만, 국가신도 자체가 종교의 요소를 가지고 있었다. 그러므로 조선의 기독교인들은 신사참배 강요를 우상숭배를 강요하는 것으로 이해하고 처음부터 거부하는 태도를 보였다. 그러나 정부가 적극적으로 나서서 신사참배가 국민의례임을 선전해왔고, 또한 교회의 지도자들을 포섭하여 거듭 거듭 설득함으로써, 소수의 신사참배 반대파를 제외하고, 대다수의 조선 교회들은 신사참배를 하게 되었다. 그리고 처음에는 신사참배를 거부하여 오던 장로교 총회가 신사참배를 결의하고, 솔선하여 총회의 임원들이 신사참배를 함으로써, 조선 교회는 역사 속에 큰 오점을 남기게 되었다. 조선기독교 총회의 신사참배 결의와 신사참배 행위는 신앙적인 관점에서 보면, 천황을 신으로 섬기는 우상숭배 행위요, 정교분리 관점에서 보면, 종교의 자유로서 독립권과 자율권을 포기하는 정부권력에로의 종속이요, 민족주의 관점에서 보면, 조선의 독립성과 민족성의 포기였던

---

467 지맹장은 노회장이 맡고, 이사는 각 교회의 당회장이 맡았으며, 또한 각 교회의 당회장은 애국반장을 당회원은 애국반 위원을 맡았으며, 집사는 평위원이 되었다. 정태식, "1930년대 이후에 일제의 종교정책에 대한 일 고찰-대구 경북지역 기독교 관련 공문서를 중심으로-," 『대구사학』78집, (2005. 2), 165.

것이다. 즉 신사참배 결의 후에 조선 교회는 철저하게 일본정부에 예속되고 정부의 도구 노릇을 했던 것이다.[468]

이를테면 1938년 9월 10일 제 27회 장로교 총회에서 전국에서 모인 총대들이 만장일치로 신사참배 결의를 한 후에 조선총독부 경무국 보안과 사무관 하야시(森浩)는 다음과 같이 말했다.

> 이 기운을 타고 이 파도를 타서 해결의 발걸음을 내디디는 것이야 말로 가장 시의에 적당하며, 또한 효과 있는 방법이 아닐까 생각하는 바이다. 시국 하에 기독교의 나아갈 길은 이미 분명이 보여 지고 있다. 교도는 이 목표를 향해서 지체하거나 의심함이 없이 나아갈 뿐이다. '자물쇠가 열린 문이 우리 앞에 놓여있다.'[469]

하야시의 이 말이 무엇을 의미하였는지는 일본정부가 신사참배 가결 이후에 어떻게 조선의 기독교를 정부에 예속시키고 정부의 정책 시행을 위한 도구로 사용하였는지를 보면 알 수 있는 말이다. 신사참배는 그동안 포교규칙과, 사립학교 규칙 등, 기독교 통제 정책을 통해서 서서히 기독교를 길들여 오던 일본정부가 이제는 조선의 기독교를 완전히 국가기관으로 복속시켜 전시체제에 일본의 정책수행의 도구로 이용하기 위해서 철저히 계산된 조처였던 것이다.

이러한 일본 정부 당국자들의 조선의 기독교에 대한 의도는 총회 전후의 조선기독교연합회 대회에서 미나미(南次郎) 총독의 연설에서도 잘 나타난다. 미나미는 1938년 7월 7일 조선기독교 연합회 대회 축사에서, 교회의 진흥에 힘써야 할 일은 '우리 국체의 본의에 철저하고 일본정신을

---
468 『장로교신학대학교 100년사』, 윗글.
469 朝鮮總督府, 『朝鮮』 (1938. 11), 70-71.

구현하는 것이라.'[470]고 하였고, 1939년 6월 3일, 전국신도대회의 축사에서는 '종교선포의 방책의 근본은 국체를 배양하여 국가의 진전에 공헌하는 것이 되지 않으면 안 된다.'[471]고 하였고, 1939년 7월 8일 조선기독교연합회 제 2회 총회의 총독 고사에서는 교회가 국가의 목적을 위해 여론을 조성하고 전파하는 국가의 기구가 되어야 함을 강조하였다.[472]

일본정부는 조선의 기독교 안에는 조선 민족주의자들이 상존해 왔으며, 기독교가 종교상의 문제에 그치지 아니하고 항상 정치적 문제에 관여해왔다고 알고 있었으며, 따라서 이러한 조선의 기독교를 완전히 민족주의와 결별시켜서, 독립운동과 같은 정치적인 활동에 다시는 발을 들여놓지 못하게 하고, 더 나가서는 기독교를 정부의 정책수행을 돕는 하수인이 되고 선전자로 만들기 위해 신사참배를 강요했던 것이다. 이러한 목적을 위하여 신사참배를 강요하는 과정에서 일본정부는 철저하게 종교의 자유를 탄압했고, 정부가 종교를 완전히 복속시킴으로써 정교분리의 원칙이 완전히 상실되어 버린 것이다.

신사참배가 명백한 종교행위요 우상숭배임이 드러났는데도, 일본정부는 정교분리 원칙을 내세우며 정부의 기독교정책에 대해 비판하거나 항의하지 못하도록 금지시켜놓고 신사참배를 강요해서 기독교를 일본정부에 예속시켜 버린 것이다. 그러므로 조선의 기독교가 신사참배를 결의하고 참배행위를 하는 순간 조선 교회는 선교사들이 미국에서 체득하고 전해주었던, 정부의 압력과 탄압 그리고 간섭을 배제하는 그래서 종교의 자유가 완전히 보장되는 의미의 정교분리원칙과 인간 양심의 판단에 의해서 자유롭게 믿음의 대상을 선택하는 인권의 보루로서의 정교분리는 폐기처분되어 버리고 철저하게

---

470 朝鮮總督府, 官房文書課 編 『諭告 訓示 演說總攬』, (朝鮮行政學會, 1941), 706.
471 윗글, 709.
472 윗글, 710.

권력에로의 예속이 되어 버린 것이다.

## 6. 조선교회의 정교분리원칙 폐기와 국가예속

사이토 마코토(齋藤實) 총독의 후임으로 1931년 6월 17일 제 6대 조선총독으로 부임한 우가키 가즈시케(宇垣一成)는 이른바 '내선융화'라는 구호를 내세워 종래의 동화 내지 일본화 정책을 더욱 강화하였다. 우카키 총독의 '내선융화'정책은 후임 미나미(南次郞) 총독시대에 들어와서는 '황민화운동'으로 이어진다. 1936년 8월 5일 제7대 총독으로 부임한 미나미 지로는 조선군사령관(1929년)과 육군대신(1931년), 관동군사령관 겸 만주국 특명전권대사(1934년)를 역임했던 인물로 한국인에 대한 정신적 테러라고 할 수 있는 '동화정책'의 극단적인 형태인 '황민화정책'을 적극적으로 추진했다. 그가 가진 조선통치의 2대 목표는 자신의 임기 안에 천황을 내방하도록 하는 것과 조선에 징병제를 실시하여 조선의 청년들을 그들의 침략전쟁에 동원하는 것이었다.[473] 그는 천황제 이데올로기를 주입하여 조선인을 모두 '충량한 제국신민'으로 만들기 위해서 학교는 물론 교회에까지 신사참배를 강요하여, 바로 이 총독 재임기간에 극단적인 종교탄압과 통제가 이루어져, 기독교계 학교들은 대부분 폐교되고, 외국 선교사들은 선교를 포기하고 귀국하거나 추방당했다.

### 1) 미나미의 조선인 황민화정책과 선교사 추방정책

1935년부터 일제는 본격적으로 조선인을 일본화 하는 것을 국정의 목표를 삼고 조선인에게 일본정신을 주입시키는 일에 심혈을 기울였다.

---

[473] 김승태, "제7대 총독 미나미지로(南次郞)," 『조선총독10인』, (서울: 가람기획, 1996), 183-191.

그리고 일제는 이 목표를 이루기 위해서 조선의 백성들에게 신도 즉 천황제 이데올로기를 주입시키는 구체적인 사업을 전개해 나간다. 그래서 그해 5월에는 정무총감도 각 도지사에게 "학교에서 경신숭조(敬神崇祖)의 념(念) 함양 시설에 관한 건"이라는 통첩을 하여 학교교육에서 "경신숭조"라는 신도 내지 천황제 이데올로기의 주입을 위한 가미다나(神棚)의 설치를 독려하였다.[474]

조선 총독부는 이러한 신사숭경을 제도적으로 뒷받침하기 위하여 1936년 8월 1일 '천황'의 칙령으로 '1면 1신사 정책'을 추진하여 전국 각지에 신사의 건립을 장려하였던 것이다.[475] 뿐만 아니라 파출소, 주재소 등 관공서나 학교에 신궁대마(神宮大麻)를 넣어두는 간이 신사라고 할 수 있는 가미다나(神棚)을 설치하게 하더니, 마침내 관할 행정 기구들을 통하여 일반 민가에까지 신궁대마를 강매하고, 가미다나를 설치하여 아침마다 참배하도록 하였다.

조선 총독부는 1937년 7월 중일전쟁의 발발을 전후하여 종교계를 더욱 철저히 통제하여 전쟁 협력에 이용하고, 이에 거슬리는 종교단체나 개인에 대해서는 가차 없이 탄압하는 정책을 본격적으로 실시하였다.[476] 이 시기에는 지금까지의 법령이나 종교계 지도층의 회유를 통한 간접 통제 방식을 벗어나 행정력과 경찰력을 동원하여 개개 종교단체나 개인들까지도 직접적인 강압과 통제 탄압을 실시하였던 것이다.

1930년대 중반이후 조선 총독부로부터 가장 극심한 탄압을 받았던 종교계는 신사참배를 거부했던 기독교계였다. 1930년대 이전에는 일제의 선교사들에 대한 태도는 유화적이었다. 20세기 초 한국을 식민지화하는

---

474 朝鮮神職會 編, 『朝鮮神社法令輯覽』, (京城:帝國地方行政學會朝鮮本部, 1937), 353-355.

475 每日新報, 1936. 8. 2.

476 김승태, "전시체제하 조선총독부의 종교정책과 기독교계의 부일 협력 활동, 1937-1945," 『한국기독교역사연구소소식』제54호 (2002. 6), 37.

과정이나 식민지 지배체제를 확립해 가는 과정에서는 일본이 서구 제국들과의 협력관계에 있었고, 선교사들의 도움이 필요했으므로 이 선교사들을 후대하여 회유 이용하고자 했기 때문이다.[477] 그러나 1930년에 들어서 영·미와의 관계가 악화되고 외부의 지지가 없어도 식민지 경영이 가능한 상황이 되자 오히려 선교사들이 짐이 되었다. 따라서 일제는 점차 선교사들을 적대시하고 선교사와 한국교회를 분열시키는 분열정책과 탄압정책을 실시하였다. 일제는 한국교회에 대한 통제를 강화시키며, 한국교회를 일본 기독교에 예속시켜서 일제의 통제에 순응하게 하려고 한국교회에 대한 선교사들의 영향력을 배제시키는 일을 도모하게 되었다. 1930년대 선교사들이 경영하는 기독교계 학교에서 신사참배를 거부하자 일제는 이를 선교사들의 사주에 의한 것으로 몰아 '완미(頑迷)한 외인 선교사'라 비난하면서 반선교사 여론을 부추겼다.[478] 한편, 1920년대 이후 선교사들의 교권 장악을 싫어하여 일어난 이른바 '조선적 기독교' 수립을 표방하던 한국교회내의 자생적인 반선교사운동까지 부추기면서, 한국 교회와 선교사간의 친밀한 유대관계를 분열시키고자 하였다. 중일전쟁 이후 이러한 경향은 더욱 뚜렷해져 노회, 총회에 압력을 가하여 선교사들의 활동을 배제시켰다.[479]

이러한 일제의 방해, 분열 공작으로 선교사들의 활동에 제약을 가져왔으며 교육활동과 선교활동이 부진하게 되었고 겨우 의료 활동에만 그 명맥을 이어갔다. 그러나 이러한 의료 활동마저 1940년부터 탄압을 받아

---

[477] 강동진, 『일제의 한국 침략정책사』(서울: 한길사, 1984), 71-111. 참조.
[478] 『경성일보』1938. 9. 14, "頑迷한 外人 宣敎師團側이 神學校의 廢校聲明"; 『조선신문』1938. 9. 15, "頑迷한 外人 宣敎師 神社參拜에 抗議"
[479] 김승태, 윗글, 39.

대부분의 기독교병원이 문을 닫았다.[480] 뿐만 아니라 미. 일 관계의 악화로 점차 모든 외국인들을 적성(敵性)적국국민으로 취급하여 감시 탄압하였고, 일부 선교사들은 간첩혐의로 구속되어 허위 자백을 강요받았다. 결국 10월 일본의 미국에 대한 전의(戰意)가 표면화되자, 본국 정부의 훈령에 따라 대부분의 선교사들이 철수하였다.[481] 이후까지 남아있던 몇몇 선교사들은 태평양전쟁이 발발하자 일제에 억류되어 갖은 탄압을 당하다가 1942년 포로 취급을 받아 일본인과 교환되었다.[482]

이와 같이 조선의 기독교에서 선교사의 영향력을 완전히 배제시킨 일제는 기독교계에 대한 예속과 통제를 강화하여 그들의 통치에 이용코자 하였다. 그리하여 일제에 굴복한 친일적 기독교 지도자들을 포섭하여, 소위 '일본적 기독교 확립'이라 하여 기독교의 변질을 강요하고 '종교보국'이라 하여 전쟁협력을 강요하였던 것이다. 이것은 이노우에 다케시(井上毅)의 종교를 보는 관점 즉 국가는 종교를 국가의 목적과 정책 수행을 위한 도구로 활용한다는 사상을 그대로 적용한 것이다.[483]

신사참배문제가 절정에 이르렀던 1938년 2월 조선총독부는 이른바 '기독교에 대한 지도 대책'이라는 것을 마련하였다. 그 주된 내용은 다음과 같다.

> 예수교 교역자 좌담회를 개최하고 이 교역자들은 먼저 지도 계몽하고, 그다음 이 교역자들을 통하여 일반 신도들을 계몽하도록

---

480 G. T. Brown, *Mission to Korea*, 161.
481 H. A. Rhodes, & A. Campbell, *History of Korea Mission*, Vol. 2, (New York : The United Presbyterian Church in the U.S.A., 1964), 18.
482 윗글, 24.
483 中島三千男, 『國家神道』 윗글, 41.

할 것, 교회당에 국기 게양 탑을 건설하게 하고, 축제일이나 이유 있는 경우에는 국기를 계양하게 할 것. 예수교인들에게 국기에 대한 경례, 동방요배, 국가봉창, 황국신민의 서사제창 등을 실시하게 할 것. 아울러 전승축하회. 출정황군의 환송영 등 국가적 행사에는 일본 민중과 마찬가지로 적극적으로 참가를 종용할 것. 찬미가 기도문 설교 등으로 그 내용이 불온한 것에 대하여는 출판물의 검열 및 임감(臨監)등에 의하여 엄중 단속할 것. 당국의 지도 실시 때에 그것을 즐기지 않는 완미(頑迷)한 교도로서 부득이한 경우에는 관계 법규(행정집행령, 경찰범 처벌규칙 기타)를 활용하여 합법적으로 조치할 것 등이다.[484]

일본정부는 조선 교회에 위의 '기독교 지도 대책'을 시달한 후에 이 일에 철저를 기하기 위해 경찰력을 동원하였다. 총독부 경무국을 통해서 이 시책을 홍보, 이해시키는 일을 하게 하였고, 각도를 순회하며, 시국 좌담회와 교역자 좌담회를 반복하여 개최하였다. 이렇게 했는데도 교역자들이 그들의 권고를 따르지 않을 경우에는 여러 가지 처벌 법규를 적용하여 체포, 고문, 투옥까지 하였다. 일제가 이런 대책까지 만들어 실시한 것은 이른바 '국체에 적합한 야소교'를 만들게 함으로써 기독교의 변질을 강요하여 그들의 침략정책 수행에 이용하고자 하였던 것이다.

이런 정책은 모두 기독교를 노골적으로 억압하여 서구 선교사와의 관계를 끊게 하고 고립시켜 일제의 황민화정책 및 침략전쟁 수행에 순응 협력하도록 하기 위함이었다. 일제는 이러한 정책을 바탕으로 여기에 '일본적 기독교'라 하여 기독교 신앙의 본질까지 변질시켜 기독교를 그들의 정책을 원활하게

---

484 朝鮮總督府警務局,『最近に於ける朝鮮治安狀況』, (京城: 朝鮮總督府 警務局, 1936), 影印本, (東京: 巖南堂, 1978), 390-391.

수행하도록 충실히 순응 협력하는 일종의 어용 교화기구로 삼으려는 정책을 강력히 추진하였다. 심지어 일제의 패전 직전에 일본군 지도부는, 연합국군의 공격시 한국 기독교인들이 연합국을 도와 줄 것을 두려워하여 한국기독교인들을 1945년 8월 중순경에 학살할 계획까지 세우고 있었다.[485]

조선총독부의 이러한 기독교에 대한 탄압 통제정책은 전시체제와 함께 '황민화 정책'을 강력히 추진하였던 미나미 총독이 1938년 10월 7일 "제3회 기독교조선감리회 총회"와 1938년 10월 17일 "시국 대응 기독교장로회"에서 한 다음과 같은 연설에서도 분명하게 드러나고 있다.

> 현재 우리나라(일본)는 동양 평화 옹호의 대 사명을 수행하기 위하여 국민 총동원 하에 시국에 대처하고 있는 때인데 대일본국민인 자는 그 신앙하는 종교의 여하를 불문하고 일제히 천황폐하를 존숭하여 받들고 선조의 신기(神祇)를 숭경하고 국가에 충성을 다해야 하는 것은 말할 필요도 없는 바로써 신교(信敎)의 자유는 대일본국민인 범위에서만 용인되는 것이며, 그러므로 황국신민이라는 근본정신에 배치되는 종교는 일본 국내에서는 절대 그 존립을 허용하지 않는 것입니다. 이는 비상시와 평시를 불문하고 국민으로서 힘써야 할 당연한 의무입니다. 여러분은 이 점을 아시고 이른바 종교보국의 길에 매진하도록 하지 않으면 안 된다고 생각합니다.[486]

일제는 1937년 7월 7일 그들이 도발한 중일전쟁이 예상과는 달리 장기화될 조짐을 보이자, 사회를 더욱 통제하여 모든 가능한 인적 물적 자원을

---
485 한석희, 윗글, 185.
486 朝鮮總督府 官房文書課 編, 『諭告, 訓示, 演述總攬』朝鮮行政學會, 1941. 707.

동원하여 침략전쟁을 효과적으로 수행하기 위한 체제를 갖추어가기 시작하였다. 그리고 일제는 한국의 교회조직까지 이 전쟁 수행을 위한 동원체제로 재구성하였다. 일제는 기존의 기독교계 기관과 기구들을 그대로 두고서는 그들의 목적을 달성할 수 없었기 때문에 기독교계 기관들에 대해서도 변질과 개편을 강요했다. 특히 그들의 통제를 잘 따르지 않는 기독교 연합기관이나 국제기구와 연결된 기관들을 해산시키거나 국제기구에서 탈퇴하게 하고 일본에 있는 동일계열의 기구 산하에 예속되도록 하였다. 이러한 일제의 압력에 따라 1938년 5월 18일 장로교 계열의 면려청년회 조선연합회가 해소를 결의하고, 지방연합회도 해소하도록 공문을 보냈다. 이어서 6월 7일에는 기독교청년회 조선연합회가, 그리고 그 다음날인 8일에는 여자기독교청년회 조선 연합회가 국제연합회에서 탈퇴하여 일본연합회에 가입하기로 결의하였다.[487] 그리고 조선 주일학교연합회도 6월 21일 총회를 열어 해산을 결의하고 미국에 본부가 있는 세계 주일학교연합회와 장로회와 감리회 상회에도 통보하였다.[488] 그리고 내한 장감 선교부들과 기독교계 연합기관들을 회원으로 하던 에큐메니칼 기관인 조선 예수교연합공의회를 무력화시키고 체제순응적인 기독교기관을 만들기 위해 일선간친회 계열의 친일적인 인물들을 지원하여 1938년 5월 8일 경성 부민관에서 조선(경성) 기독교연합회를 조직하게 하였다.[489] 그리고 지방 주요 도시에도 지부를 결성하도록 권유하는 공문을 보내어 전국적인 기구로 확대하여 중일전쟁 발발 1주년이 되는 7월 7일에는 미나미 총독이 직접 참석한 가운데 조선기독교연합회를 결성하게 하였다.[490] 결국 일제 당국의 강력한 지원을

---

487 『기독교보』1938. 6. 14. "비상시국에 감하야 면청, 기청 각연합회를 해소"
488 『기독교보』1938. 6. 28. "조선 주일학교 연합회 해산"
489 『기독교보』1938. 5. 17. "조선기독교연합회 탄생" 그 회칙에 따르면 이 단체의 목적은 "기독교의 단결을 도모하고, 황국신민으로서 보국의 성을 다하는 것"이었다.
490 朝鮮總督府 警務局, 윗글, 400-404.;『조선감리회보』1938. 7. 16. "조선기독교연합회 결성"

받은 이 단체가 세력을 얻게 되자 그해 9월 조선예수교연합공의회는 해산을 결의하고 말았다.[491]

## 2) 조선 기독교의 일본정부 예속과 도구화

일본이 조선을 병합한 이후에 일관된 기독교정책은 교회의 통제와 자유로운 활동의 제약이었다. 또한 일본정부의 기독교에 대한 최종적 목표는 기독교를 일본정부의 국정과제와 정책수행을 위한 백성들을 교화하는 도구로 만드는 것이었고, 종교의 자유를 허용해 주는 정부에 대해 종교보국을 하게 하는 것이었다. 그래서 교회를 통제할 목적으로 포교규칙이나 사립학교법과 사립학교 개정법을 만들어 시행하면서 기독교계 학교에서 종교 예식과 종교교육을 금지시키더니, 중일전쟁 이후에는 교회를 국민을 교화시켜 충량한 신민을 만드는 국가교육 기관으로까지 활용한 것이다. 그리고 전쟁이 어렵게 되자 이제는 교회를 전쟁수행에 필요한 인적자원을 동원하기 위한 선전도구로 사용하고, 더 나가서는 물자공급처로까지 이용하기에 이르렀다. 이러한 일본정부의 정책에 따라서 한국교회는 일본정부에 소극적인 순응을 하는 것이 아니라 적극적인 전쟁의 도구가 되어 조선의 젊은이들을 전쟁으로 내 몰고, 교회의 문짝을 뜯어내고, 종을 떼서 전쟁의 물자로 헌납하고, 살인병기인 전투용 비행기를 만들도록 헌금을 하였다.[492] 그 결과 한국교회는 일제 식민지 시대의 확실한 부일단체요, 친일단체로서 부끄러운 자리매김을 하게 되는 것이다. 일제 말 전시체제하에서 한국교회가 부일활동을 하고 친일 행위를 한 것은 살펴보면 다음과 같다.

1938년 10월 5일부터 열린 감리회 제 3회 총회기간중인 10월 7일 시내 20여 교회 7천여 신도학생들과 함께 이른바 '애국일' 행사를 갖고, 조선신궁까지

---

491 森浩, 윗글, 70.
492 『조선예수교장로회 제 30회 총회 회록』(1942), 50.

단체로 참배하였다. 교파적 차원에서 부일 협력이 시작된 것이다. 장로교도 이에 뒤질세라 1938년 10월 17일 3천여 명이 모여 '시국대응 기독교장로회 신도대회'를 열고 미나미 총독의 훈화를 듣고 조선신궁에 찾아가 참배하고 일본군의 '무운장구'를 기원하였다.[493]

일제는 이러한 신사참배 이외에도 각 교단 내에 국민정신총동원연맹이나 국민총력연맹의 교단 차원의 하부기구들과 지교회까지 애국반을 조직하도록 하여 부일협력을 강요하였다. 당시 가장 큰 교세를 자랑하고 가장 반일적이었다고 하는 장로교도 1939년 제28회 총회에서 '국민정신총동원 조선장로회연맹'을 조직하고, 이듬해 총회에서는 이 연맹 이사장 윤하영, 총간사 정인과 목사의 명의로 다음과 같은 사업 실적 보고를 하고 있다.

> 우리 장로교 교우들이 다른 종교단체보다 먼저 시국을 철저하게 인식하고 성의껏 각자의 역량을 다하여 전승, 무운기도, 전사병 위문금, 휼병금 국방헌금, 전상자 위문, 유족 위문 등을 사적으로 공동 단체적으로 활동한 성적은 이하에 숫자로 표시되었습니다. 애국반원들의 활동의 소식을 들을 때… 이만하면 하는 기쁨을 가지게 되었습니다.[494]

이는 타교파나 타종교와 경쟁적으로 부일협력을 하면서 그 성과에 자부심을 느낀다는 말이다. 이어 1940년대에 들어와서는 전투기와 기관총대금을 헌납하고, 심지어는 교회의 종까지 떼어 바쳤으며, 말기에는 교회도 통폐합하여 폐지된 교회의 건물과 부지도 처분하여 바쳤던 것이다.

---

493 『매일신보』 1938. 10. 19. "장로교도 3천명이 신상제에 애국행진, 본부 대 광장에서 남총독의 격려를 받고 신궁에 참여하야 무운기원"
494 《조선예수교장로회 총회 제 29회 회록》, 1940, 87-94.

일제의 전쟁승리를 위해 적극적인 협력을 한 것은 감리교회도 마찬가지이다. 1941년 3월 4일에는 국민총력 조선기독교감리회연맹 주최로 시국대응 신도대회를 열어 혁신요강의 실천과 고도국방국가 완성에 매진할 것을 선언하였다. 1942년 2월 13일에는 통리자 정춘수 목사의 명의로 각 교구장에게 '황군위문 및 철문헌납의 건'이라는 공문을 보내 '교회의 철문, 철책은 물론 교회종도 헌납하여 성전(聖戰) 완수에 협력할 것'을 지시하였다. 그 밖에도 정춘수 통리는 1944년 3월 3일 교단 상임위원회에서 '애국기 헌납 및 교회의 병합 실시에 관한 건'을 통과시켜, 교회를 통폐합하여 전쟁 물자를 낼 것을 결의하였다.[495]

교회적 차원의 부일행각 이외에도 일제는 기독교계 지도자들을 시국강연회 연사와 각종 어용단체 조직원으로 동원하여 이용하는가 하면, 그들의 이름으로 친일논설을 언론에 게재하도록 하기도 했다. 예를 들면 1937년 9월에 실시한 시국순회강연에는 신흥우, 유형기, 윤치호, 박희도, 차재명 등 쟁쟁한 기독교계 인사들이 동원되었고, 이듬해 10월에 기독교 청년회관에서 개최된 전쟁협력 연설에도 정춘수, 차재명, 박연서, 이동욱, 홍병천 목사 등이 연사로 참여하였다.[496] 이런 사람이 해방후에는 애국지사인척하고 대통령 후보로까지 출마하였던 것이다.

그리고 김활란, 유각경, 박마리아, 박인덕 등 여성 기독교인들도 징병제 실시에 대한 지지 논설 및 강연에 동원되었고, 전쟁협력과 황민화운동의 선봉에 섰던 임전보국단의 간부로 윤치호, 신흥우, 유억겸, 구자옥, 오긍선, 양주삼, 정인과, 정춘수, 박인덕, 황신덕, 채필근, 박희도 등 적잖은 기독교인들이 동원되었다. 신흥우는 '조선을 사랑하는 것은 일본제국을 사랑하는 것이며, 그리스도인은 종교인이기 전에, 조선인이기 전에 우선 일본인이라는

495 김승태, 윗글, 43.
496 윗글, 44.

것을 망각해서는 안된다.'고 하면서 '천황폐하의 적자로서 오직 일본을 사랑하라. 이것이 조선 기독교의 국가적인 사명'이라고 말했다.[497] 그들은 민족의 지도자들로서 더욱이 기독교인으로서 그런 행위를 하는 것이 옳지 못한 처신이라는 것을 모르고 있었던 것은 아니었다. 우리나라의 대표적인 여성 고등교육기관이었던 이화여전의 교장으로 있던 김활란은 그의 회고록에서 이렇게 말한다.

> 1944년 여름 나는 그들에게 끌려서 징병유세를 다녀야 했다. 나는 살이 떨리고 양심이 질식할 징병유세를 하지 않을 수 없었다. 한 마디 한 마디가 나의 영혼을 새까맣게 물들이 듯 나를 어둡게 해주었다. 나는 그렇게 질질 끌려 다니면서…… 이러한 일마저 하지 않을 수 없게 된 나의 처사를 거의 후회하기까지 했다. 그해 겨울 나는 심한 안질을 얻고야 말았다.…광명을 가리우는 나의 병은 당연한 형벌처럼 느껴졌다. '내가 남의 귀한 아들들을 죽는 길에 나가라고 권고했으니 나 장님이 되어도 억울할 것 없지… 남의 밝던 마음 어둡게 하고.…' 나는 나 스스로에게 선고나 하듯 계속해서 중얼거렸다.[498]

이와 같이 일제의 집요한 강요와 협박과 또한 당시 조선 기독교 지도자들의 연설과 설득에 힘입어, 조선의 기독교계는 조직적으로 일본의 침략전쟁에 동원이 되고 일제의 충성스러운 도구로 이용되었다.

이렇게 일제에 의해 전쟁을 돕는 도구로 이용된 것은 교회 조직의 상급회의 기관인 총회나 노회뿐만이 아니다. 상급기관의 결의에 따라 전국 각 지방과

---

[497] 신흥우, "조선기독교의 국가적 사명"『동광지광』1939년 2월호.
[498] 김활란, 『그 빛 속의 작은 생명』(서울: 여원사, 1965). 225-227.

마을에 세워져 있는 교회들까지도 애국반을 조직하여 황국신민으로서 충성을 다한 모습을 보였던 것이다. 일제 말기에 한국교회의 조직적인 친일행각을 살펴보면 다음과 같다.

1938년 9월 10일 제 27회 장로회 총회에 평양, 평서, 안주 3노회 연합대표 박응률이 "신사참배 결의 및 성명서 발포"를 제안하여 당시 홍록기 목사가 선교사들의 반대 발언을 무시하고 불법적으로 가결을 선포하였다. 그리고 더 나아가서 이를 확실히 하기 위해서부회장과 각 노회장들이 총회를 대표하여 즉시 평양신사에 참배를 실행하기로 가결하였다.[499] 더욱이 이때 가결한 성명서에는 신사참배를 솔선하여 힘써 할 뿐만 아니라, 나아가서 "국민정신총동원에 참가하여 비상시국 하에서 총후 황국신민으로써 적성을 다하기로 기함"[500]이라 하여 전쟁 협력을 약속하였다. 이때 발표한 성명서는 그 내용상 소극적인 순응을 천명한 것만이 아니라, 일제에 대한 적극적인 협력을 약속한 전향성명이나 다름이 없었다. 이처럼 교회 공동체가 일단 개인의 생존이나 교회의 존립을 위하여 일제에 굴복한 이후에는 그들의 전쟁협력 도구가 되지 않으면 안 되었으며, 민족과 신앙의 양심을 저버리고 일제에게 충성을 입증해 보이지 않을 수 없었던 것이다. 이후 장로교는 일제의 교화의 기구와 협력 단체 중 하나로 전락하여 거듭되는 파행의 길을 걷게 되었다.

따라서 1939년 9월 8일부터 신의주 제 2예배당에서 열린 제 28회 총회에서는 총회중인 11일에 '국민정신총동원 조선 예수교장로회 연맹'을 결성하고,[501] 총회장 윤하영 목사가 이사장으로, 총회에 참석한 각 노회장이 이사로, 나머지 총대들은 평의원으로 임명되고, 총간사는 정인과 목사가

---

499 『조선예수교장로회 총회 제27회 회록』, 1938. 9.
500 윗글.
501 『조선예수교장로회 총회 제28회 회록』, 1939. 16-17.

맡게 되었다. 그리고 이어서 1939년 9월 28일 해주읍 교회에서 결성된 항동노회 지맹을 시작으로[502] 각 노회별로 노회장을 이사장으로 하는 노회 지맹이 결성되어 총회연맹의 지시사항을 수행하고 보고하였다. 그리고 노회 지맹 결성에 이어서 각 교회별로 애국반이 조직되었다. 애국반의 반장은 담임목사가 맡았고, 반위원은 당회원이, 평의원은 제직들이 맡았다.[503]

1940년 9월 6일부터 13일까지 평양 창동예배당에서 열린 제 29회 총회에서는 곽진근 목사가 총회장에, 최지화 목사가 부회장에 피선되었다. 더욱이 이 총회에서는 총독부 당국의 '지도에 순응'하여, 헌법의 개정, 중앙상치위원회 설치 등을 결의하였다.[504] 이 위원회는 평소에 총회의 기능을 수행하는 것으로 총회장이 그 위원장이 되고 총회 서기가 그 서기가 되어, 총독부 명령을 원활히 수행하기 위한 조직이었다. 이 상치위원회는 1940년 10월 3일에 간담회를 열고, 총독부 보안과장 후루가와(古川兼秀)와 관계자들 경기도 경찰부 고등경찰과장 기타무라(北村留吉)의 지도를 받았고,[505] 그 후 총회장 곽진근 목사가 일본교회의 상황을 돌아보기 위하여 잠시 일본에 다녀온 후, 장로회 총회간부들과 함께 이른바 "조선예수교 장로회 혁신요강"이라는 것을 정하여 각지의 상치위원들에 의견을 구한 다음 1940년 11월 10일 총회장의 담화와 함께 이를 발표하였다. 이후부터 조선 교회는 일본 정부의 부속 기관으로 전락하여 철저하게 친일의 길을 가게 되었다.

일본은 민족에 대한 자존감이 강하고 독립운동의 온상의 역할을 해왔던

---

502 『장로회보』1940. 2. 14., "국민전신총동원 총회연맹, 각 노회지맹 결성, 황동노회지맹", 이러한 노회지맹의 결성은 1940년 3월 20일에 평양 연화동 교회에서 결성된 평양노회지맹을 끝으로 26개노회 전체에 결성되었던 같다. 장로회회보』1940. 4. 10., 조선예수교장로회 총회 제29회 회록』1940., 89.

503 『장로회보』1940. 1. 24. "국민정신총동원 조선예수교장로회 교회 애국반 규약"

504 『조선예수교장로회 총회 제29회 회록』1940., 12.

505 김승태, "일제 말기 한국기독교계의 변질. 개편과 부일협력" 『한국기독교와 역사』제 24호, (2006.), 18.

조선 교회를 통제하고 탄압하기 위하여 포교규칙과 사립학교법, 그리고 신사참배를 강요하여 교회의 신자들이 신교의 자유를 제한하였고, 그들이 가지고 있던 종교관에 따라 조선의 기독교를 일본정부의 정치적 목적을 달성하기 위한 도구로 전락시켜서 일제 말에는 교회가 일본정부의 선전장이 되고 전쟁의 도구가 된 것을 볼 수 있다.

우리가 이상에서 살펴본 바와 같이 일본정부가 1930년대에 조선 교회에 신사참배를 강요할 때 미국 선교사들은 학교를 폐교하지 않고 운영해 보려는 목적으로 신사참배를 국가의례라고 말한 정부의 견해를 그대로 수용한 몇 사람을 제외하고는 거의 모든 선교사들이 신사참배를 거부하였다. 이에 반하여 조선의 기독교인들은 소수의 사람들만 신사참배 거부운동에 앞장섰고, 나머지 모든 교회와 교회 지도자들은 신사참배를 하고 말았다. 장로교의 경우 총회에서 신사참배를 결의하고 총회 임원들이 앞장서서 신사참배를 하였다.

그런데 이때의 조선교회의 신사 참배는 신앙적으로는 하나님 외에 일본의 천황을 신으로 섬기고 절한 우상숭배의 죄에 해당하고, 종교의 자유와 정교분리 원칙의 관점에서 보면, 종교의 자유를 포기하고 정교분리원칙을 폐기처분한 것이며, 정부에 밀착되어서 순응하는 교회로 전락해 버린 것이며, 민족주의 관점에서 보면 자율적이고 독립된 조선임을 포기하고 일본 황제의 서자가 되었음을 행동으로 보여준 것이다. 그리고 전시체제 하에서 친일하고 부일 한 행위는 조선 교회가 하나님의 은혜와 도움으로 교회가 세워지고 성장해 온 것을 인정하지 아니하고 일본 천황의 은덕으로 된 것임을 고백하고 그 은덕에 보답하는 일본 황제의 충직한 일꾼들이 되었음을 나타내는 행위였던 것이다.

일본정부가 조선교회에 신사참배를 강요하고 전시 동원 체제에 편입시킬 때, 조선 교회는 정부의 명령에 순종하며 따를 것이 아니라 오히려 선교사들이 전해준 교회의 정교분리원칙을 내세우며 일본정부의 정책을 거부하고 항거했어야 한다.

제8장

로마서 13장 해석과
민주주의 발전의 연관성

# 제 8 장  로마서 13장 해석과 민주주의 발전의 연관성

로마서 13장은 정부에 대한 불가침의 복종의무인가, 아니면 민주주의 국가를 세우는 신학적 근거인가? 로마서 13장 1-7절은 오랫동안 국가 권위의 정당성에 대한 성서적인 전거로서, 백성들에게 무조건 복종을 요구하는 규범의 근거로서 단면적으로 해석되어 왔다. 지금까지도 이 본문으로부터 '정치적 관직의 특별한 존엄성'과 그리스도인의 '정부에 대한 무제한·불가침의 복종의무' 가 도출되고 나아가 '생각할 수 있는 모든 형태의 정치적 저항'이 근저에서 배제되어 있다는 보수적인 해석이 끊이지 않고 있다.[506] 오스카 쿨만은 이 텍스트만큼 성서의 짧은 문장으로 많이 남용된 예가 없다고 지적했다. "그리스도인들이 예수의 복음을 따르려는 충성심에서 국가 정체성에 관한 요구에 반대하자마자 국가 대표들이 신약성서를 안다면 바울의 말을 인용하는 것은 상례였다. 이 구절은 그리스도인에게 전체주의 국가의 모든 범행을 받아들이고 협력하라고 명령하는 듯,"[507] 하다.

이와 같이 이 본문은 모든 권세를 하나님이 세웠다. 라는 내용에만 초점을 맞추어 해석하면 많은 악행을 저지르는 독재정권, 전체주의 국가에게 정당성의 신학적인 근거를 부여해 주지만, 한편으로 정부가 하나님에 의해서 세워졌고, 하나님이 정부를 세우는 목적이 백성들의 복지와 행복을 위함이다. 라는 내용에 초점을 맞추어 해석하면 정부의 권위는 정부에 권세를 주신 절대적인 하나님 앞에서 상대적인 것이 되어버린다. 그리고 정부가 하나님이 정부에게 권세를 주시는 목적에 어긋나는 불법을 행할 때, 하나님의 선하신 목적을 위해서 폐기되어야 한다는 논리가 성립된다. 그러므로 로마서 13장

---

506 국가와 종교, 미야타 미쓰오 지음, 23.
507 O. Cullmann, *Der Staat im Neuen Testament*, 2. A. 1961. S. 41. 미야타 미쓰오, 재인용.

분문의 말씀은 해석여부에 따라서 전체주의 국가나 불법적인 독재국가에 정당성을 부여하기도 했고, 전체주의 국가를 전복시키고 민주주의 국가를 세우는 신학적인 근거를 제공하기도 했다. 본 저자는 이 글을 통해서 로마서 13장 분문해석이 세계역사에서 민주주의 발전에 어떤 영향을 끼쳐왔는지 살펴보고자 한다.

## 1. 근대시대의 로마서 13장 해석

### 1) 왕권신수설

루터로부터 시작된 종교개혁은 영국에서는 청교도 혁명으로 미국에서는 미국 독립혁명으로 프랑스에서는 프랑스 혁명으로 발전하면서 근대 민주주의가 탄생하게 된다. 청교도 혁명은 국왕 찰스 1세(Charles 1, 1600-1649, 영국 스튜어트 왕조 제 2대 왕)를 폭군으로 단두에서 처형했다. 그런데 찰스의 아버지 제임스 1세(메리 스튜어트의 아들, 스코틀랜드 왕 제임스 6세였을 때)는 『자유로운 군주제의 진정한 벗』을 집필하여 왕권의 신성성을 주장했다. 그는 로마서 13장을 인용하여 군주의 신성적인 성격을 주장한다. 국왕은 '하나님의 일꾼'으로 세워진 권력이므로 백성은 모든 사항에서 왕이 하나님에게 직접 반대하는 것만을 제외하고 왕의 명령에 복종해야 한다고 말한다. 국왕은 하나님에 의해 자기들 위에 세워진 존재이므로 백성들은 국왕을 재판관으로서 두려워하고 아버지로서 사랑하고 보호자로서 그를 위하여 기도하며, 그가 선한사람이라면 오래 제위 하도록 악한 사람이라면 회심하도록 기도해야 한다. 그의 합법적인 명령을 지키고 불법일 때는 저항하지 말고 그의 분노에서 도피하고 물면서 눈물로 하나님께 호소하라고 말했다. 이러한 제임스의 주장에 대하여 백성들은 반감을 가졌고, 결국 그의

아들 찰스 1세의 파멸을 준비하는 일이 되고 말았다.[508]

## 2) 밀턴의 해석

청교도 혁명으로 찰스 1세가 처형되고 공화정이 들어서자 왕정을 지지하는 사람들 중에 살마시우스(Claudius Salmasius, 1588-1653)가 찰스 1세를 옹호하고 왕권신수설에 의한 왕권불가침성을 주장했다. 이에 대하여 밀턴은 『영국인을 위한 변호론』을 써서 살마시우스를 반박했고, 찰스 1세의 처단이 왜 정당한지를 변증했다. 이때 살마시우스가 로마서 13장을 인용하면서 '모든 권세는 하나님이 세우는 것이니 모든 시민은 권세자의 명령에 복종해야 한다.'고 주장하면서 왕권의 불가침성을 강조했는데, 이에 대해 밀턴은 로마서 13장을 살마시우스 와는 다른 관점에서 해석을 하였다. 밀턴은 로마서에서 권세에게 복종하라는 명령한 것은, 백성들에게 선을 행하고 백성들의 복지를 위해서 일하는 선한 권세자에게 복종하라는 뜻이지 백성의 생명을 경시하고 백성의 재산을 빼앗고 자기의 이익만을 위하는 권세자에게 복종하라고 한 것이 아니다 라고 주장했다.

밀턴은 원용한 절대주의에 대한 반론에서 로마서의 새 해석과 함께 '건전한 인간의 오성'에도 호소한다. 밀턴은 성서가 이 세상의 모든 권력을 하나님에 의해 세워진 것이라고 보지 않는다는 것을 말한다(예를들면, 계시록 13장). 따라서 하나님에게서 유래하지 않는 통치자나 통치의 형태를 구별하는 것이 중요하다. 그리고 바울이 '권세에게 복종하라.' 명령한 것은 원칙적으로 모든 권력을 말하는 것이 아니라 합법적인 권력에 대해서만 타당하다. 따라서 부패한 권력은 바울이 말하는 '하나님의 세우심'이란 특성을 갖지 않는다. 또한 하나님의 뜻에 반하는 타락한 권력에게 저항하는

---
508 미야타 미쓰오, 120.

자를 '하나님을 거역하는 자'라고 할 수 없다. 올바른 질서에 저항하는 자는 분명히 반역자이다. 그러나 복종할 근거가 없는 곳에서 복종하는 것은 '겁쟁이나 노예'에 불과하다. 성서는 국왕들이 하나님에 의해 세워졌음도 기록하고 있지만 하나님에 의해 퇴위 당했다는 것도 기록하고 있다.

살마시우스가 왕은 하나님에 의해서만 판단 될 수 있고, 하나님 외에 누구에게도 자신의 행위를 해명할 필요가 없다고 말하며, 왕은 자신이 원하는 대로 모든 것을 할 수 있고 법에도 종속되지 않는다고 주장할 때, 밀턴은 필로 유데우스(Philo Uudaeus)가 왕과 폭군을 구분했던 것을 내세우며 현실적으로 왕이 살인하고 강간하고 도시를 불태워도 관료나 국민들이 이를 묵인해야 하느냐고 물었다.

또한 밀턴은 독재권력에 기생하는 성직자들이 오늘날까지도 아전인수 격으로 빈번히 인용하는 구절, 즉 "그러므로, 가이사의 것은 가이사에게, 하나님의 것은 하나님께 바치라"고 하는 그리스도의 말씀을 상세히 해석한다. 한 데나리온의 돈은 시저에게 속했을지라도 시민의 자유가 그에게 속한 것은 아니라는 것이 밀턴의 주장이다. 시저이든 누구든 한 개인에게 우리의 자유를 넘겨주는 것은 하나님의 형상을 본떠 창조된 인간에게 가장 합당치 않는 치욕이라는 것이다.[509] 또한 밀턴은 '높아지고자 하는 자는 낮아지고 낮아지고자 하는 자가 높아진다.'는 그리스도의 가르침을 다음과 같이 왕권을 전면적으로 부정하는데 인용한다. "그러므로, 기독교인 가운데는 왕이 전혀 없거나 모든 사람의 종인 왕이 있을 것이다. 분명하게도 군림하는 자로서 기독교인이기를 바라는 자는 없을 것이기 때문이다.[510] 밀턴은 그리스도의 말씀을 근거로 기독교를 믿는 왕이 섬기는 종으로 백성을 위해 일한다면

---

509 Don M. Wolfe, eds. *Complete prose works of John Milton.* v.8, (New Haven : Yale university Press, 1982), 4.1, 376.
510 윗글, 379.

왕으로서 자격이 있는 것이지만 왕 된 사람이 백성위에 군림하고 백성의 것을 착취하고 백성의 자유와 인권을 짓밟은 일을 한다면 그는 하나님이 세우신 왕일 수 없다는 것이다.

한편 살마시우스가 "악한 왕조차도 하나님에 의해 기름부음을 받았다." 라고 주장할 때 밀턴은 살마시우스의 이러한 주장이 결코 악한 왕의 면죄부가 될 수 없으며, "인간의 이성, 정의 및 도덕은 모든 죄인들의 차별 없는 처형을 요구한다."고 단호하게 강조한다.[511] 밀턴의 이러한 주장은 개인의 신앙을 억압하는 주교나 교황으로부터 교회를 보호해야 한다면, 국가에 해악을 가져오는 폭군도 마땅히 배척해야 한다는 입장이다. 이러한 밀턴의 주장에 의하면, 절대왕정을 선호하며 자유의 가치를 부정하는 세력은 관료이든 하층서민이든 국민의 개념에서 제외되었다. 국민의 자유와 권리를 부정하는 집단은 국민이 아니라 국민의 적이었다. 이렇게 보면, 국민은 국민의 자유와 권리를 찾기 위해 혁명에 가담하거나 최소한 지지하는 집단이었다.[512]

그런데 이러한 국민의 개념에 밀턴의 청교도적 해석이 가미되기 때문에 그가 의도하는 국민은 하나님의 뜻에 순응하는 거듭난 영혼의 소유자들을 뜻하기도 한다. 타락이전의 자연법에 의하면 모든 인간이 대등하게 창조되었으나 인간의 타락으로 인해 그 자연법이 불완전하게 되었고 인간은 자유를 상실하게 되었지만 신앙으로 거듭나게 되어 참된 자유를 얻게 되었으니 마땅히 거듭난 자들은 폭행으로 부터의 자유를 위해 앞장서야 한다는 것이다.[513]

그리고 밀턴에 따르면 바울은 특정한 통치형태를 말하고 있지 않기

---

511 윗글, 397.
512 송홍환, "영국 국민을 위한 변호에 나타난 밀턴의 국민주권론"『동아 영어영문학』제 17권, 2001. 13.
513 윗글, 17.

때문에 로마서 13장에서 누구도 1인 지배가 하나님의 의지에 적합하다고 결론지을 수 없다. 병행 텍스트(베드로전서 2:13절 여러 형태의 '인간이 세운 제도'에 대해서 말한다. 실제로 구약성경에서는 백성들의 집회 역시 하나님에게서 받았다(삼상8장). 이렇게 본다면 신수권이 국왕에 대해서와 마찬가지로 의회의 손에 주어지지 않는다고 할 수 있겠는가? 즉 하나님께서는 통치형태를 변경시키는 백성들의 뜻을 금지하시지 않는다. 오히려 '백성으로부터 그들이 소망하는 통치형태를 선택할 권리를 빼앗는 자는 그것이야 말로 일체의 시민적 자유가 뿌리내리는 것을 백성에게서 탈취하는 것이 된다. 이것은 명백한 혁명권의 긍정이었다. 밀턴에 따르면, 그리스도는 가이사에게 모든 것을 돌리라고 명령하지 않았다. 오히려 예수 그리스도는 "자신이 폭군아래서 탄생과 봉사와 죽음을 통해 우리를 위해 자유의 권리를 사주신 것이다."[514] "우리의 자유는 황제의 것이 아니다. 아니 자유는 하나님이 우리에게 주신, 태어날 때부터 받은 선물이다." 밀턴은 로마서 13장을 통해서 '천부적 권리'로서 인간의 자유를 선언하고 있다고 볼 수 있다. 밀턴은 루터, 칼빈 등 종교개혁자들의 중요한 주제들을 받아들였다. 그리고 그는 개혁신학자들의 '만인 제사장설'에서 모든 시민이 누구도 침해할 수 없는 권리를 가지고 있다는 '천부적 인권 사상'을 끌어낸 것이다. 따라서 밀턴에게 있어서 인민의 공적이 된 국왕의 처형은 다름 아닌 종교개혁의 귀결이었다. 일반 시민들의 권리를 주장하는 밀턴의 글들은 뉴잉글랜드의 청교도들에게 열심히 읽혀졌다고 한다. 예를 들면 로저 윌리암스는 밀턴의 제자였고, 권력에 대한 저항권 사상은 미국 청교도들의 유산이 되었다.[515]

---

514 미야타 미쓰오, 122-123.

515 윗글. 123.

### 3) 로크의 해석

존 로크(John Locke, 1632-1704)는 '시민 정부론'을 썼고, 이 '시민 정부론'은 유럽의 정치사에서 절대주의 왕정에 반대하고 의회제도를 새로운 정치제도로 채택하게 하는 기초가 되었다. 이것은 의회주권을 수립한 명예혁명의 최초의 해석이고 논리적 정당화를 뜻하는 것이다. 로크는 「시민 정부론」에서 "정치권력이라는 것은 재산의 조정과 보존을 위하여 사형과 그 이하의 온갖 형벌을 가하는 법률을 만들 수 있는 권리이며, 그리고 외적의 침해로부터 나라를 방위하기 위하여 공동사회의 힘을 사용할 수 있는 권리이며 또한 이 모든 것을 오로지 공공의 복지만을 위하여 행사하게 되는 권리"라는 것이다. 로크는 인간은 전지전능하신 조물주 하나님의 피조물이며 소유물이라고 보았다, 즉 인간의 생명은 신에 뜻에 의해서 주어진 것이다. 따라서 자연상태에서는 인간 각자에게 생존의 권리가 부여되어 있다. 그리고 인간은 하나님의 형상으로 지음을 받은 존재로서 자기의 생명을 잘 보존해 할 의무가 주어졌다고 본다.

또한 로크는 정치사회의 기원을 각자의 생명과 자유와 자산을 사회의 안팎의 침해자로부터 보호하고, 평화롭고 안전하고 행복한 생활을 영위하게 하는데 있다고 본다. 로크가 정치사회의 기원을 각자의 생명과 자유와 자산보호에서 찾으려 하고, 각자의 자발적인 동의에서 찾으려 했던 것은 정치권력의 기초는 국가의 모든 구성원에게 있다는 점을 강조하는 것이다. 즉 국민주권론을 주장하는 것이다.

로크는 권세자의 지배권이 초월적인 신수권에서 유래되는 것이 아니라 인간의 제도임을 명시한다. 그리고 통치권이 명시적이거나 암시적인 계약에 따른 백성들의 동의에 따른 것임을 나타내고, 민주주의 기본 원칙으로서 '합의에 의한 지배'의 관념을 이끌어냈다.

로크가 권세자에게 있는 권력은 국민으로부터 나오고 국민을 위한 것이라는 민주주의적인 관점을 가지고 있었기 때문에 로마서 13장을 해석하는 입장이 왕권신수설을 주장하는 버클리와는 달리 할 수밖에 없었다. 버클리가 로마서 13장에서 권위를 거역하는 자는 '하나님의 세우심'을 거역하는 자라는 말하는 바울의 규정은 하나님의 계시이고 그와 같은 반역은 결코 허락될 수 없다고 주장하자, 로크는 국왕이 '합의된 정부의 형태를 보존하지 않고 정부의 목적인 공공복지와 소유 유지를 의도하지 않음으로써, 신탁을 배신할 경우, 그는 더 이상 국왕이 아니며, 백성은 반항해도 좋다고 했다.

로크는 로마서 13장 1-7절을 통해서 바울이 말하고자 하는 것은 먼저, 그리스도인이 하나님의 나라 시민권을 가진 사람이라 하더라도 로마시민으로서 지상의 국가에 대한 복종의 의무가 면제되지 아니한다는 것이며. 둘째 바울이 명하는 것은 로마의 위정자들의 신성성을 주장하는 것이 아니라 위정자들의 권위가 어디서 유래 되었는가 그들의 권위를 어떠한 목적을 위해 소유하고 쓸 것인가를 로마의 신도들에게 가르치는 것에 있었다고 한다.[516] 따라서 정부가 국민의 공공복지와 재산의 보존이라는 통치 그 자체의 목적을 실현하지 않을 때 그 정부는 하나님이 정부를 세우신 목적에 접합하지 않기 때문에 해체 사유가 되는 것이다. 정부가 국민의 재산을 빼앗거나 생명과 자유를 침해하며, 국력의 지배하에 노예상태로 만들려고 할 경우 국민은 그 정부를 심판하는 재판관이 되어야 하며 실력을 행사하여 통치자를 제거해야 한다고 말한다.[517] 이것이 로크가 말하는 저항권이다.

---

516 미야타 미쓰오, 130.
517 John Locke, *The Second Treatise of Government*, (New York, The Liberal Arts Press, 1952), 19장 222절, 이극찬 역, 『통치론』(서울: 삼성출판사, 1987.), 185.

로크는 국민의 저항권을 상당히 폭넓게 인정하고 있다. 특히 국민의 저항권은 소극적이고 평화로운 방법으로만 이루어져야 하는 것이 아니며, 불의한 통치자를 해체 할 때는 그 통치자를 무력으로 칠 수 있는 권리를 포함한다고 본다.[518] 상대방으로부터의 습격에 대하여 단지 공격을 피동적으로 막기 위한 방패만을 가지고 대항하려는 사람, 아니면 공격자의 힘을 저하시키기 위하여 손에는 아무런 칼도 들지 않고 '공손한 태도'로 저항하려는 자는 막다른 골목에 도달하여 오히려 심한 봉변만을 당하게 될 것이라는 판단하기 때문이다. "힘에는 힘으로써 저항한다"는 것은 양 당사자를 평등한 지위에 놓는 전쟁상태이며 외경이라든가 경외라든가 우위라든가 하는 여태까지의 관계를 일체 해소시켜 버리는 것이다.

여기에서 어려운 문제는 권력자가 하나님의 신탁을 위배하는 행동을 하고 있는가의 여부를 누가 판단할 것인가이다. 그리고 언제가 저항해야 하는 상황인지를 누가 판단 할 것인가이다. 이에 대해 로크는 국민이 판단하고 국민이 저항의 때를 결정한다고 말한다.

로크는 시민정부론을 통해서 만민이 자유롭고 평등하게 사는 자연상태로부터 계약에 의한 정치사회의 형성과정을 많은 부분에서 인간학적으로 논했다고 볼 수 있다. 그런데 로크가 이처럼 자연 상태에서 인간의 자유와 평등의 불가침성을 논한 것은 유럽을 벗어나서 신대륙으로 이주한 사람들에게 합의에 의한 새로운 국가통치를 정당화하는 것이었다. 그리하여 신대륙 미국으로 건너온 청교도들은 종교개혁자들의 기독교 신앙정신과 로크의 정치사상을 근거로 독립선언서를 작성하였고, 미국헌법을 만들어서 민주주의를 꽃 피우게 된 것이다.

---

518 John Locke, 윗글, 19장, 235절.

## 2. 한국 교회의 로마서 13장 해석

### 1) 로마서 13장 해석에 대한 한국기독교계의 상반된 주장

#### ㄱ) 왕권신수설적인 해석

조용기는 로마서 13장 1-7절을 강해하는 설교에서, 이 구절은 모든 신자들은 개개인이 마음속으로 부터 정부에 복종해야 한다는 교훈이라고 주장한다. 조용기는 국가권세란 하나님에 의해 제정되고 허락된 것이며, 권세에는 하나님이 허락하신 위엄이 따른다고 말한다. 그러므로 어떤 처지에 있든지 각 사람은 자신의 위에 있는 권세에 일단 복종해야 할 의무가 있다고 말한다. 그는 국가의 명령이 마음이 맞지 않아 싫더라도 즉 강제적인 것이라도 복종해야 한다고 주장한다. 그는 "모든 권세는 다 하나님의 정하신 바,"라는 말은 선한 권세뿐만 아니라 악한 권세까지도 하나님이 정하셨다는 것을 말해준다고 해석한다. 그는 심지어 공산주의 같은 악의 세력도 하나님의 섭리 가운데 허락되지 않으면 세워질 수 없다고 해석한다. 그러나 이 악의 권세가 하나님의 정하신 한계를 넘어서 도전 할 때는 망하게 된다고 말한다.

그는 세상의 권세는 하나님으로 말미암아 세워진 것이므로 세상 권세의 법과 질서를 지키지 않는 것은 곧 하나님의 명령과 제정을 거스리는 것이 된다고 말한다. 그러므로 인간의 권세가 법과 질서를 세우고 하나님의 권세에 도전하지 않는 한 우리는 그 권세에 순복해야 한다는 것이다. 물론 이 세상 권세가 하나님을 대적하고 하나님을 믿고 섬기는 일을 못하게 한다면 우리는 믿는 신자로서 그 세상 정부와 타협할 수 없지만 정부가 신앙을 파괴하지 않는 한 우리는 국가의 법을 따라야 한다.[519]

---

519 조용기, 『로마서 강해』, (서울: 서울말씀사, 1997), 391-393.

그는 오늘날 일부 기독교 지도자들이 자유와 해방의 신학을 부르짖으며 교회가 사회개혁과 정치운동에 적극적으로 참여해야 한다고 주장하고 있지만, 기독교 복음은 정치적인 수단을 통하여 지상천국을 이루는데 있지 않고, 하나님의 나라가 확장될 수 있도록 죄인을 변화시키는 데에 있기 때문에 교회는 영혼구원을 위해 전념해야 한다고 주장하고 있다.[520]

조용기는 바울이 법과 질서를 주관하는 정부와 관원을 '하나님의 사자'라고 말하는 것은 관원들은 하나님의 일꾼 또는 하나님의 심부름꾼 이라는 뜻이며, 세상 관원과 지배자는 하나님께로부터 임명되어 '세상을 위하여 섬기는 자'라는 의미를 가지고 있다고 말한다. 그러므로 정부가 성서에 위배되는 요구를 하지 않는 한 국가 권력에 복종하는 것은 타협이나 편의에 의한 행동이 아니라 원칙적인 면에서 하나님의 권세에 복종하는 것이 된다고 주장한다.[521]

그러나 조용기의 이러한 주장은, 권력자가 자기의 사익을 위하여 수천억씩 기업의 돈을 빼앗는 강도의 짓을 하거나, 자기의 권력 향유를 위해 정권연장을 위해 헌법을 개정하고 악법을 만들어서 이를 비판하고 저항하는 시민들을 죽이고 옥에 가두는 악행과 불법을 저지르는데도 그 권력자가 그리스도인의 신앙의 자유만 보장해준다면 권력자에게 순종하고 따라야 한다는 상식적으로 납득이 안 되는 내용이다. 그리고 조용기의 이러한 주장은 결국 민주주의와 인권을 훼손하고 불법을 저지르는 권력자를 옹호하고 두둔하는 결과를 초래한다. 그리고 이 땅에 천만에 이르는 기독교인들에게 성경이 가르치는 정의를 저버리고 불의와 짝하는 삶을 살라고 강요하는 것이 되는 것이다.

조용기는 2001년 5월 23일 로마서 13장 1절 이하의 강해 설교를 하면서,

---

520 윗글, 394.
521 윗글, 396.

국가가 성수주일을 못하게 하거나, 우상숭배를 강요하는 일을 강요할 때를 제외하고, 국가의 모든 명령에 복종해야 한다고 주장한다. 이런 주장은 악한 권세도 하나님이 필요해서 세워놓았기 때문에 무조건 복종해야 한다는 논리이다. 조용기는 군사정권시절 '박정희, 전두환, 노태우 등을 대통령으로 세울 때는 그 권세는 하나님이 허락했기 때문에 그 자리에 있는 거니까, 무조건 순종해야 한다. '혁명을 했든지, 무슨 잘못을 했든지 하나님이 세운 권세이기 때문에 순종해야 한다.' '대통령이 나라를 다스리는 것이 하나님이 하시는 일이다. 하나님이 대통령을 세웠기 때문에 대통령이 하는 일은 하나님이 하시는 일이다.'라고 말한다.[522] 또한 그는 2008년 1월 9일에, 디도서 3장 1-2절을 근거로 예수 믿는 사람과 정부기관과의 관계를 설명하면서 '정부가 주님을 믿지 못하게 하면 저항해야 하고, 교회를 못하게 하거나 십일조를 못하게 하거나 예배를 못 드리게 하면 저항해야 한다. 그러나 그 외에 모든 일은 정부에 복종해야 한다. 권세를 거스리는 것은 하나님을 거스리는 것이다. 한 나라의 주권자에 복종하는 것은 하나님이 정해놓으셨기 때문이다.'[523] 라고 주장했다.

최성규는 그리스도인들은 하나님나라의 백성도 되고 세상 나라의 국민도 되기 때문에 성도들이 이 세상에서 해야 할 일 중의 하나는 나라의 지도층에 복종하는 일이라고 말한다. 최성규는 성도들이 세상 권세자들에게 복종해야 하는 이유는 이 세상의 주관자가 하나님이신 것과 주께서 열방을 세우시고 다스리신다는 믿음이 있기 때문이라고 말한다. 그는 로마서 13장 1절을 근거해서 권세는 하나님에게서 난 것으로 권세에 순종하는 것이 하나님에게 순종하는 것이라고 주장한다. 최성규는 13장 2절을 근거로 하여 '권세를 거스리는 자는 하나님의 명을 거스림이니 거스리는 자들은 심판을

---

522 2001년 5월 23일, 로마서 13장 1절 이하의 강해 설교
523 2008년 1월 9일, 디도서 3장 1-2절 강해설교

자취하리라'라고 말한다. 그는 물론 이 세상에는 부패한 권력 집단들이 존재하고, 이 부패한 권세자들은 자신들의 이익과 당략에 눈이 어두워 뱃속의 욕심만을 채워나가기에 골몰하고 있다고 말한다. 그러나 이 부패하고 불의한 집단은 하나님의 심판을 받게 될 것이니 성도들은 그들에게 저항하지 말고 무릎을 꿇고 기도해야 한다고 주장한다. 그는 권세자들이 하나님의 사자가 되어 칼로 하나님을 대신하여 정의를 실현한다고 주장한다. 따라서 나라의 지도자들이 부분적으로라도 하나님의 대리자로서 역할을 수행한다면 이것은 그리스도인들이 권세자들에게 복종하는 이유가 된다고 말한다. 최성규는 좋은 신앙인이란 세상의 지도자들이 하나님의 말씀을 거스르는 편에 서지 않는 한 자발적으로 권세자들을 섬기는 사람이며, 권세자들을 위해서 기도하는 사람이라고 말한다.[524] 최성규의 이러한 주장은 권세자들이 교회에 대하여 예배금지나 전도 금지를 명하여 기독교를 박해하지 않는 한, 그리고 국가가 악인들을 붙잡아 징계하고 형벌을 가하는 사법적인 기능을 한다면 성도들은 권세자들에게 복종하고 그들을 섬겨야 한다고 가르치고 있다고 본다. 최성규의 이런 주장은 높은 자리에 있는 소수의 권세자들이 부패하여 사익을 위하여 국정을 논단하고 권력을 남용하여 대기업들로부터 뇌물을 받고 기업 간에 공정거래와 민주질서를 어지럽혀도 그런 부패 행위에 대하여 비판하지 말아야 하고 저항하지 않아야 한다는 논리의 바탕이 되고 있다.

    김홍도는 하나님은 사람이 사는 이 세상의 혼돈과 무질서를 원치 않으시고 질서 있는 세상이 되기를 원하셔서 이 세상 여러 가지 제도와 권위 권세를 주시고 권위에 복종하기를 원하신다고 말한다. 그는 하나님이 질서의 하나님이신 고로 이세상의 질서를 위해서 사람에 따라 권위와 권세를

---

524 최성규, 『새생명, 새마음, 새생활』(서울: 성산서원), 363-369쪽.

주셨으며, 모든 권세와 권위는 우연히 생긴 것이 아니며 사람이 만든 것이 아니고 하나님께서 주신 것이라고 강조한다. 그는 로마서 13장 1절 말씀에서 "각 사람은 위에 있는 권세들에게 굴복하라 권세는 하나님께로부터 나지 않음이 없나니 모든 권세는 다 하나님이 정하신 바라"고 말씀하셨으니, 어떠한 권세든지 그것은 하나님께로부터 왔고 하나님이 정하신 권세라고 말한다. 그리고 모든 권위는 다 하나님께서 정하시고 위임하신 것이니 하나님께로부터 나오지 않은 권위란 없다는 것을 우리 성도들이 잘 알아야 한다고 강조한다. 그리고 하나님께서 위임한 권위자에게 도전하는 것은 그 사람 속에 계신 하나님께 도전하는 것이며 권위자에게 범죄 하는 것은 곧 하나님께 범죄 하는 것이 된다고 말한다. 그는 권위에 순종함이 하나님의 뜻이며, 권위에 불순종하고 범하는 것은 곧 하나님의 뜻에 불순종함이요 하나님을 범하는 것이라고 강조한다.[525] 김홍도의 이러한 주장은 권위자의 범위에 성직자, 정치지도자, 가정의 가장, 직장의 상사 등을 다 포함시키고 이 권위자들을 하나님과 동등하게 대하도록 강조한다. 즉 권위자를 비판하거나 권위자에게 저항하지 못하도록 권위자를 하나님의 자리에 올려놓는다.

　김의환은, 번역서를 통해서 "정부를 사랑하라. 하나님께로 기원하지 않는 정당한 권력은 없다. 그러므로 세상 질서를 존중하지 않는 자는 하나님의 뜻을 거스리는 자다. 그런 자는 하나님의 심판을 면하지 못한다."라고 했으며, "정부는 국민을 위하여 하나님이 세우신 기관이다. 집권자는 악을 행하는 자에게 하나님의 의를 집행하는 일꾼이다."[526] 라고 했다.

　신성종은, 로마서 13장 1절 이하의 말씀은 제 2차 대전 때에는 독일 국민들에게 나치정권의 살인마적인 행위에 가담하는 구실을 주었고, 일제 때는 신사참배의 구실을 주었다고 말한다. 그는 '굴복하라.'는 말을 무조건적인

---

525 김홍도, 『김홍도목사 설교 100선집』(서울: 불기둥사, 1985), 80-84쪽.
526 케니스 테일러, 김의환 역, 『로마서』(서울: 성광문화사, 1970) 48쪽.

복종이나 절대적 복종을 뜻하는 말이 결코 아니며 어디까지나 조건적이고 상대적인 의미를 가진다고 해석한다. 그리고 "권세는 하나님께로 나지 않음이 없나니 모든 권세는 다 하나님의 정하신 바라."라는 본문의 말씀은 왕권신수설을 말하는 것이 아니며, 또 어떤 특정한 정부 형태들만 하나님이 정하신 것이 아니고 비록 어떤 정부가 하나님의 요구를 다 채워드리지 못한다 하더라도 하나님은 그 정부의 기강을 세우셨으며 또 그것을 유지시키신다고 말한다. 신성종은 나치독일이나 일제군국주의자들이나 북괴 김일성과 같은 정부는 적그리스도적인 성격을 띠고 있기 때문에 신자들이 거기에 굴복할 수는 없다. 그러나 적그리스도의 정부가 아닌 한 그 정부가 민주적이 아닐지라도 신자들은 굴복해야 한다.[527]고 말한다. 신성종의 이러한 주장은 결국 권력집단이 부정 축재를 하고 사익을 추구하면서, 자신의 권력유지를 위해 헌법을 유린하고, 국민의 생명과 안전에 무관심하고, 인권과 자유를 억압하는 정권에도 무조건 복종하고 따라야 한다는 말이다.

박윤선은, 로마서 13장 1-7절을 주석하면서, 기독자는 정권에 순종해야 함을 가르친다고 말한다. 이것이 바로 신본주의 윤리이며, 정권에 순종해야 하는 이유는 모든 권세는 다 하나님이 정하신 것이기 때문이라고 설명한다. 그는 만약 정권이 하나님의 계명과 위배되는 정부의 정책에 대해서는 신자가 개인적으로 순종을 거부할 수 있으나, 정치문제에 있어서는 신자가 개인적으로 폭군이나 정권을 반역해서는 안 된다고 말한다.[528] 박윤선은 "정부의 명령이 하나님을 모독하는 것이 아닌 한, 신자들은 그것을 하나님이 내신 제도인 줄 알고 관원의 감시가 있든지 없든지 성의 있게 복종해야 한다."[529]고 말한다. 그러나 박윤선의 이런 주장은 특정정권이 국민의 생명을

---

527 신성종, 『로마서 강해』, (서울: 정음출판사, 1983),
528 박윤선, 『성경주석 로마서』, (서울: 영음사, 1962), 357-358쪽.
529 윗글, 361쪽

유린하고 인권을 짓밟는 일을 할 때 그러한 권력에 대하여 비판을 하거나 저항 할 수 있는 여지를 없애는 해석인 것이다.

### ㄴ) 국민 주권론적인 해석

이장식은 로마서 13장에 대한 해석을 할 때 바울이 13장 1-7절을 기록할 당시의 상황을 설명하면서, 바울은 기독교인들로 하여금 평안하고 안정된 가운데서 복음을 전하도록 하기위해 로마정권에 대한 올바른 태도와 관계를 신중히 해야 함을 말하고 있다고 한다. 당시에는 그리스도교 신자들이 늘어가고 그리스도의 복음이 로마 땅에 뿌리를 내리고 전파되어 가던 때였으므로 로마의 신도들이 로마 정권에 대한 태도가 경거망통하면 박해를 받아 선교의 길이 막힐 염려가 있었다. 바울은 아우구스투스 황제 이후의 로마제국의 평화정책이 그리스도교 선교와 확장에 유리한 여러 가지 점을 알고 있었던 것이다. 그리스도인들 가운데 광신적인 재림파가 불원간 로마제국은 멸망될 것이고 신천신지가 땅 위에 전개 할 것이라고 부르짖으면 그것은 박해를 자초하는 일이었다.[530]

이 당시는 로마제국의 평화정책에 힘입어서 영토 확장을 위한 전쟁이 없어서 평화로웠고 아울러 국내 치안이 크게 개선되어서 로마제국 넓은 땅에서는 여행이 비교적 안전했고 그리고 교통도 개선되었다. 그리고 무엇보다도 제국의 속국 민족들에게 전통 종교의 자유를 주어서 어떤 종교의 신앙생활과 포교(선교)도 자유로웠던 것이다. 바울 자신이 전도여행을 하면서 이런 편리함을 보게 되었지만 무엇보다도 그가 그리스도를 전하는 일에 자유로웠던 것이다. 그가 받은 박해는 이교도들 때문에 온 것이었고 로마의 지방 관리들은 오히려 이교도들의 폭동에서 바울을 보호해 주었다.

---

[530] 이장식, 『로마서 해설』 (서울: 한들출판사, 2006), 178-183.

(행 19:31). 그리스도인들이 로마제국의 국교의 신들을 모욕하지 않으면 선교의 자유가 보장된 시기였다. 그러나 이 당시 그리스도인들이 로마제국 정권 아래서 신앙을 지키고 선교하는 일은 결코 쉬운 일이 아니었기에 로마 정권에 대한 올바른 태도와 관계를 신중하게 하라고 주문하고 있는 것이다.

바울은 그리스도인들과 교회가 로마 정권으로부터 부당한 오해와 박해를 받지 않도록 그리스도인들이 이 세상의 국가들의 권세가 하나님에게서 온 것임을 알고 그 권세를 가진 정부에 복종하라고 권고한다. 국가의 통치권자가 왕이든, 황제이든 권세를 하나님에게서 받아 국민을 다스린다는 사상은 일찍 이스라엘인들의 초대의 왕 사울의 경우에 있었던 것이다. 하나님이 그를 왕으로 택하시고 기름을 부으시고 백성을 다스리게 허락하셨다(삼상 10:1). 이것이 고대의 신권정치 또는 신정사상이었다.

권세의 기원이 하나님에게 있다는 말은 왕에게 권세를 주신 하나님이 제1차적인 통치자이고 땅은 하나님의 권세에 종속되어 있다는 뜻이다. 그러므로 왕은 독단적인 정치나 법을 만들어서는 안 되고 하나님의 말씀과 계명을 지켜야 한다. 바울은 국가제도가 신성한 것이므로 그것을 거역하면 벌을 받아야 한다고 말한다. 하나님으로부터 통치 권세를 수여받은 통치자는 통치 체제인 국가를 세워서 다스려야 하며 그가 세운 국가제도는 하나님의 통치권을 대행하는 도구이다. 그러므로 국민은 이 국가제도를 받아들이고 복종해야 한다. 제도는 법대로 사람이 운영하는 것인데 그 법이 하나님의 법이고 그 사람이 하나님에게 종속된 심부름꾼(4절)이 되면 이 제도는 신성한 것이다.

이장식은 4절은 통치자의 본분을 말해준다고 본다. 국가의 통치권자는 하나님에게서 권세를 위탁받아 법과 제도를 만들어서 다스리므로 하나님의 심부름꾼, 곧 사신(使臣)이 된다. 그리고 통치권자는 하나님의 진노를 대신해서 범법자를 징벌하는 것이므로 준법자는 그를 무서워 할 이유가 없다. 그리고 국민은 나라의 법이 하나님의 계명과 양심의 법과 일치하면 그것을 지키는 것이 양심에 거리낄 수 없다.

이상과 같은 바울의 정치사상을 박해가 일어나던 제 1세기에서 3세기 말에 걸쳐서 교회를 목회하고 지도하던 교부들이 받아 드렸다. 그리하여 그들은 박해를 받으면서도 교회의 국가에 대한 태도와 입장을 변호하기를 로마제국의 황제들은 우리 하나님이 주신 권세를 받아 다스리므로 황제들은 그리스도인의 형제와 친구들이며, 그리스도인들은 황제와 로마제국을 위하여 기도하고 있으며, 이 기도의 힘으로 로마제국이 살아남아 있다고 하였다 이러한 노력으로 드디어 제4세기 초에 그리스도교가 선교의 자유를 획득하였고 마침내 로마제국의 종교가 된 것이다.[531]

이장식은 조용기, 김홍도 등이 말하는 것처럼 권세는 하나님이 세운 것이므로 무조건 복종해야 한다고 해석하지 않는다. 그는 오히려 로마의 황제나 권세자들이 하나님의 일꾼이요 심부름꾼임을 강조하며, 그리스도인들은 복음전파를 위해서 정부를 인정하고 존경하고 협력해야 한다고 설명한다.

차정식은 바울이 로마서 13장 1-7절을 기록하게 된 배경을 설명한다. 바울은 기독교의 생성과 전개과정에 있어 필연적으로 교권이 세상의 공권력과 접촉이 되고, 부대껴야 할 문제들이 발생하고, 긴장과 갈등관계가 엿보이는 상황에서 이에 대한 적절한 신학적 대책 없이 무조건 저항하거나 무조건 정죄할 때 생길 혼돈을 예견하고 초기 교회의 생존과 선교의 안전망을 형성하기 위해 본문을 기록한 것으로 본다. 따라서 본문을 국가와 공권력에 대한 일반론적 차원에서 당대의 특수한 정황과 무관한 무조건적인

---

[531] 윗글.

신학적 원칙으로 볼 수는 없다고 말한다. 즉 권세를 하나님이 세웠으므로 성도는 무조건 복종해야 한다고 해석하는 것은 안 된다는 것이다.

바울은 로마 교인들의 상황과 관련하여 클라우디우스(Claudius) 황제 때 있었던 유대인 추방명령(A. D. 49)을 알고 있었으며, 브리스길라와 아굴라를 통해 그 자세한 내막과 유대인, 유대인 크리스천, 로마의 공권력 사이의 역학관계에 대한 기본정보를 입수했을 가능성이 높다. 그리고 무엇보다 그는 추방령의 결과 로마 교회가 입은 피해를 충분히 의식했을 것이다. 또 다른 관점에서, 초기 기독교도가 지닌 임박한 종말의식에 제동을 걸면서 건전한 하늘의 시민권자로서 어떻게 동시에 건전한 지상의 시민이 될 수 있는지에 관하여 바울이 고민 하였다는 것이다.[532]

그리스도인의 자유는 하늘의 시민권으로 표상되었고(빌3:20), 세상의 형적이 조속히 지나가리라는 긴박한 종말의식은 이 지상의 시민권을 무시하거나 적대시하는 반작용 내지 과잉반응을 초래할 수 있었다. 이에 대해 바울은 종말론적 기대를 포기하지 않으면서(13:11-14), 그리스도인의 자유와 소망이 그런 종류의 무정부 상태가 아니라, 이 세상 내에서 구원받은 자로서 감당해야 할 책무와 연계되어 있음을 강조한다. 이로써 그는 한편으로 교회의 생존을 장기적인 안목으로 고려하고, 다른 한편으로 자신의 기존 신학적 입장을 보충 조정한 것이라 할 수 있다. 이렇듯 당시의 유대인 크리스천들은 정치적으로 열악한 처지에서 일단 굴종하더라도 살아남은 다음에야 그 이상적 경계지표도 새롭게 설정할 수 있었던 것이다. 바울이 취한 '정치적 현실주의'의 입장은 바로 당대의 그러한 사정에 기인하는 바 크다.[533]

기독교들이 로마의 공권력에 저항한다면 이제 막 싹이 튼 기독교의 생존을 송두리째 위협할 수 있었다. 당시 로마 정부는 정교한 비밀 조직망을

---

532 차정식, 『로마서 2』 (서울: 대한기독교서회, 1999), 314-315쪽

533 윗글, 316.

통해 반정부 세력들에 관한 정보를 수집하고 그 연루자들을 색출하는데 열중이었기 때문에 바울은 기독교인들이 로마 공권력에 저항하는 것은 기독교 생존을 위협하는 일이라 판단한 것이다. 그래서 바울은 크리스천뿐만 아니라 모든 사람에게 공권력의 집행자들에게 복종하라고 명한 것이다. (13:1) 그 복종의 근거는 유대교의 가르침에서 발견된다. 즉 모든 권세의 근원이 하나님에게 있기 때문이다.

그러나 차정식은 본문의 말씀을 조용기나 김의환과 같이 공권력에 무조건 복종해야 한다고 해석하지 않는다. 그리스도인이 권세에 복종하는 데는 조건이 따른다는 것이다. 바울은 공권력의 본질을 선행을 장려하고 악행을 징벌하는데서 찾는다(13:3). 그들이 이렇게 공동의 선을 도모하는 한, 그들도 하나님의 사역에 복무하는 '하나님의 종'이라고 할 수 있다는 것이다(13: 4). 반면 공권력이 그 본연의 역할에서 벗어나 억압과 폭정으로 치달을 때 그것은 순종의 대상이 될 수 없는 것이다. 무엇이 정의로운 권세이며, 무엇이 악한 권세인지 바울은 이에 대해 어떤 기준도 제공하지 않지만 권세가 선을 장려하고 악을 벌하기 위해 있다고 말한 것은 정의로운 권세에 대한 복종과 불의한 권세에 대한 불복종이라는 원론적인 차원의 주장인 것이다.[534] 다만 강조되는 것은 권세자들에게 이 세상의 시민들의 악행을 징벌하는 무력사용의 정당성이 있다는 것이다. 그것을 '칼'이라는 상징으로 표현한 바울은 하나님의 종인 그들이 그 무력으로 하나님의 진노를 구현하고 있음을 말하고 있다. 공권력이 하나님의 공복(公僕)으로서 종노릇을 제대로 하여 공동선을 위해 그 '칼'을 사용하는 한 이에 대한 복종은 타당한 근거를 확보하게 되는 것이다.[535]

이렇듯 바울은 이방인들이 주도하는 현실적 공권력에 대한 복종을

---
534 윗글, 319.
535 윗글, 320.

신학적 원칙의 차원으로 소급시킴으로써 종래의 유대교적 선민의식과 율법에 근거한 전통적 우월주의를 해소한다. 이러한 바울의 통찰에 의하면, 로마 제국도 하나님이 그 구원사를 이루는 과정에서 도구로 사용하신다. 그러므로 로마법에 의한 지배가 부당한 것으로 느껴지고 이에 저항할 명분이 생기더라도 무모한 도전은 결국 약한 자의 멸절을 초래할 것이다. 그러니 일단 굴복하면서 하나님의 진노의 기회를 살피라는 것이다. 이미 확립된 공권력을 현실로 인정하고 그 공권력이 이 세상의 질서유지를 위해 하나님의 도구로 이용되는 방식에 주목하라는 것이다.

바울이 몸담고 있던 초기 기독교 집단은 그러나 그렇게 강성하지도 않았거니와 무력의 행사와는 무관한 자발적 종교단체였다. 또한 그의 동족 유대인은 식민지 지배하에 있던 소수민족이었으며 더구나 사방에 뜨내기처럼 흩어져 사는 디아스포라의 신민(臣民)에 불과했다. 그러한 형편에서 당시 지배 권력에 반기를 들고 지배 체제에 물리적으로 저항한다는 것은 현실적으로 파멸을 초래할 뿐이었다.

본문에서 바울은 지금껏 논의한 권세와 하나님의 유기적 연계를 한층 공고히 한다. 모든 권력과 권세가 하나님으로부터 기원한 것이라면, 현세 공권력을 담당한 자들이 비록 이교도들이라 하더라도 그들에게 부여된 공적의무를 다하는 한, 하나님의 사역자라는 논리이다. 다만 그들의 그러한 정체성을 조건짓는 단서가 있는데, 이는 그들이 '공동선'을 위해 복무하느냐 하는 것이다. 공권력의 정당성은 바로 그 상식적인 조건으로 승인된다.[536] 이는 상식적인 수준에서나마, 본 문단 전체를 통틀어 권세자들을 향한 복종의 의무를 바울이 연거푸 강조하는 것과는 대조적으로, 그 권세자들 쪽의 의무와 책임을 단적으로 명시한 매우 암시적인 대목이다.

---

[536] 윗글, 330쪽.

그렇다면 그 공권력이 선을 위해 복무하지 않고 악을 행하거나 조장한다면 어떻게 되는가? 이에 대해 거역할 수 있는가? 아니면 그래도 그 악한 상황을 감내해야 하는가? 바울은 공권력이 선을 권장하지 않고 오히려 악을 조장하는 그 반대의 현실을 많이 보았겠지만, 아마 의도적으로, 이에 대한 언급을 피하고 있다. 정치적으로 민감한 사안을 불필요하게 건드릴 필요가 없었을 터이기 때문이다. 그러므로 공공의 선에 복무하지 않는 악한 공권력과 권세자에게 어떻게 대응해야 하는지 그 구체적 방식에 관한 조언이 나올리 없는 것이다.

여기서 그는 공권력이 하나님으로부터 비롯된 것이라면, 그 집행자도 하나님의 사자라는 당연한 논리를 원론적인 차원에서 진술하고 있을 뿐이다. 이처럼 바울이 공권력의 남용과 오용으로 빚어지는 사악한 현실을 인지했음에도 불구하고, 권세자들을 하나님의 사자로 여기면서 그에 대한 복종을 강조한 것은 앞에서 말한 바와 같이 당시 약자인 교회의 생존을 우선시한 정치적 현실주의의 반영으로 볼 수 있다. 따라서 본문을 한국의 보수적인 교회와 목회자들이 해석하는 것처럼 어떤 정권이 공동선을 위해 권력을 사용하지 않고 자신들의 사사로운 이익을 위해 권력을 사유하며 불법을 행하는데도 모든 권세에 복종하라고 가르친다면 바울의 신학적 의도를 잘 못 파악하는 것이고, 본문을 잘 못 해석하는 것이다.

### 2) 한국에서의 로마서 13장 적용사례

ㄱ) 불의한 정권에 복종하고 민주주의 발전을 저해 했던 적용

박정희 정권의 3선 개헌이후 장기집권 야욕이 노골화되자 각계의 운동세력이 연합하여 1971년 4월 8일 서울 YMCA회관에서 '민주수호

국민협의회'를 구성하여 공명선거와 선거참관인 운동을 표방하고 나섰다. 이에 기독교회도 적극지지하고 나섰다. 민주수호 국민협의회에 김재준, 조향록, 안병무, 정하은 등 기독교장로회 지도급 인사들이 참여하여 활동하게 된다. 선거참관에는 기독교의 대사회적 책임과 행동을 주장해온 소장목회자들이 나섰다, 71년 4월 16일 신익호, 홍성현, 김성근 등 40명이 초동교회에서 모여 선거참관인으로 나설 것을 결의하였다.[537] 선거가 끝나고 71년 후반에 접어들면서 사회운동은 부정부패 추방운동이라는 새로운 단계에 접어들게 된다. 이에 기독교회도 가톨릭 신부와 개신교 소장목사들을 중심으로 부정부패 규탄 연합운동이 전개 되었다.

박정희 정권이 1972년 10월 27일 국회에서 유신헌법을 통과시키면서 유신체제라는 전체주의적 독재체제의 통치 구조를 탄생시켰다. 삼권분립, 견제와 균형이라는 민주주의 기본원칙을 완전히 무시하고 일인독재에 장기집권체제였다. 그런데도 김의환은 「기독신보」를 통해서 '유신헌법의 필요성'이라는 칼럼을 연재하면서 한국교회가 민주수호 협회에 참여한 일을 비판하고 나섰다. 그는 '한국교회의 정치참여 문제'라는 글을 통해서, '정교분리 원칙'을 내세워 '교회는 종교적 문제에 대해서만 정부를 향해 발언할 수 있지 그 외의 모든 정치적 활동은 잘못 된 것'[538]이라고 주장하였다. 그러나 김의환의 정교분리 원칙론은 본래의 정교분리 원칙을 왜곡하여 말하는 것이며[539], 로마서 13장을 권세는 하나님이 세운 것이므로 교회는 권세에 복종해야 한다는 왕권신수설의 입장에서만 해석하는 것이었다. 그는 권세는 하나님이 세운 것이기 때문에 어떤 권세가 하나님의 뜻에 어긋나는

---

537 한국기독교사회문제 연구원, 『1970년대 민주화운동과 기독교』 조사자료 19, 111-114.
538 김의환, "한국교회 정치참여문제" 『신학지남』 (1973,3), 25-28.
539 정교분리 원칙을 최초로 헌법에 명시한 나라는 미국인데, 미국헌법에 보장되어 있는 정교분리 원칙은 정부가 교회를 통제하지 못하며 관여하지 못하도록 하여 교회의 자유와 권리를 보장하는 의미였다.

일을 할 때에는 그 권세에 대하여 저항도 할 수 있고, 그 권세를 폐지도 할 수 있다는 역사적인 해석들에 대하여 완전히 눈감아 버렸던 것이다.

로마서 13장에서 '권세는 하나님이 세웠다'는 이 구절만을 가지고 전체주의적 박정희 정권에 대하여 복종만을 강요하는 주장은 당시 김종필 총리로부터 나왔다. 1974년 11월 9일 한국 기독교 실업인회에서 주최한 '국무총리를 위한 기도회'에서 김종필은 로마서 13장을 인용하면서 '교회는 정부에 순종해야 하며 정부는 하나님이 인정한 것'이라는 발언을 하여 기독교의 민주화 운동에 대한 정부의 탄압을 정당화 하였다. 김종필의 이런 주장에 대하여 한국기독교교회협의회(KNCC)는 1974년 11월 18일 "정부가 하나님의 뜻을 거슬러 자신의 권력을 영구화 하려 할 때 교회는 그러한 정부에 협력을 거부할 뿐만 아니라 그것에 대항해야 한다."고 성명을 발표했다. 같은 날 개신교회의 60여명의 성직자, 신학자들도 '한국 그리스도인의 신학적 성명'을 발표하고 '절대화 된 권력이 인간의 권리를 유린할 때 그리스도의 교회는 그것에 대한 투쟁을 감행할 수밖에 없다.'[540] 고 하여 로마서 13장의 해석에서, 권력이 백성들의 복지를 돌보지 않고 오히려 백성의 인권을 유린하고 생명에 위협을 가하는 독재를 행함으로 하나님의 뜻을 거스릴 때는 그 권력에 저항해야 한다는 입장을 취한다. 이 성명이 발표되자 한국의 기독교 보수교단 연합체인 '한국 예수교 협의회'는 곧 바로 '국가가 신앙의 자유를 말살하려하지 않는 한 권력에 순종해야 한다.'고 주장하며 정부에 대하여 비판하는 자들이 사회의 혼란을 야기 시키고 있다고 비난하였다.[541] '대한 기독교 연합회'도 11월 27일 '시국에 대한 우리의 견해'라는 성명서를 통해, 로마서 13장에 명시되어 있는 세상 권력에 대한 복종은 가이사의 것은 가이사에게 하나님의 것은 하나님에게

---

540 한국기독교사회문제 연구원, 윗글, 180-81.
541 대한예수교 협의회, "기독교 반공시국 선언문", 『기독신보』, (1974.12.7.)

라고 하는 예수님의 말씀을 증거하는 일이라 강변한다. 또한 종교와 정치는 분리되어야 하며 교회의 존립이유는 세상적 정권투쟁이 아니라 인간 영혼의 구원에 있다고 주장하였다. 이들은 독재정권에 항거하며 민주화 운동을 하는 기독교인의 활동은 공산침략세력을 이롭게 하는 이적행위라고 주장을 하였다.[542] 그러나 한국 기독교 보수단체의 이와 같은 주장은 로마서 13장의 해석에서 정부만을 일방적으로 옹호하는 편협 된 해석을 보인 것이며, 정교분리를 내세우지만 실상은 정교유착의 전형적인 모습을 보인 것이며, 또한 기독교 민주화 운동에 대한 정부의 탄압을 합리화하는 역할을 한 것이었다.

### ㄴ) 불의한 정권에 항거하고 민주주의 발전에 공헌했던 적용

김종필 총리가 로마서 13장에서 바울이 말한 '세상권력'에 복종하라는 권고를 전제로 박정희 독재정권에 대한 교회의 복종을 담화를 통해서 요구했다. 이때 김재준은 로마서 13장에 대한 해석을 하면서 김종필이 한국교회에 복종을 요구하는 것이 얼마나 터무니없는 일인지를 밝히고 있다. 김재준은 로마서 13장 1-7절 말씀을 다음과 같이 요약한다.

> 국가권력은 '권선징악'이라는 윤리적인 제약아래 있는 권력이라는 것입니다. 2.교회와 국가는 다같이 하나님의 주권아래 있지만 그 존재양식과 기능이 다르다는 것입니다. 3. 이 다른 기능은 '하나님의 뜻'에 복종하는 의미에서 서로 협력해야 하는 것입니다. 그러려면 자유민주주의 체제가 수립되어야 합니다. 집권자와 국민이 서로 비판받아 서로 자기 양심대로 또 자기 깨달음에 따라 나은 것을

---

542 『기독신보』 1974.11.30, 『크리스챤신문』, 1974.12.7.

선택할 기회를 가져야 합니다. 그런데 박정희 정권이 폭력행위에 의한 비민주적 독재 정권인 것은 두말할 것도 없는 사실입니다.

로마서 13장은 세상권력은 하나님의 절대권력 앞에서 '상대화'한 내용입니다. 모든 권력이 하나님께로부터 난 것이라면 박정희도 그 하나님의 권력에 두렵고 떨리는 마음으로 복종해야 할 것입니다. 자기의 권력이 하나님의 절대 권력과 같은 것이라고 생각한다든지, 자기 권력만이 실재고 하나님의 권력이란 것은 가상적인 인간 욕망의 투영이라고 생각하든지 하여 모든 한국민족으로서의 인간이 '박' 자신의 명령에 절대 복종하기를 강요한다면 그것은 자기 신화를 의미하는 것입니다. '신'아닌 것이 '신'노릇을 하려해도 신으로 인정받을 수 없고 인정받아 본 일도 없습니다. 그래도 억지로 '체제'라는 조개껍질 속에 숨어 '신'인양 절대를 강행한다면 결국에는 자기가 우상이 됩니다. 이 우상은 타파될 운명에 서 있는 것입니다.[543]

교회는 1차적인 충성을 하나님께 바쳐야 합니다. 그런데 한국교회가 과연 매일 매일의 삶속에서 대 정부, 대 사회, 대 타교파, 대 세계교회 등의 관계에서 사건이 생길 때마다 '하나님에의 충성'을 제 일차적으로 선택하고 결단하고 단행하고 있느냐가 문제입니다. 권력 독점자는 말합니다. 하라는 대로 순종만 하면 건드릴 생각이 없다고, 그러나 독재자에게 순종하는 것이 곧 하나님께 순종하는 것이라고 생각할 만큼 한국교회가 신앙적으로 타락했다고 믿기는 어렵습니다. 삼위일체 하나님 대신에 박정희를 교회의 보좌에 앉히고 예배드릴 신도는 아닌 것 같습니다. 교회와 국가는 서로 보충할 수도 있고, 서로 의무를 달리 하면서도 합동하여 유익을

---

[543] 김재준 전집 16, 232-234.

가져올 수도 있습니다. 그러나 독재정권하에서의 교회는 '생존'을 위한 투쟁을 내포한 긴박하고 위기적인 투쟁입니다. 그러니만큼 초월자이신 하나님의 주권을 높이 들고 "이것이 야훼의 말씀이다." 하고 나서는 예언자의 외침을 드높이지 않을 수 없다고 봅니다.

위에서 살펴 본바와 같이 한국교회의 일부 보수주의자들이 로마서 13장을 권세는 하나님이 세우신 것이므로 교회는 권력자에게 무조건 복종해야 한다고 가르치면서 자기들도 적극적으로 권력자에게 협력함으로써 독재자의 협력자가 되고 정교유착의 부끄러운 모습을 드러내고 있을 때, 김재준 목사 같은 사람은 로마서 13장을 권세자에게 권력이 부여 된 것은 국민의 생명과 재산을 보호하고 국민의 인권과 자유를 보장하는 섬기는 일을 하라고 부여된 것이라 주장하며, 권세자가 이 목적대로 자신의 임무를 수행하지 않고 자신의 권력욕과 사적인 이익을 위해 일 할 때 이에 저항하고 비판함으로써 민주주의 발전에 이바지 하고 있었음을 알 수 있다.

지금까지 살펴 본 바에 의하면 로마서 13장에서 권셰는 하나님이 세우셨으므로 모든 사람은 무조건 권세에 복종해야 한다고 해석하는 사람들은 현 권세에게 신적인 권위를 부여함으로 권세 자를 옹호하고 지지하는 입장이 되었고, 권세는 하나님이 주셨기 때문에 그 권세가 불법을 행하고 하나님의 뜻대로 즉 백성들의 복지와 행복을 위해 사용되지 않으면 그는 하나님이 세운 권세일 수 없고 백성은 그 권세에 저항할 수 있으며, 그 권세를 폐지 할 수 있다고 해석한 사람들을 통해서 민주주의가 발전해 왔음을 확인했다. 이것은 유럽의 역사에서 뿐만 아니라 한국에 기독교가 전래된 이후에 로마서 13장을 어떤 관점에서 해석하느냐에 따라 한국 민주주의 발전에 공헌하는 그리스도인이 되기도 하고 혹은 한국 민주주의 발전에 저해요인이 되기도 했다.

# 제9장
# 결론

## 제 9 장 결 론

1969년 말 박정희 정권이 3선 개헌을 시도했을 때, 재야세력과 개신교 진보세력이 연대하여 '3선 개헌 반대 범국민 투쟁위원회'를 결성하고 3선 개헌 반대운동을 전개했다. 이때 반대투쟁에 앞장섰던 인물이 김재준 목사였다. 김재준의 이러한 태도를 보고, 1969년 9월 2일 김윤찬, 박형룡, 김준곤, 김장환 목사 등 보수적인 개신교 목사들이 김재준이 이런 정치적인 발언을 한 것은 '정교분리원칙'에 어긋나는 행위라고 비난하면서 김목사의 이런 태도는 순진하고 선량한 성도들의 양심에 혼란을 일으키는 선동적인 행위라고 공격했다.544 그러면서 종교는 개헌 문제에 대하여 중립을 지켜야 한다면서 교회는 정치적인 문제에 대해 침묵할 것을 주장했다. 이와 때를 같이 하여, 김의환 목사는 교회는 정교분리 원칙을 지켜야 하며, 그 정교분리 원칙은 정부에 대하여 순종하고 교회는 정치에 관여하지 않아야 한다고 했다. 또한 당시 김종필 총리도 정교분리를 주장하며, 로마서 13장을 인용하면서 국가는 하나님이 세운 기관이므로 교회는 정부에 대하여 순종해야 한다고 주장했다.

본 저자는 이러한 현상들을 보면서 교회 현장에서 논란이 되고 있는 정교분리 원칙이 한국의 보수적인 교회의 지도자들이 생각하는 것처럼 '교회는 정치에 대하여 관여하지 않고 정부에 대하여 순종하는 것'인가 라는 문제의식을 가지고 본서를 집필했다. 그리고 한국교회가 정교분리를 교회가 정치에 대하여 말하지 않고 관여하지 않는 것이라고 이해하고 이 원칙을 지켜오다 보니 일반국민으로부터 교회가 비정치화 되었다는 비판을 받게

---

544 김명배, 『한국 기독교 사회운동사』 (서울: 북코리아, 2009), 110.

되었다. 그리고 한국교회가 이렇게 비정치화 된 것이 선교사들이 전해준 정교분리원칙 때문이라고 비판을 받아왔는데 과연 한국교회가 비정치화 된 것이 선교사들 때문이었는가? 라는 문제의식을 가지고 이 이 글을 쓴 것이다.

본 저자의 결론은 선교사들이 알고 체득한 정교분리원칙은 정부가 종교에 관여하지 말고 종교적 자유를 보장하라는 것이었다는 점이다. 그러나 일제강점기에 이 정교분리 원칙이 왜곡되었다. 교회는 정치에 대하여 침묵해야하며 정부에 순종해야 한다는 의미의 정교분리 원칙이 적용되기 시작했다. 이는 일본정부가 한국교회를 정부에 순응하는 조직으로 길들이기 위해서 시행했던 여러 가지 기독교정책에 의해 습득된 것임을 이 책을 통해 밝혔다. 당시 민족주의적인 성격을 가지고 독립운동을 위해 중대한 역할을 하고 있던 조선 교회를 통제하고, 정부에 예속시키기 위해 시행한 종교에 관한 법규들과 행정적 조치들이 조선교회의 체질을 '비정치화'된 모습으로 바꾸어 놓은 것이다. 본 저자는 이러한 결론을 도출해내기 위해서, 선교사들이 1901년 9월에 장로회 공의회에서 '교회와 정부 사이의 몇 가지 교제할 조건' 이라는 5개항의 원칙을 발표하게 된 배경을 살펴보았다. 첫째는 정치로부터 교회를 보호하기 위한 조치였고, 둘째는 중국에서 일어난 의화단 사건의 영향으로 정교분리 원칙을 강조하게 되었고, 셋째는 선교사들이 피선교국의 정치문제에 관여하지 않고 영향을 끼치지 않게 하는 것이 미국 정부의 선교사 정책 때문이었다는 것이다. 그러나 선교사들은 교회 공통체가 집단으로 정치적인 문제에 관여하거나 논하지 못하게 했지만, 교인 개개인의 자격으로는 얼마든지 정치활동을 가능하도록 길을 열어놓았음을 정교분리 원칙 제4조를 통해 알 수 있음을 밝혔다.

세계 최초로 헌법에 정교분리원칙을 명시한 미국의 헌법에서 말하는 정교분리 원칙이 교회가 정치문제에 대해서 무관심해야 한다거나 교회에서는 정치에 관한 견해를 말하는 것을 금지하는 조항이 아니라 오히려 정부가 권력을 이용하여 교회의 일에 관여하지 못하도록 하는 법적인 장치요, 인간의 천부적인 권리에 속하는 종교의 자유가 확실하게 보장되도록 하는 인권의 선언임을 확인했다.

정교분리를 주장하며 종교의 자유가 인간의 존엄한 권리라는 사상을 주장한 사람은 로저 윌리암스인데 그의 사상을 제퍼슨이 1786년에 버지니아 의회에서 '어떠한 사람도 종교적 모임이나 직책을 강요당하지 아니하고, 그의 몸과 재산을 강제당하지 아니한다. 모든 종교에 관한 의견을 토론하고 유지하고 고백할 자유를 가진다. 그리고 개인의 종교선택이 저들의 시민적 능력을 감소 확장 혹은 영향을 주지 아니한다.'고 하는 법안을 통과시켰고 1791년에 종교의 자유와 정교분리원칙이 헌법 조항으로 규정되었다. 이처럼 미국 헌법에 명시되어 있는 정교분리원칙은 정부가 종교를 통제하거나 간섭하는 것을 배제하고 종교의 자유를 확실하게 보장해 주는 법적인 장치였던 것이다.

그리고 한국에 파송된 미국 선교사들은 미국의 헌법에 보장되어 있고 미국사회에서 적용되고 있는 정교분리원칙을 알고 체득한 사람들이었는데, 이들이 조선에서 여러 가지 정치적인 사건들이 일어났을 때 어떻게 처신하고 행동하였는가를 살펴보았다. 먼저 을미사변 때 알렌, 언더우드, 헐버트 등 선교사들은 고종황제의 불침번을 섰고, 선교사 부인들은 왕이 먹는 음식을 손수 만들어서 왕을 보살폈다. 이때 알렌은 명성황후를 살해한 주범이 미우라 공사임을 직감하고 그의 범죄행위를 폭로했고, 황후의 폐위를 추진하는 친일세력에 대하여 비난하고, 이 사건을 철저하게 조사하라고 요구했다. 당시에 선교사들의 정치개입금지 방침은 미국정부의 시달사항이었다. 그런데도 알렌이나 헐버트는 을사늑약 때 본국의 지시를 어기고 자신의 독자적인 판단과 양심의 자유에 따라 정치적 행동을 취했다. 알렌은 미국 대통령 루스벨트의 친 일본 정책에 반대하여 대통령의 최고통치로서의 통치행위를 비판했고 친 러시아 정책을 펼쳐야 한다고 끝까지 주장했다. 이 일로 알렌은 공사직에서 해고당하고 본국으로 소환되었다. 알렌이 취한 행동은 국가의 최고의 통치자라 하더라도 신앙양심에 비추어 잘못되었다고 판단되면 그 잘못을 직접 말하고 시정을 요구하는 태도이다. 이것은 개신교 보수주의자들이 말하는 '권력은 하나님이 주신 것이니 교회는 권력자에게 복종해야 한다.'는 정교분리 개념과 다른 것이다. 재조선 선교사들은 정부당국자들이 하는 일일지라도 그 일이 잘못되었다고 양심상 판단되면 그때 그 잘못을 지적하고 시정을 요구했다. 선교사들의 이러한 행동유형은 105인 사건, 3·1운동 때에도 동일하게 나타난다는 것을 우리는 확인할 수 있었다.

헐버트도 1905년 일제가 조선의 외교권을 강제로 빼앗은 을사늑약 때 고종의 밀사로서 미국으로 가서 이 조약체결의 부당성을 주장하고, 조미수호조약에 근거하여 미국정부의 도움을 요청하려고 미국 대통령 면담요청을 했다가 거부당하였다. 또한 그는 1907년에도 헤이그 밀사로 파견되어 활동했다가 그 해 일본의 압력으로 미국 정부의 소환형식으로 조선을 떠나야만 했다. 그는 이러한 중대한 역사적인 사건 때 뿐 아니라 평상시에도 조선의 정치, 경제, 백성들의 모든 삶의 영역에 관심을 가지고 일제에 의해 조선 사람들이 압제를 당한다거나 경제적인 손해나 인권침해

사례가 있으면, 그 사실을 *The Korean Repository*, *The Korea Review* 등 영문잡지를 통해 알리는 일을 계속 해왔다. 선교부 소속 각 지부에서 활동하는 선교사들이 그 지역에서 일본인들에 의해서 저질러지는 사건들을 보고서로 작성하여 올리면 헐버트는 이것들은 종합해서 잡지에 연재를 했던 것이다. 이런 사실들을 고려해 볼 때 당시 선교사들이 조선 백성들이 당하는 정치적 사건들에 대하여 늘 관심을 가져왔고, 자유와 인권상의 침해 상황이 발생했을 때는 그 일을 비판하고 문제 삼아 왔음을 알 수 있다. 그래서 마펫은 3·1운동 50주년 기념 논문집에 기고한 글에서 당시에 헐버트가 *The Korea Review*에서 말하는 일본정부에 대한 비판은 일선 선교사들의 일치된 견해를 일반적으로 공정하게 간추린 것이었다고 말했다.

우리는 3·1운동 때 선교사들이 취한 행동과 조치들을 보면서 그들이 가지고 있는 정교분리 원칙이 무엇인지를 확인할 수 있다. 3·1운동이 터지자 일본정부는 당황했다. 그래서 선교사들을 모이게 하고 대책을 논의하게 된다. 이때 일본정부측은 선교사들에게 조선인들을 설득하여 시위운동을 금지시켜 달라고 주문했고 선교사들은 이런 주문에 대하여 정치에 대하여는 중립이라고 말하며 거절했다. 그러자 당국자들은 성경에서 기독교인들이 '권위'에 대하여 복종해야 한다고 가르치고 있는데, 지금이야말로 이 계율을 조선의 교인들에게 가르쳐야 할 때가 아니냐고 따지고 들었다. 그리고 지금 조선인들이 독립만세를 외친다는 것 자체가 범법행위이므로 경찰이 저지하는 것이 적법하다고 말하면서, 지금 조선의 백성들이 범법행위를 하고 있는데 어찌하여 선교사들은 그런 위법행위가 더 이상 일어나지 않도록 노력하지 않는 것인가 라고 그들은 말하였다.

이에 대하여 에비슨은, 인간은 민족정신을 품을 수 있는 권리와 자유로운 모국어를 사용할 수 있는 권리가 있다고 말했다. 또한 그 나라 국민에게 영향을 미칠 복지 문제에 대하여 모여서 자유롭게 토론할 수 있어야 하며 자유민은 정부에 참여할 권리가 있고, 모든 사람이 참여하는 법률에 대하여 발언권을 가질 수 있다고 말하며 모든 권세는 하나님이 세웠기 때문에 백성은 그 권세에 복종해야 한다는 말에 동의하지 않았다. 그런 말은 합법성이 결여된 권력이 자신의 권력을 방어유지하려는 차원에서 흔히 써먹는 수사인 것을 에비슨은 간파한 것으로 보인다. 그는 교회는 정부에 복종하고 또한 정치적인 일에 관여하지 말라는 식의 일본정부가 주장하고 있는 정교분리를 반대하며 교인이라도 자유가 억압되고 자신의 복지에 고통이 되는 정책이 시행될 때는 그 문제점을 말하고 시정을 요구해야 한다고 말했다. 또한 조선인이 독립운동 하는 것은 당연한 것이며, 조선 백성으로서 지금까지 일본정부가 시행한 정책과 법규들이 조선인의 복지에 불이익을 주고 자유를 침해하는 것이라면 그 법을 폐지하라고 요구할 수 있다는 입장을 분명히 밝혔다.

우리는 선교사들의 이러한 주장들이 한국의 보수적인 교단의 교회 목사들이 말하는 '권세는 하나님이 세운 것이므로 교회는 이에 복종해야 하고, 교회가 정치에 대하여 말하지 않고 관여하지 않은 것이 정교분리 원칙' 이라는 말과 전혀 동일하지 않다는 것을 알 수 있다.

일본정부의 입장에서 보면 선교사들이 3·1운동 때 보인 행동들은 분명히 정치적인 행위였다. 그런데 선교사들은 시위운동을 자제시켜 달라고 하는 일본당국자들의 요청을 거절하고 조선인들의 독립운동을 지지했으며, 일본에 의해서 저질러진 만행들을 계속 폭로하고 해외 선교본부와 해외언론에 알림으로써 3·1운동 이후에 일본이 조선의 지배 형태를 무력통치에서 문화통치로 바꾸게 하는 역할을 한 것이다.

3·1운동이 수습되고 새로운 총독이 부임해오자 선교사 공의회에서는 추후로 총독이 관심을 가지고 시정해 주어야 할 내용들을 담아서 건의서를 전달했다. 이것이 곧 〈건백서〉이다. 이 〈건백서〉가 총독부에 전달이 되자, 총독부에서는 선교사들이 정교분리원칙 즉 '종교가 정치에 관계하지 않는다.'는 말은 선교사들의 금언이라는 것을 다 알고 있는데 어찌 선교사들이 일본의 정치문제에 간섭하고 나서느냐고 하면서 불평을 토로했다. 여기서 우리는 선교사들의 정교분리원칙에 대한 이해와 일본 당국자들의 정교분리원칙에 대한 이해가 다르다는 것을 알 수 있다. 일본 당국자들은 정교분리원칙을 교회는 정치에 문제에 관여하지 않으며 정부가 무슨 정책으로 백성들을 통치하든 교회와 교회 지도자들은 그 정책에 무조건 따라야 하며, 종교는 정부에 방침에 따라서 백성들을 교육하고 정부의 정책에 맞게 백성들의 정신을 교화해야하는 의무와 책임이 있는 기관으로 보고 있으며, 미국 선교사들은 정치는 종교에 대하여 일체 간섭하지 않아야 하고, 완전한 종교의 자유를 보장해야 한다는 뉴잉글랜드의 청교도적인 정교분리원칙에 관한 이해를 가지고 있음을 알 수 있다.

본 저자는 본서의 뒤 부분에서 조선총독부의 기독교 정책과 정교분리 문제를 다루었다. 일본의 헌법에는 종교의 자유와 정교분리원칙이 명시되어 있으면서도 국가가 종교를 관리하고 통제할 수 있는 장치를 마련해놓고 백성들에게 종교의 자유는 주되 국가의 안녕과 질서를 해칠 우려가 있다고 판단 될 때는 언제든지 종교에 개입할 수 있도록 했다. 이것이 일본식 종교의 자유요, 정교분리원칙이다. 당시 일본정부는 이노우에 다케시의 종교에 대한 이해 즉 정부는 언제든지 안녕과 질서를 문제 삼아 종교에 관여하고 통제할 수 있다는 사상을 바탕으로 종교정책을 시행하였다. 일본정부는 병합초기부터 조선교회를 총독부가 조선을 통치하는데 큰 장애물로 생각하게 되었다. 그 이유는 조선 교회는 민족주의적이고, 독립운동의 온상 역할을 한다고 파악했기 때문이다.

그리고 일본정부가 조선의 기독교를 통제하기 위해서 시행한 종교 정책으로는 포교규칙, 사립학교 규칙, 종교단체법, 신사참배 등이 있다.

포교규칙은 모든 종교를 행정기구를 통해서 감독, 감시하며 통제하려는 목적에서 제정된 것이다. 이법의 시행만으로도 총독은 사회 안정을 문제 삼아 통제 할 수 있었다. 이법에 의해서 총독은 기독교를 감시하고 포교활동에 대한 보고서를 요구할 수 있게 되었고, 심지어는 교회를 폐쇄할 수도 있었다. 이 포교규칙을 시행하여 국가의 종교 통제 및 종교의 자유의 제한을 일상화함으로써 미국 정교분리 원칙에서 보장하는 전도의 자유, 집회의 자유, 예배의 자유가 현저하게 침해되었다. 그래서 선교사들은 이 포교규칙의 폐지를 요구했지만 일본 정부의 기독교통제사업은 조선 통치에 가장 중요한 요소였기 때문에 끝까지 이 법은 폐지되지 않았다.

1911년 나온 조선교육령과 사립학교법은 학교설립에 총독의 인가를 절대시하였기 때문에 학교설립이 어려워졌다. 1915년에 나온 개정 사립학교법에서는 사립학교에서 종교교육을 금지하는 것을 명문화하였다. 특히 성서 지리 역사 과목을 교과목에서 배제하라고 명령했다. 지리와 역사를 배제시킨 것은 민족주의적 교육을 막으려는 의도에서 나온 것이고, 성서과목을 배제한 것은 종교교육을 금지하기 위함이었다. 이때 만약 사립학교에서 성서를 가르치고 예배를 드리면 그 학교는 고등보통학교로의 승격을 제한해서 그 학교 출신은 상급학교 진학을 못하게 했다. 그리고 몇 년간의 유예기간을 주어서 그 기간 안에 총독부의 정책대로 따르지 않으면 학교를 폐지한다는 것이었다. 이때 장로교는 기독교 학교가 성경을 가르치지 않고 예배를 드리지 않는다면 그것은 학교설립 목적을 상실하는 것이기 때문에 총독부의 명령을 거부하고 학교폐쇄 쪽으로 나갔다. 반면에 감리교 학교들은 학교에서 성경을 가르치지 않더라도 교사들이 인격적으로 감화를 주고 삶속에서 잘 가르친다면 학생들을 복음화 하는데 문제가 없다는 입장을 취했다.

그런데 이것은 단순히 학교의 존속과 폐쇄 문제에 국한되지 않았다. 이것은 정교분리의 관점에서 보면 교회가 정부에 의해 통제되고 지배되며 예속되느냐 하는 것과 자유를 확보하느냐 문제였던 것이다. 이런 점에서 장로교가 성경공부와 예배를 포기하지 않고 고등보통학교로의 승격을 포기한 것은 종교의 자유를 확보한 것이요, 정교분리 입장에서 보면 정부에게 교회의 고유영역의 침범을 허용하지 않은 것이었다. 이점에 있어서 김홍수는 감리교가 총독부의 사립학교 간섭에 타협한 것은 교회 안의 일을 교회 자신의 손으로 처리할 권리, 즉 교회의 자유에 관한 관심이 빈약한 것과 무관하지 않다고 말했다.

일본정부가 시행한 종교정책 중에 가장 조선교회에 큰 타격을 주고 교회의 통제와 정부예속화를 가장 심화시킨 정책은 신사참배이다. 일제가 신사참배를 강요할 때 선교사 매큔은 신사의 의식들은 종교의 요소들을 가지고 있으며, 일반적으로 거기에는 영들을 예배하는 것이라고 믿어지기 때문에 기독교인으로서 신사참배를 할 수 없다는 입장이었다. 기독교인으로서 신사참배를 하는 것은 양심을 더럽히고, 전능하신 하나님의 법을 위배하는 일이며, 일본 제국의 모든 백성들을 위해 헌법에 보장 되어 있는 종교의 자유에도 반대되는 행위이기 때문에 신사참배를 할 수 없다고 주장하며 이를 거부하였다. 그는 또한 일본정부가 조선의 기독교인들에게 신사참배를 강요하는 것은 명백한 종교의 자유 침해이며, 정치가 종교의 일에 개입하여 종교를 조정하고 통제함으로써 정교분리 원칙을 훼손하는 범죄행위인 것을 지적하고 있다.

김흥수는 일제의 신사참배요구는 국가권력의 종교 간섭의 대표적인 경우로 한국 기독교에 대한 영적인 강간이었다고 말한다. 이런 관점에서 볼 때 조선의 선교사들이 신사참배를 거부한 것은 국가권력의 교회간섭을 거부한 것으로, 미국에서 선교사들이 체득한 '교회에 대한 정부의 간섭과 통제를 거부'하는 정교분리원칙의 고수였던 것이다.

특히 식민지 말에 일제가 조선 교회에 강요했던 신사참배는, 조선 교회가 일본정부에 순응하는 정도를 넘어서 교회가 정부에 완전히 예속되고 정부를 위한 도구로 전락해 버리게 하는 결정적인 무기였다. 일제가 신사참배를 강요 할 때 오히려 조선 교회는 미국 선교사들이 전해준 정교분리원칙을 무기삼아 신사참배를 거부하고 정부와 맞서 싸웠어야 했다.

일제가 신사참배를 강요할 때 선교사들은 학교가 폐쇄되고 자신들이 조선 교회로부터 제명 처분되어 설 자리가 없어지는 상황인데도 신사참배를 거부하고 종교의 자유와 정교분리원칙을 내세우며 예수님이 가셨고, 종교 개혁자들이 터 잡아놓은 저항정신으로 국가가 교회를 통제하고 예속시켜서 국가의 도구로 만들려는 시도를 차단하였던 것이다. 그러나 소수의 목회자와 신자들 그리고 교회들을 제외하고 대다수 조선 교회는 신사참배를 행함으로 선교사들이 전해 준 정교분리 원칙을 폐기처분해 버리고 일본 정부에 예속되어 일본의 도구로 전락되고만 것이다.

지금까지 우리는 일본정부가 메이지 시대에 형성된 종교에 대한 이해 즉 국가가 정부의 목적과 정책 방향에 따라서 종교를 통제하고 국가에 예속시키며 종교를 폐지하기도 하고 새로운 종교를 만들어 낼 수도 있다는 종교적인 사상을 근거로 하여 조선에서 실시한 여러 가지 종교정책을 살펴보았다. 일본정부가 조선 교회를 상대로 실시한 모든 종교정책은 하나같이 정부가 교회를 통제하고 정부를 위한 도구로 이용하려는 의도에서 실시되었음을 확인했다.

그러나 미국선교사들은 일본정부의 종교정책에 대하여 때로는 거부하였고, 또한 시정과 폐지를 주장하기도 했다. 그리고 을미사변, 을사늑약, 105인사건, 3·1운동의 정치적인 사건이 있을 때 예를 들면, 일본정부가 조선인들에게 잔혹한 행위를 하여 인명이 손상되거나 교회가 파괴되는 일이 있으면 선교사들은 이런 만행에 대해서 반드시 비판했고, 그 사건의 진상을 선교본부와 세계 언론에 알려서 일본정부의 불의한 행동에 대하여 압력을 가하게 했다.[545]

해방이후에 보수적인 교파 교회 지도자들이 정교분리 원칙은 '교회는 정치에 대하여 말하지 말고, 정치에 대하여 관여 하지 않는 것이며, 권세에 대하여 복종하는 것이다.'라고 하면서 진보적인 교회목사들이 현실정치의 불의를 보고 그것을 비판하고 시정을 요구하는 것은 잘못된 일이라고 비난하였다.

그렇다면 우리는 이 보수적인 교회 목사들이 가지고 있는 정교분리원칙이 일본정부가 조선인들에게 행하는 폭력에 항거하고 그 불의를 폭로하고

---

[545] 선교사들이 일본정부가 조선 교회와 백성들에게 잔혹한 행위를 하며 교회를 탄압하는 정치적인 사건이 있을 때 종교의 자유를 주장하며 일제에 항거하고 개인적으로 불이익을 당하고 고난을 겪었던 선교사들의 예는 <도표 3>를 참고할 것.

잘못된 행위를 시정할 것을 촉구하면서 주장한 선교사들의 정교분리원칙과 같지 않다는 것을 확인하게 된다. 오히려 한국교회의 보수적인 교회의 지도자들이 이해하고 있는 '정치에 대해서 말하지 않고 정부에 대하여 복종하라는 의미'의 정교분리원칙은 식민지시대 일본정부가 민족주의적이고 독립운동의 온상의 역할을 했던 조선의 기독교를 통제하고 정부의 도구로 삼으려고 주장했던 '정교분리원칙'과 같다는 것을 확인하게 된다.

따라서 한국교회가 정교분리를 '종교는 정치에 대하여 말하지 않아야 하며, 정치에 관여하지 않아야 하며, 권세는 하나님이 세우신 것이므로 교회는 권세에 대하여 복종해야 한다.'는 것으로 이해하고 있는 관점은 수정되는 것이 마땅하다고 생각한다. 조선 교회가 비정치화 되어 보수적인 교회 지도자들이 정교분리를 말하면서도 체제 우호적인 발언을 일삼고 권력의 하수인 노릇을 하는 비정치화는, 선교사들이 심어준 것이 아니라 일제강점기 식민지시대의 산물인 것이다.

마지막으로 본 저자는 로마서 13장 1-7절에 대한 두 가지의 상반된 해석의 역사를 살펴보았다. 하나는 본문을 '권세는 하나님이 세우신 것이니 모든 사람은 이에 복종해야 한다.'는 왕권신수적인 입장의 해석과, 또 하나는 하나님이 권세를 세우신 목적이 그 권세자로 하여금 백성들의 생명과 재산을 보호하며 백성들의 복지를 위해 선한 일을 도모하라 명령임을 강조하는 국민주권적 해석이다. 우리가 살펴 본 바와 같이 밀턴과 로크는 당시 본문을 왕권신수설의 입장에서 해석하는 것을 거부하고 국민주권의 입장에서 해석함으로써 그들이 민주주의 발전에 크게 이바지 한 것을 보았다. 왕의 독재시대를 끝내고 국민이 주인인 시대를 연 것이다.

그런데 한국 교회 역사에서도 로마서 13장 본문을 해석하는 입장도 왕권신수설의 입장에서 해석함으로 독재정권을 옹호하고 민주주의 발전에 큰 저해의 행위를 해온 목사들과 신학자들이 있고, 본문을 국민 주권론의 입장에서 해석하고 적용함으로써 불의를 행하는 정부에 항거하고 민주주의 발전에 공헌한 목사와 신학자들이 있음을 보았다. 따라서 우리는 이 로마서 13장을 어떤 입장에서 해석하고 적용하느냐는 곧 불의와 부정을 일삼는 정권을 옹호하고 지지하는지 혹은 그 불의와 부정을 일삼는 정권의 잘못된 정책과 방향을 비판하고 저항하는지 행동을 결정하는 중요한 기준이 되는 것임을 확인할 수 있었다. 그리고 로마서 13장을 왕권신수적인 입장에서 해석하고 적용하는 사람들은 일제강점기에 일본정부가 한국교회를 통제하고 정부의 도구로 사용하기 위해서 주장했던 왜곡된 정교분리원칙을 그대로 받아들이고 고수하는 사람들이다.

    로마서 13장 본문을 왕권신수설의 입장에서 해석하고 적용하는 대표적인 인물은 김의환이다. 박형룡을 이어 보수학계를 대표한 김의환은 3·1운동 때 조선교회의 거국적인 만세운동 참여도 비신앙적이었고 잘못되었다고 말한다. 그리고 1965년 한일 회담 당시 교회가 반대성명을 낸 것이나 72년 유신에 대하여 교회의 이름으로 찬반을 보이는 것은 탈선이며 월권행위라고 비판한다.[546] 그런데 이러한 김의환의 입장은 교회가 국가와 권력에 무조건 복종해야 한다는 체제 수호적인 정치적 입장을 나타내고 있는 것이다. 10월 유신 이후에 양심적 기독교인들이 독재 권력에 맞서 싸우다 구속당하는 사태가 벌어진 상황인데도, 김준곤 목사는 10월 유신 직후인 1973년 5월에 '제6회 대통령 조찬 기도회'를 개최하여, 현실의 부정과 불의를 외면한 채, "민족의 운명을 걸고 세계의 주시 속에 벌어지고 있는 10월 유신은

---

546 김의환, "기독교와 현실 참여," 『신학지남』제 40집 제 2호, (1973. 6.), 6-7.

하나님의 축복을 받아 기어이 성공시켜야 하겠다."고 설교했다.[547] 이 같은 조찬기도회는 왜곡된 정교분리를 내세워 정교유착을 보여준 것이었다.

유신체제가 붕괴하고 전두환 신군부가 들어선 이후에도 보수성향의 교회 지도자들은 왜곡된 정교분리를 되까리면서 줄곧 정교유착의 행태를 보여 왔다. 해방이후에 일제강점기에 일본정부에 의해 조작된 잘못된 정교분리 원칙에 충실한 대다수의 교회 지도자들이 교회의 예언자 직분으로서의 '쓴 소리'는 담아두고 정치에 대해 침묵함으로써 군사 독재자들의 주장과 행위를 찬동하였다. 정교분리를 지켜야 한다고 강변하면서 오히려 정교합일의 모습을 보였고 줄곧 체제를 무조건 옹호하는 친정부적인 모습만을 보였다.

따라서 본서는 한국 교회가 왜곡된 정교분리원칙에 대한 이해를 바로하며, 국가와 교회의 관계가 바로 정립되고, 교회의 예언자적인 사명을 감당하기 위해서는 꼭 필요한 자료가 될 것으로 기대한다.

---

547 『교회연합신보』 1973. 5. 6.

## 도움받은 글

### 1. 1차 자료

『대한예수교 장로회 총회 회의록』. 1915년 9월 4일.

『대한예수교 장로회 총회 회의록』. 1916년 9월 2일.

『대한예수교 장로회 총회 회의록』. 1917년 9월 1일.

『조선감리회 연회록』. 서울: 기독교 감리회백주년기념사업위원회, 1915년.

『조선예수교장로회 총회 제 29회 회의록』. 1940년.

『조선예수교장로회 총회 제27회 회의록』. 1938년 9월.

『조선예수교장로회 총회 제28회 회의록』. 1939년.

『교회연합신보』. 1969년 9월 14일.

『교회연합신보』. 1973년 5월 6일.

『그리스도 신문』 5권 40호, 1901년 10월 3일.

『그리스도신문』. 1901년 10월 30일.

『기독공보』. 1952년 8월 4일.

『기독신보』. 1932년 12월 14일

『독립신문』, 1896년 4월 25일, 4월 30일, 5월 12일, 6월 30일, 1898년 1월 4일,
    6월 14일, 1899년 1월 12일, 6월 27일, 9월 9일, 9월 20일.

『독립신문』. 상해 임시정부발행, 1919년 8월 29일.

『동아일보』. 1947년 11월 28일.

『동아일보』. 1923년 5월 19일.

『동아일보』. 1924년 4월 1일.

『매일신보』. 1911년 9월 28일, 1919년 4월 8일. 1920년 4월 3일, 1920년 4월 7일, 1936년 8월 2일, 『매일신보』. 1938년 10월 19일.

『조선감리회보』. 1938년 7월 16일.

『조선일보』. 1938년 8월 16일.

A. M. Sharrocks to Mr. Komatsu, 1911. 12. 16.

"A General Survey of Situation in Korea by a Committee, April 7th 1919" *The Korean Situation 1. 2.*, New York: The Commission on Relations with the Orient of the Federal Council of the Churches of Christ in America, 1919.

Brown, Arthur J. *The Mastery of the Far East: The Story of Korean's Transformation and Japan's Rise to Supremacy in the Orient.* New York : Charles Scribner's Sons, 1919.

_____ *Report of A Visitation of the Korea Mission of The Board of Foreign Missions of the Presbyterian Church in the U. S. A.* New York: The Board of Foreign Missions of the Presbyterian Church in the U. S. A, 1902.

_____ "Politics and Missions in Korea," *The Missionary Review of the World,* 1902. 3. New York & London : Funk & Wagnalls Co., 1902.

Continuation Committee of The World Missionary Conference, Edinburgh, 1910, *To China, Japanese Ambassador to the United States,* 1912. 10. 4.

Gale, James S. *Korea in Transition.* New York: Eaton and Mains, 1909.

Hulbert, H. B. ed., "Editorial Comment," *The Korea Review.* Feb 1904.

___ "A Possible Protectorate," *The Korea Review,* June, 1905.

___ "Editorial Comment," *The Korea Review,* Sept. 1905.

___ "Missionary Work in Korea." *The Korea Review,* October 1906.

___ *The Japanese in Korea Extracts from The Korea Review,* 1907, U. S. A.: Kessinger Legacy Reprints, 2013)

Letter from G. S. McCune to N. Yasutake, December 13th, 1935.

Letter from G. S. McCune to N. Yasutake, January 18th, 1936.

Letter From H. H. Underwood to McAfee, February 5. 1936.

Letter from T.S. Solutou to C. B. McAfee, June 6, 1935.

Miller, Hugh., Billings, B. W. *A Communication to His Excellency, Baron Saito, Governor-General of Chosen from The Federal Council of Protestant Evangelical Missions in Korea, [a pamphlet]* Seoul: Protestant Evangelical Missions, September 29, 1919.

*Korean Repository,* March, 1896. Seoul: The Trilingual Press, 1986.

"Pleads for Korea." *The New York Times,* July 20, 1907.

*Report of First Session of Unofficial Conference,* Chosen Hotel, March 1919.

*The Commission on Relations with the Orient, The Korean Situation.* New York : Federal Council of the Churches of Christ in America, 1920. in The Korean Situation 1, 2.

## 2. 한글 단행본

강동진. 『일제의 한국 침략정책사』. 서울: 한길사, 1984.

김명배. 『한국 기독교 사회운동사』. (서울: 북코리아, 2009), 110.

김승태 편. 『일제강점기 종교정책사 자료집, 기독교편 1910-1945』. 서울: 한국기독교역사연구소, 1996.

_____ 『한말.일제강점기 선교사 연구』. 서울: 한국기독교역사연구소, 2006.

김양선. 『한국기독교사 연구 Ⅱ』. 서울: 기독교문사, 1971.

_____ 「한국기독교사 (하):개신교사」『한국문화사대계』제11권. 서울: 고려대학교 민족문화연구소, 1965.

김원모. 『개화기 한미 교섭관계사』. 서울: 단국대학교 출판부, 2003.

김철수. 『헌법학개론』. 서울: 박영사, 1980.

김흥수 엮음. 『WCC 도서관소장 한국교회사 자료집- 105인 사건, 3·1운동, 신사참배문제 편』.

김활란. 『그 빛 속의 작은 생명』. 서울: 여원사, 1965.

류대영. 『개화기 조선과 미국 선교사』. 서울: 한국 기독교역사연구소, 2007.

_____ 『초기 미국선교사 연구 1884-1910』. 서울: 한국 기독교역사 연구소, 2007.

민경배. 『한국기독교 사회운동사 1885-1945』. 서울: 대한 기독교 출판사, 1981.

_____ 『한국기독교회사』. 서울: 대한기독교출판사, 1989.

박은식. 『한국독립운동지혈사(1)』. 일우문고, 1973.

_____ 『한국통사』. 서울: 삼호각, 1946.

박응규. 『한부선 평전』. 서울: 도서출판 그리심, 2004.

박정신. 『근대한국과 *기독교*』. 서울: 민영사, 1997.

_____ 『한국 기독교사 인식』. 서울: 혜안, 2004.

_____ 『한국기독교사의 새로운 이해』. 서울: 도서출판 새길, 2008.

백낙준. 『한국 개신교사』. 서울:연세대학교출판부, 1973.

서중석. 『미국의 대 극동정책:1900-1905』(서울: 경희대학교 한일문화 연구소, 1973.

선우훈. 『민족의 수난』. 애국동지회 서울지회, 1955.

손인수. 『한국근대교육사 1885-1945』. 서울: 연세대출판부, 1971.

신종철. 『한국장로교회와 근본주의』. 서울: 그리심, 2003.

오덕교. 『청교도와 교회개혁』. 서울: 합동신학대학원출판부, 1994.

_____ 『장로교회사』 수원: 합동신학교출판부, 1995.

윤경로. 『105인 사건과 신민회 연구』. 서울: 일지사, 1990.

_____ "헐버트의 한국에서의 활동과 한국관." 『한국근대사의 기독교사적 이해』. 서울: 역민사, 1992.

윤선자. 『한국근대사와 종교』. 서울: 국학자료원, 2002.

윤춘병. 『전덕기 목사와 민족운동』. 서울: 한국감리교회사학회 편찬, 1996.

이관숙. 『중국 기독교사』. 서울: 쿰란출판사, 1997.

이광린. 『한국사 강좌 제 5권 (근대편)』. 서울: 일조각, 1981.

이만열. 『한말 기독교와 민족운동』. 서울: 평민사. 1981.

_____ 『한국 기독교사 특강』. 서울: 성경읽기사, 1985.

_____ 『한국기독교문화운동사』. 서울: 대한기독교서회,1987.

_____ 『한국 기독교와 민족의식』. 서울: 지식 산업사. 1991.

이장락. 『한국땅에 묻히리라-프랭크 윌리엄 스코필드박사 전기』. 서울: 정음사, 1980.

이장식. 『기독교와 국가』. 서울: 대한기독교출판사 1981.

이황직. 『독립협회, 토론공화국을 꿈꾸다』. 서울: 프로네시스, 2007.

이호우. 『초기 내한 선교사 곽안련의 신학과 사상』. 서울: 생명의말씀사, 2005.

장로회 신학대학교 100년사 편집위원회, 『장로회 신학대학교 100년사』. 서울: 장로회 신학대학교, 2002.

전택부. 『한국기독교청년회운동사』. 서울: 범우사, 1994.

정교. 『대한 계년사 (하)』. 서울: 탐구당, 1971.

정병준. 『호주 장로회 선교사들의 신학사상과 한국선교 1889-1942』. 서울: 한국기독교역사 연구소, 2007.

한석희, 김승태역. 『일제의 종교 침략사』. 서울: 기독교문사. 1990.

헐버트 박사 기념사업회 편역. 『헤이그 만국평화회의 관련 일본정부 기밀문서 자료집』. 서울: 선인, 2007. 정음사, 1984.

국사편찬위원회. 『한국 독립운동사 자료 21』. 제 4권 임정편. 서울: 국사편찬위원회, 1992.

국회도서관 입법조사국. 『구한말조약휘집 (중권)』.입법참고자료 제 26호. 서울: 동아출판사, 1965.

대한민국 임시정부자료집 편찬위원회. "조선총독의 교회에 대한 압박." 『대한민국임시정부자료집 7』. 한일관계 사료집 제2권, 과천: 국사편찬위원회, 2005.

대한예수교 장로회 총회역사위원회, 대한예수교 장로교회사 (상), 서울: 한국장로교출판사, 2003.

숭실대학교 100년사 편찬위원회. 『숭실대학교 100년사』 I(평양숭실편), 1979.

한국 감리교회 사학회. 『한국 감리교회를 세운사람들』. 서울: 에이멘, 1986.

한국기독역사연구소. 『한국기독교의 역사 I』. 서울: 기독교문사, 2006.

_____ 『한국 기독교의 역사 Ⅱ』. 서울: 기독교문사, 2007.

## 3. 번역본

Allen, Horace Newton. Allen's Diary, 김원모 역.『알렌의 일기』. 서울: 단국대학교 출판부, 1991.

Griffis, William Elliot. *Corea : the hermit nation*. 신복룡 역. 『은자의 나라 한국』. 서울: 탐구당, 1976.

Huntley, Martha, To Start a Work, 차종순 역. 『새로운 시작을 위하여』. 서울: 쿰란출판사, 2009.

Brown, George Thompson, Mission to Korea. 천사무엘, 김균태 역. 『한국 선교이야기』. 서울: 동연, 2010.

飯沼二郎, 韓晳曦. 『日本 統治と 日本基督敎』. 남영환 역. 『일본 통치와 일본기독교』. 서울: 도서출판 영문, 1993.

## 4. 한글 논문

강위조. "일제하 한국기독교의 존재양식과 그 발전." 차기벽 편.『일제의 한국식민지 통치』. 서울: 정음사, 1985.

강종권. "평양부흥운동의 집합행동으로서의 상징성 연구." 『신학과 실천』 제22집, 2010.

강휘원. "본훼퍼의 세속신학을 통해서 본 기독교와 정치와의 관계" 『사회과학연구』제6집, 경기: 평택대학교 사회과학연구소, 2002.

김권정. "초기 한국 기독교의 '정교분리' 문제와 사회참여." 『한국기독교 역사연구 소식』 79호, 2007.

김도형. "한국독립운동을 도운 유럽인 연구."『한국학 논총』 제37집, 2012.

김선건. "한국 기독교와 신사참배 1931-1945" 김승태 엮음, 『한국기독교와 신사참배 문제』. 430.

김성균. "사이토의 문화시책의 일 단면" 고재욱 편,『3·1운동 50주년 기념논집』. 서울: 동아일보사, 1969.

김성태. "교회와 국가의 관계."『사목 제83호』. 서울: 한국천주교 중앙협의회, 1982.

김승태. "1930년대 기독교학교의 신사문제 소고." 『한국 기독교와 신사참배 문제』. 서울: 한국기독교 역사 연구소, 1991.

_____ "일제 말기 한국기독교계의 변질.개편과 부일협력" 『한국기독교와 역사』 제 24호, 2006.

_____ "이기선 목사외 20인 예심종결결정문." 『한국기독교와 신사참배문제』. 서울: 한국기독교역사연구소, 1991.

_____ "전시체제하 조선총독부의 종교정책과 기독교계의 부일 협력 활동, 1937-1945."『한국기독교역사연구소소식』 제 54호, 2002.

_____ "조선총독부의 종교정책과 신사(神社)."『한국 기독교역사연구소소식』 제 79호, 2007.

_____ "105인 사건과 선교사의 대응."『한국기독교와 역사』 제136집, 서울: 한국기독교 역사 연구소, 2012.

_____ "3·1운동 초기 총독부 관리들과 선교사들 사이에 열린 비밀 회담 관련 자료," 『한말 일제강점기 선교사 연구』, 서울: 한국기독교역사 연구소, 2006.

김양선. "3·1운동과 기독교계."『3·1운동 50주년기념논문집』. 서울: 동아일보사, 1969.

_____ "신사참배 강요와 박해." 김승태 엮음,『한국기독교와 신사참배 문제』. 서울: 한국기독교연구소, 1991.

김영수. "종교의 자유와 정교분리원칙에 관한 헌법적 고찰."『미국헌법연구』제2호, 서울: 미국헌법학회, 1999.

김영한. "숭실폐교에 대한 신학적 성찰."『기독교학저널』제 4집 1호, 2007.

김유준. "미국 역사에 나타난 교회와 국가 관계."『신학연구』제 56집, 2010.

김의환. "기독교와 현실 참여."『신학지남』제 40집 제 2호, 1973.

_____ "한국 교회의 정치 참여문제."『신학지남』. 1973.

김주한. "교회와 국가관계 유형론 논쟁."『한국 기독교 신학논총』제 62집, 2009.

김진호. "한국교회의 '신앙적 식민성'이라는 문법."『기독교사상』제 51권 제11호, 2007.

김홍수. "교회와 국가 관계에 대한 미 북장로교 선교부와 헐버트와의 갈등."『한국기독교역사연구회소식』제22권, 1988.

_____ "감리교회와 국가."『신학과 현장』제 4권, 1994.

김회권. "신사참배에 대한 한국교회의 저항, 그 성경적 근거."『기독교학저널』제 4집 1호, 2007.

끼노시따따까오(木下隆男).『105인 사건과 청년학우회 연구』. 숭실대학교 대학원 박사학위 논문, 기독교학과, 2011.

민경배. "3·1운동과 외국선교사들의 관여문제."『동방학지』제 59집, 1988.

_____ "알렌과 한국 근대사."『신학논단』제 20집, 1992.

박승길. "일제 무단통치시대의 종교정책과 그 영향."『사회와 역사』제35집, 1992..

박영신. "조선시대 말기의 사회변동과 사회운동."『현상과 인식』 제2집 제1호, 1978.

_____ "기독교와 사회발전."『기독교사상』 제28집 제5호. 1984.

_____ "초기 개신교 선교사의 선교 운동 전략."『동방학지』제 46-48합집, 1985.

박용규. "한국교회 신사참배반대운동: 역사적 개관."『신학지남』제67집 제4호, 2000.

_____ "한국교회의 정치 참여에 대한 역사적 고찰과 평가."『장로교회와 신학』제 5권, 2008.

박응규, "신사참배반대운동의 신학적 근거에 대한 연구-한부선을 중심으로,"『신학과 선교』제 7호, 2003.

박정신. "구한말, 일제 초기의 기독교 신학과 정치."『현상과 인식』제 17권 1호, 1993.

_____ "구한말 조선에 온 칼뱅주의 구학파."『현상과 인식』제33 권 3호, 2009.

_____ "신사참배 반대운동-종교운동인가, 민족운동인가?."『기독교학 저널』제 4집, 2007.

_____ "교조주의 역사에서 읽는 미국의 정교분리, 우리의 정교분리."『우리는 다시 정교분리를 말한다』. 2008년 숭실대 기독교학과 정기 학술제

박태영. "신사참배의 종교성에 관한 연구."『인문학 연구』제 41집, 2011.

_____ "1919년 〈건백서〉를 통해서 본 미국선교사들의 정교분리원칙에 관한 이해"『신학과 실천』제31호, 2012. 여름호.

백낙준. "한국교회의 핍박."-"사내총독암살미수음모"-, 『신학논단』제 7집,

1912.

변창욱. "한국 교회 자립 선교전통과 비자립적 선교 형태", 『선교와 신학』 제27집, 2011.

_____ "윌리엄 베어드의 선교방법과 교육선교 정책", 『한국 기독교 신학 논총』 제74집, 2011.

서정민. "근대 아시아에서의 선교사 문제." 『한국기독교와 역사』 제 5집, 1996.

손정목. "조선총독부의 신사보급 . 신사참배 강요정책연구." 『한국사연구』 제58호, 1987.

신종철. 『미국장로교회 역사에서 표현된 웨스트민스터 신앙고백이 한국 장로교회에 끼친 영향』 총신대학교 대학원, 박사논문, 2012.

아세아 문제연구소. "선교사 및 교민보호 요청." 『구한국 외교문서』. 제 12권, 서울: 고려대학교 출판부, 2005.

안유림. "일제의 기독교 통제정책과 〈포교규칙〉." 『한국 기독교와 역사』 제 29집, 2008.

안재익. "메이지 시대 종교정책과 국가신도의 형성." 『동양사학과 논문집』 제32집, 2008.

안종철. "3·1운동, 선교사 그리고 미일간의 교섭과 타결." 『한국민족 운동사 연구』 제53집, 2007.

양건. "정교분리의 원칙." 『고시계 제 29권』 제9호, 1983.

윤경로. "일제의 기독교 정책과 조선전도론 II." 『기독교사상』 제 34권 제5호, 1990.

_____ 『105인 사건과 신민회 연구』. 서울: 일지사, 1990.

_____ "일제의 초기 기독교정책과 한인 기독교계의 반응." 『한국사연구』 제

114호, 2001.

_____ "105인 사건 피의자들의 법정투쟁과 사건의 허구성."『한성사학』제 21집, 2006.

윤선자. "1915년 포교규칙 공포 이후 종교기관 설립현황."『한국기독교와 역사』제 8 호, 1998.

이광린. "이수정의 인물과 그 활동,"『한국 개화사 연구』. 서울: 일조각, 1969.

이덕주. "초기 한글성서 번역에 관한 연구,"『한글 성서와 겨레문화』. 서울: 기독교문사, 1985.

이만열. "한국현대사속에서 본 기독교 100년."『활천』. 제436집, 1989.

_____ "한말 구미제국의 대한 선교정책에 관한 연구."『동방학지』제 84집, 1994.

이명실. "일본 메이지 정부의 '문무성 훈령 12호'와 조선총독부의'개정 사립학교규칙'에 관한 고찰."『한국교육사학』제 30권 제2호, 2008.

이진구. "일제의 종교/교육 정책과 종교자유의 문제."『종교연구』제 38집, 2005.

이혜원. "의화단 운동이 한국 개신교 선교 현장에 미친 영향."『한국기독교와 역사』제 33호, 2010.

장규식. "군사정권기 한국교회와 국가권력."『한국기독교와 역사』제24호, 서울: 한국기독교역사 연구소, 2006.

장병길. "조선총독부의 종교정책."『정신문화연구』통권 제25호, 1985.

장석만. "정교분리 원칙의 갑옷을 벗어던지고."『기독교사상』제 49권 제1호, 2005.

정병준. "해방 이전 교회. 국가 관계의 구조적 변화 연구."『선교와 신학』23집, 2009.

정태식. "1930년대 이후에 일제의 종교정책에 대한 일 고찰-대구 경북지역

기독교 관련 공문서를 중심으로." 『대구사학』 78집, 2005.

주재용. "한국 기독교의 사회발전론 조명." 『신학연구』 제25집, 1983.

최영근. "한국 기독교에서 교회와 국가관계," 『신학사상』, 제157집, 2012.

한규무. "상동청년회에 대한 일체측 기록 검토." 『한국 기독교 역사 연구소 소식』 32호, 1998.

_____ "상동청년회에 관한 연구, 1897~1914." 『역사학보』 제126집, 1999.

홍백용. "Roger Williams 와 미국 민주주의전통." 『사학지』 제4권 제1호, 1970.

홍치모. "초기 미국선교사들의 신앙과 신학." 『신학지남』 제51집 제2호, 1984.

황환교. "정교분리의 원칙과 미국의 반종교적 파괴행위법령." 『논문집 제7집』. 상지대학교 학술저널, 1986.

## 5. 한글 자료(신문류)

『기독교 신문』. 2011년 9월 11일.

『기독교 연합신문』. 2011년 9월 11일.

『한겨레신문』. 2011년 3월 7일.

『한겨레신문』. 2011년 7월 12일.

『한겨레신문』. 2011년 8월 20일.

## 6. 영어 저서 및 자료

Adams, Daniel J. *Lectures on Reformed Theology*, Seoul: Hyung

Sang Books, 1990.

Ahlstrom, Sydney E. *A Religious History of the American People.* New Haven: Yale University Press, 1972.

Alexander, Archibald A. *Evidences of the Authenticity, Inspiration and Canonical Authority of Holy Scriptures* Philadelphia: Presbyterian Board of Publication, 1846.

Armstrong, Robert Cornell. ed. "General Survey of 1920," *The christian movement in Japan, Korea and Formosa.* Japan: Federation of Christian Missions, 1921.

Beale, Howard K., *Theodore Roosevelt and The Rise of America to World Power.* Collier Macmillan Publishers, 1973.

Brockunuier, Samuel Hugh. *The Irrepressible Democrat*, Roger Williams, Ronald Series in History. New York: The Ronald Press Company, 1940.

Brown, George Thompson, *Mission to Korea.* Seoul: Board World Missions, Presbyterian Church, U. S. 1962.

Calkins, Carroll C. *The Story of America*, Reader's Digest Association, 1975.

Clark, Charles Allen, *The Korean Church and the Nevius Methods.* New York: Fleming H. Revell Co., 1930.

_____. The Nevius Plan for Mission Work in Korea. (Seoul: Christian Literature Society., 1937)

Commager, Henry Steele. ed., *Documents of American History.*

New York: Appleton-Century - Crofts, 1948.

Cotton, John. "Limitation on the Government," Perry Miller, *The New England mind*: the seventeenth century.,

_____. *The Bloudy Tenent, Washed, and Made in the Bloud of the Lambe*. New York: Amo Press, 1972.

Fisher, James E., *Democracy and Mission Education in Korea*. New York: Columbia university, 1928. Reprint, Seoul: Yonsei Univ. Press, 1970.

Green, William H. *General Introduction to the Old Testament* New York: Charles Scribner's Sons, 1998.

Hart, D. G., *Defending the Faith: J. Gresham Machen and the Crisis of Conservative Protestantism in Richard L. Greaves, Theology Revolution in the Scottish Reformation*. Michigan: Christian Univ. Press, 1980.

Harrington, Fred Harvey, *God Mammon and the Japanese*. Wisconsin: The University of Wisconsin Press, 1944.

Henderson, George David, Presbyterianism, Aberdeen: The University Press, 1955.

Hodge, C. Systematic Theology Vol. 1, New York : Charles Scrubberm, 1871.

Hodge, A. A. *Confession of Faith: A Handbook of Christian Doctrine Expounding The Westminster Confession*, London : The Banner of Truth Trust , 1961.

Hulbert, Homer B. "Japanese and Missionaries in Korea", *Missionary Review of the World*. March, 1908.

_____. *The passing of Korea*. Seoul: Yonsei University Press, 1969.

Hunt, Bruce F. *For A Testimony*. The Banner of Truth Trust, 1966.

Hutchison, William R. *Errand to the World*. Chicago and London: The University of Chicago Press, 1993.

Jefferson, Wertenbaker Thomas., *The Puritan oligarchy*. New York: Scribner's Sons, 1947.

Johannes G. Vos, "Christian Mission and the Civil Magistrate in the Far East," *The westminster theological journal* . vol.3. No. 2 , 1940-1941.

Kelly, Douglas F. *The Emergence of Liberty in the Modern World* : The Influence of Calvin on Five Governments from the 16th Through 18th Centuries. Phillipsburgh: P&R, 1992.

Kerr, Edith A., and George Anderson, *The Australian Presbyterian Mission in Korea 1889-1941*, 1970.

Kim, Ki-Jung "*Structural Conditions of the World-System and Foreign Policy-Making: A Study of United States Foreign Policy toward Korea, 1901-1905.*" Ph.D. diss. The University of Connecticut, 1996.

Loetscher, Lefferts Augustine, *A Brief History of the Presbyterians*, Philadelphia: Westminster Press, 1978.

McCormick, Cyrus H., *Presbyterian Theological Seminary Chicago*,

Chicago: The Lakeside Press, 1929.

McCune, Helen McAfee., "The Wreck of the Anto Maru," The Korea Mission Field, Vol.2. Nov. 1905.

McLaren, C. I., "The Pagan State and The Christian Church in Japan," *The Reformed Theological Review.* May 1943.

Miller, Perry. *Orthodoxy in Massachusetts 1630-1650.* Boston: Beacon Press, 1933.

_____. *The New England mind*: the seventeenth century. Cambridge: Harvard University Press, 1954.

Morgan, Edmund S. Roger Williams: *The Church and the State.* New York: Harcourt, Brace & World, 1967.

Mortimore, Doretha E. "Dr, Frank W. Schofield and the Korean National Consciousness", *Korea's Response to Japan : The Colonial Period 1910-1945.* Western University, 1977.

Neill, Stephen., *A History of Christian Missions.* London: Penguin Books, 1986.

Noll, Mark A., ed., *The Princeton Theology, 1812-1921.* Grand Rapids Michigan: Baker Book House, 1983.

Oak, Sung-Deuk, *Sources of Korean Christianity.* Seoul: The Institute for Korean Church History, 2004.

_____. "The Indigenization of Christianity in Korea: North American Missionaries' Attitudes towards Koren Religions 1884-1910." Th. D. Miss. Boston University School of

Theology, 2002.

Park, Chung-Shin. *Protestantism and Politics in Korea*, Seattle and London: University of Washington Press, 2003.

Parrington, Vernon T. *The Colonial Mind.* New Yok: Harcourt Brace Jovanovich. Inc., 1927.

Perry, Ralph Barton, *Puritanism and Democracy.* New York: Harper & Row, 1944.

Rhodes, Harry A. *History of the Korea Mission Presbyterian Church, U.S,A. 1884~1934.* Seoul: Chosen Mission, Presbyterian Church, U.S,A., 1934.

Scott, William, *Canadians in Korea, Brief Historical Sketch of Canadian Mission Work in Korea.* Nashville: Board of World Mission, 1975.

Stokes, Anson P., *Church and State in the United States, vol. 1.* New York: Harper and Brothers, 1940.

Stokes, Charles D., *History of Methodist Missions in Korea: 1885-1930,* Ph. D. Diss. Yale University, 1947.

Stromberg, Roland N., *An Intellectual History of Modern Europe.* New York: Appleton Century Crofts, 1966.

Sweet, W. W. *The Story of Religion in America.* New York: Harper and Brothers Publishers, 1930.

Underwood, Horace G., "Bible Translating," *Korean Mission Field.* Vol.7, No. 10, Oct. 1911.

Underwood, Lillas H. *Fifteen Years Among The Top-knots*, American Tract Society, 1904.

Varg, Paul A., *Open Door Diplomat: The Life of W. W. Rockhill*. Urbana: University of Illinois Press, 1952.

Vidler, Alec R. *The Church in an Age of Revolution, 1789 to the Present Day*. New York: Pelican Books, 1961.

Wales, Nym., Kim, San., *Song of Ariran*, San Francisco: Rampart Press, 1941.

Weems, Clarence N. ed. *Hulbert's History of Korea Vol. I & II*, New York: Hillary House Publishers Ltd.. 1962.

Welch, Bishop Herbert., The Missionary's Attitude towards the Government in the Present Crisis, *The Korea Mission Field*, March. 1920.

Wells, Kenneth M., *New God, New Nation: Protestants and Self Reconstruction Nationalism in Korea*, 1898-1937. Honolulu: University of Hawaii Press, 1990.

Williams, Roger. "Mr. Cottons Letter Examined and Answered" Edited by Reuben Aldridge Guild, A. M., *The Complete Writings of Roger Williams* Vo.1, (America: Russell and Russel, 1963), 40-41.

\_\_\_\_\_"Bloudy Tenent of Persecution" Edited by Samuel L. Caldwell, *The Complete Writings of Roger Williams* Vo.3, America: Russell and Russel, 1963)

_____"The Bloudy Tenent Yet More Bloody," Edited by Samuel L. Caldwell, *The Complete Writings of Roger Williams* Vo.4, America: Russell and Russel, 1963.

_____"Christenings Make not Christians," Edited by Perry Miller, *The Complete Writings of Roger Williams Vo.7*, America: Russell and Russel, 1963.

Walker, Williston. *A History of the Christian Church*. New York: Charles Scribner's Sons, 1970.

Winthrop, John. "A Modell of Christian Charity", *Winthrop Papers 2*, Boston: Massachusetts Historical Society, 1931.

Witte, John Jr., "Facts and Fictions About the History of Separation of church State, *Journal of Church & state*, Vol.40, No.1. Winter 2006.

"Sure Korea Will Fight." The New York Times, July 22, 1907.

## 7. 일본어 자료

角田房子.『閔妃暗殺』. 東京, 新潮社, 1988.

高橋濱吉.『朝鮮敎育史考』. 京城: 帝國地方行政學會朝鮮本部, 1927.

貫民之助. "神社參拜の 問題に 就て."『基督敎週報』第65卷 8號, 1932.

今泉眞幸.『日本組合基督敎會』. 東方書院, 1934.

金正明.『日韓外交資料集成』 第 8輯, 東京: 巖南堂書店, 1963.

欄木壽男, "朝鮮總督府の 神社政策", 『海峽』第4輯, 社會 評論社, 1974.

大野謙一 朝鮮敎育問題管見』.京城：朝鮮總督府 朝鮮敎育會, 1936.

渡部學, 阿部洋 編.『日本植民地敎育資料集成』第69卷, 東京: 龍溪書舍, 1991.

森浩. "事變下に於けるキリスト敎." 『朝鮮』. 1938.

上田義雄. "朝鮮の 實狀と 基督敎." 『基督敎世界』. 1977號, 1921.

小川圭治, 池明觀 編. 『日韓キリスト敎 關係史資料 1876-1922』. 東京: 新敎出
        版社, 1995.

小山文雄. 『神道와 朝鮮』. 京城：朝鮮佛敎社, 1940.

松山常次郎. "神社問題と 基督敎." 『特高月報』1938. 8월號, 影印本, 圖書出版
        高麗書林, 1991.

神祇院 編.『神社本義』, 東京: 神祇院, 昭和19, 1944.

日本外務省. "寺內朝鮮總督及 美國宣敎師間 會談摘要." 『日本外交文書』第45
        卷 第 1冊, 日本國際聯合協會, 1963.

齊藤智朗, 『井上毅 宗敎』, 東京：弘文堂, 2006.

朝鮮敎育會 編. "私立學校聖書敎授就いて 通牒(1915)." 『朝鮮敎育法規例規大
        全』. 京城：朝鮮敎育會, 1927.

朝鮮神職會 編.『朝鮮神社法令輯覽』.京城: 帝國地方行政學會朝鮮本部, 1937.

朝鮮總督府 宮房文書課 編.『諭告, 訓示, 演述總攬』朝鮮行政學會, 1941.

朝鮮總督府 編. 『朝鮮神宮造營誌』. 京城：朝鮮總督府, 1927.

朝鮮總督府 編. 『朝鮮總督府施政年報』明治 44年, 서울: 國學資料院, 1983.

朝鮮總督府 學務局 宗務課.『朝鮮の 統治と基督敎』. 京城: 朝鮮總督府 學務局,
        1920.

朝鮮總督府 學務局 宗務課.『朝鮮の 統治と 基督敎』. 京城: 朝鮮印刷株式會社, 1923.

朝鮮總督府 學務局 編.『朝鮮敎育要覽』. 京城：朝鮮總督府, 1915.

朝鮮總督府, 官房文書課 編.『諭告 訓示 演說總攬』 朝鮮行政學會, 1941.

朝鮮總督府.『朝鮮』. 1938.

朝鮮總督府.『朝鮮に於ける新施政』朝鮮 總督府, 1921.

朝鮮總督府 警務局.『最近に於ける朝鮮治安狀況』. 京城: 朝鮮總督府 警務局, 1936, 影印本, 東京：巖南堂, 1978.

朝鮮總督府 警務局.『最近に於ける朝鮮治安狀況』. 京城: 朝鮮總督府 警務局, 1938.

朝鮮總督府統監府 編.『朝鮮總督府施政年報』第 5卷, 1915., 影印本, ：國學資料院, 1993,

朝鮮總督府學務局 編.『朝鮮諸學校一覽』. 京城：朝鮮總督府, 1927.

朝鮮行政編輯總局 編.『朝鮮統治秘話』. 京城: 帝國地方行政學會, 1937.

中島三千男. "明治國家と宗敎."『歷史學硏究』第 413号, 1973.

中央日韓協會.『朝鮮의 保護及 倂合』. 京城:友邦協會, 1917.

村山重良.『國家神道』. 東京: 岩波新書, 1970.

村上重良.『天皇制國家と 宗敎』. 東京: 株式會社 講談社, 2007.

黑田甲子郎 編.『元師寺內伯爵傳』. 東京: 元師寺內伯爵傳記編纂所, 1926.

幣原垣.『朝鮮敎育論』. 東京: 六盟館, 1919.

『朝鮮 總督府 官報』. 1917. 3. 28.

『朝鮮總督府 官報』. 1920. 4. 7., 1933. 12. 1.

『朝鮮總督府 官報』. 第 789號, 1915. 3. 24.

『朝鮮總督府 官報』. 第911號, 大正4年, 1915. 8. 16.

『朝鮮總督府官報』. 1911. 10. 20., 號外.

『朝鮮總督府官報』.1915. 10. 1., 1915. 8. 16., 1915. 10. 9., 1915. 10. 24.

부록

[표 2] 포교규칙 시행당시 교인수 변동

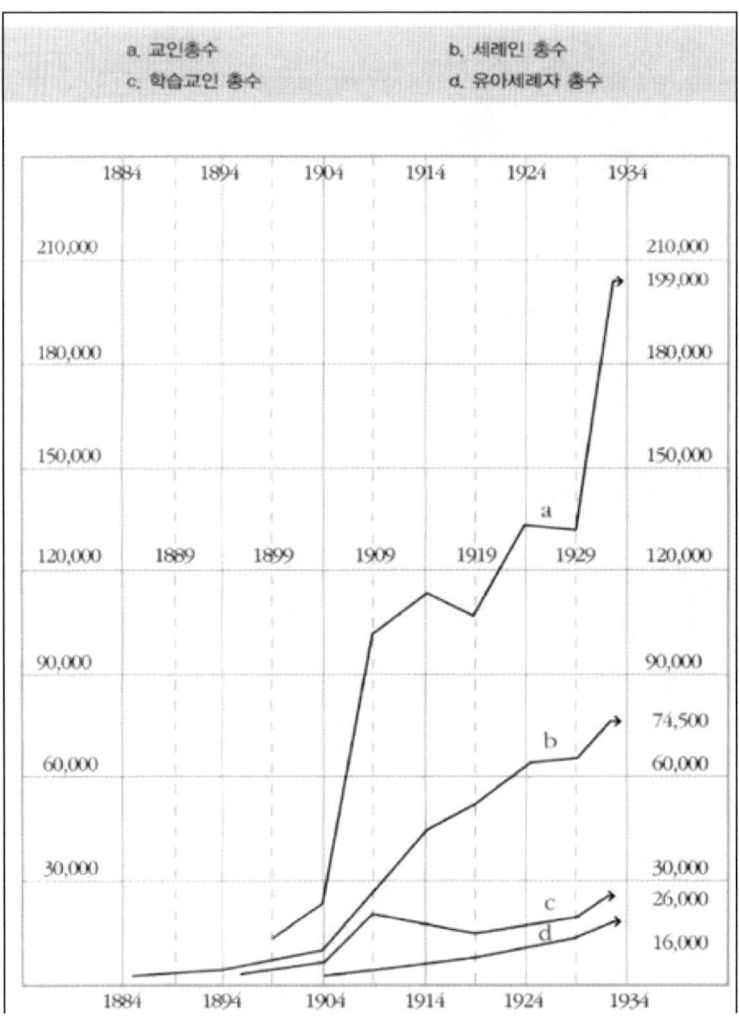

⟨이 통계표의 출처:Harry A. Rhodes, History of the Korea Mission Presbyterian Church U. S. A. Vol.1 1884-1934, 563.⟩

이 도표를 보면 포교규칙을 시행할 당시 교인의 수가 현저하게 감소했다.

[표 3] 사립학교 규칙 시행 당시 주일학생 수 변동

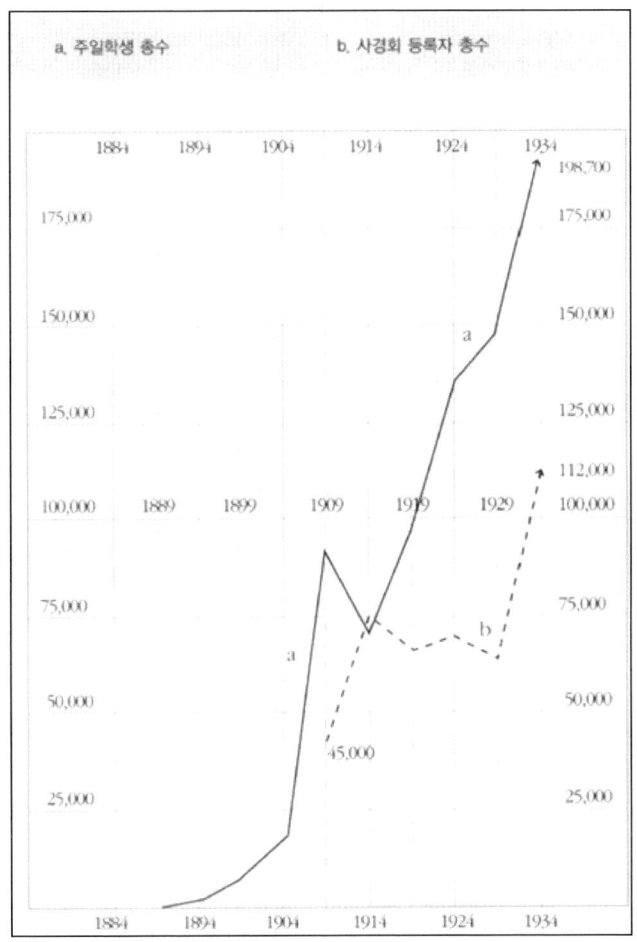

〈이 통계표의 출처: Harry A. Rhodes, History of the Korea
Mission Presbyterian Church U. S. A. Vol.1 1884-1934, 566.〉

이 도표를 보면 사립학교 법을 시행 할 당시 학생들의 수가 현저하게 감소했다.

[표 4] 선교사들의 정치적 활동 및 일본정부에 대한 항거

| 선교사 | 정치적사건<br>·기독교정책 | 선교사들의 대응·항거 | 일제의 반응·조치 |
|---|---|---|---|
| 알렌 | 을사늑약 | 루스벨트의 친일본정책 반대, 친러시아 정책 강조, 미국 친일본 정책을 비판하고 끝까지 항의 함. | 공사직 해고, 본국소환조치. |
| 헐버트 | 을사늑약 | *The Korea Review*를 통해서 일본의 폭력정치의 피해상황, 조선인의 인권 침해사례, 경제적 착취를 영어권 사람들에게 알림, 일본정부가 정교분리를 내세 우며 조선교회로 하여금 일본 정부의 학정에 대하여 순종하고 인내하라고 어불성설이라고 주장. 민중과 관련된 모든 것이 정치적이기 때문에 하는 교인이기 때문에 정치에 관여하지 말라는 말은 이 세상에서의 삶을 등지라는 말과 같다. 조·일간 을사조약의 부당성을 위싱턴과 헤이그 에서 알림. 정교분리란 정부의 교회에 대한 간섭과 통제를 배제하는 것이라는 것을 행동으로 보여줌 | 친일파 감독 해리스의 미움을 받고 미감리교 선교문서에서 그의 이름이 삭제 당함. |
| 질레트 | 105인 사건 | Y.M.C.A. 회장 저다인과 함께 에딘 버러 계속 위원회에 105인 사건의 진상을 보고하여, 일본의 종교탄압과 인권유린을 국제여론화 함. 조선에서 추방되어 상해로 가서 임시정부에서 조선을 위해 헌신함 | 질레트는 105인 사건이 재판 진행중, 서신을 해외로 발송하여 사건 의 전말을 밝혀서 일 본의 종교탄압 현상을 세상에 드러낸 죄로 일 본정부로부터 추방됨. |

| | | | |
|---|---|---|---|
| 에비슨 | 3·1운동 | 총독부 관원들을 만나 인간은 민족정신을 품을 수 있는 권리가 있음을 말하여 3·1독립운동의 합법성을 주장. 국민은 자기의복지에 영향을 미칠 어떤 문제에 대해서 토론할 수 있고, 법에 대해서 발언 할 수 있고, 정부에 참여 할 권리가 있다고 주장. 그는 인간의 보편적인 권리를 주장함으로써 일본 정부가 정교분리를 내세우며 조선 교회로 하여금 정부의 정책에 무조건 따르라고 강요하는 것이 조선인의 종교의 자유의 억압이요 권리침해임을 비판함. | 일본정부로부터 요주의 인물로 감시를 당함. |
| 스코필드 | 3·1운동 | 이갑성의 부탁을 받고 3·1운동 시작부터 사진기를 들고 다니면서 시위현장을 촬영해서 해외언론에 알렸고, 제암리 학살현장을 방문하여 조선의 그리스도인들이 겪는 참상을 사진으로 찍고 진상을 조사하여 세계에 폭로하였다. 이 보고서는 영국의 성서공회 총무 리슨을 통해서 캐나다 해외선교부 총무 암스트롱에게 전해졌고, 미국 기독교 연합회 동양관계 위원회에 보내졌다. | 스코필드는 조선인을 위한 이러한 정치적인 행보로 인하여 일제의 미움을 받게 되었고, 항상 감시를 당했으며, 심지어는 암살당할 위험에 처함. 1920년 3월에 일제에 의해 추방됨. |
| 모의리 | 3·1운동 | 자기 집에서 독립선언문과 태극기를 제작한 학생들을 은닉 보호함. 독립선언서를 번역하여 미국선교본부에 보냄. | 평양감옥에 구금되어 6개월 징역형을 구형받음 |

| | | | |
|---|---|---|---|
| 매큔 | 신사참배 | 일제가 신사참배를 강요할 때 그는 신사에는 우상숭배요소가 있기 때문에, 신사에 참배하는 것은 기독교 교리상으로 참하불가능한 일이라고 주장함. 신사참배를 양심상으로도 일본헌법에 보장된 종교의 자유와 정교분리 원칙에도 위배된다고 하며 신사참배를 거부함. 매큔의 신사참배 거부는 하나님의 계명을 지킨다는 차원 이상의 중요한 의미가 있음. 즉 정부의 교회에 대한 간섭·통제를 거부함으로써 그의 종교분리 원칙의 이해를 드러냄. | 매큔은 숭실전문 대학장직에서 파직되고, 1937년 10월 29일 숭실전문학교가 폐교됨. |
| 헌트 | 신사참배 | 헌트는 만주 봉천지방을 중심으로 스코틀랜드의 '언약파 운동'을 본보기 삼아 신사참배 반대운동을 전개. 그는 하나님외에 다른 신을 섬길 수 없다는 말씀에 순종하여 신사참배를 반대했다. | 노회로부터 제명처분 받았고 1941년 10월 22일 검거되어 가목에서 9개월 동안 구류당함. |

## 찾아보기

### 숫자

105인 사건 16, 48, 80, 121, 122, 123, 124, 126, 127, 128, 130, 133, 163, 178, 195, 223, 236, 297

3·1운동 13, 14, 16, 47, 48, 51, 52, 58, 80, 123, 124, 131, 132, 133, 134, 136, 139, 140, 141, 142, 143, 144, 145, 146, 147, 149, 150, 151, 152, 153, 154, 155, 156, 163, 186, 188, 200, 213, 223, 224, 236, 297, 298, 299, 300, 304, 306

3차 대부흥운동 22

YMCA 108, 126, 127, 286

### ㄱ

가미다나(神棚) 248

각종 학교 201

갑신정변 41

갑오개혁 45

개정사립학교규칙 155, 192, 193, 194, 197, 198, 199, 201, 204

개화파 38, 46, 48

건백서 152, 154, 155, 156, 157, 161, 162, 164, 187, 200, 300

경찰범처벌규칙 181, 251

고등보통학교 201, 203, 301, 302

고등비평주의 23

고마쓰(小松綠) 123, 124

고종 21, 56, 101, 104, 108, 113, 114, 115, 116, 118, 119, 120, 148, 296, 297

고쿠보(國分三亥) 137

곽진근 259

광야로의 사명 22

교파신도 171, 218, 235, 244

구세군 21, 22

구자옥 256

국가신도 171, 215, 216, 217, 218, 220, 233, 234, 235, 236, 239, 244

국민정신총동원연맹 255

국민정신총동원운동 243

국민주권론 269, 271

국민주권설 16

군대해산 51

군사정부 16

궁성요배 243

근본주의 30, 158, 163, 238

기독교 자비의 모델 84

기독교 통제정책 168, 181, 245

기독교장로회 253, 256, 287

김산 47, 52

김성근 287

김양선 39, 40, 42, 132, 145, 154, 236, 240

김옥균 21

김윤찬 294

김의환 278, 284, 287, 295, 307

김장환 294

김재준 287, 289, 290, 291, 295

김종필 288, 289, 294

김준곤 294, 306

김진기 40

김홍도 277, 278, 281

김활란 256, 257

ㄴ

내선일체 238

네비우스 선교방법 41, 44

네비우스(John L. Nevius)목사 42

뉴잉글랜드 23

대요리문답 32

대원군 101, 102

데라우치 마사다케(寺內正毅) 124, 125, 126, 174, 176, 177, 192, 193, 197

ㄷ

독립신문 47, 159, 190

독립협회 45, 47, 50

동양 관계위원회 142, 153

동양선교회 22

동화정책 131, 247

ㄹ

로마서 13장 16, 264, 265, 266, 269, 271, 273, 274, 275, 277, 278, 279, 281, 285, 286, 287, 288, 289, 290, 291, 294, 305, 306

로버트 매클레이(Robert .S. Maclay) 21
로버트 스피어(Robert E. Speer) 197, 198
로저 윌리암스(Roger Williams) 86, 87, 88, 89, 90, 94, 95, 158, 160, 269, 296
록힐(William W. Rockhill) 107
루스벨트(Theodore Roosevelt) 105, 106, 107, 108, 114, 148, 297
리차드 올니(Richard Olney) 56
릴리아스 호튼(Horton, Lillias Stirling) 38

■

마틴 루터 62, 63, 64, 65, 66, 67, 68, 69, 70, 73, 265, 269
마펫(Samuel A. Moffett) 122, 124, 134, 144, 202, 237, 298
만국평화회의 115, 116, 117, 118
만민공동회 47
만인 제사장설 270
만주사변 211, 213, 225
맥코믹 신학교 27, 28, 37
맥클레이(Robert S. Maclay) 41
메리 튜더(Mery Tudor) 73, 76
메이지유신 168, 196
메이플라우워 서약서 (Mayflower Compact) 82
메이플라워(May Flower)호 229
명성황후 56, 100, 101, 102, 103, 296
모우리(E.M. Mowry) 144
모트(J. R. Mott) 126, 128
미국 국무성 103, 109, 115
미국 남장로회 21
미국 독립전쟁 37
미국 북감리회 21
미국 북장로회 21, 127, 226
미국공사관 103, 112, 115
미국헌법 35, 81, 100, 168, 272, 286
미나미(南次郎) 245, 247, 252, 253, 255
미우라(三浦)공사 101, 102, 296
민영익 41
민족주의 운동 47, 155, 163, 214, 236

민주주의 16, 27, 69, 71, 83, 88, 89, 90, 140, 225, 264, 265, 270, 271, 272, 274, 285, 286, 288, 290, 291, 305, 306
밀턴(John Milton) 266, 267, 268, 269, 305

## ㅂ

박마리아 256
박연서 256
박윤선 279
박인덕 256
박정신 24, 39, 40, 44, 45, 46, 48, 52, 82, 87, 96, 219, 220, 238, 239, 241
박정희 276, 286, 287, 288, 289, 290, 295
박형룡 294, 306
박희도 132, 256
반선교사운동 249
반일운동 103, 175, 176
배위량(William M. Baird) 43, 141, 223
백홍준 40

버지니아 권리장전 96
버지니아 헌법 91
보수주의자 14, 23, 290, 297
복음의 토착화 27
빅토리아장로회 21

## ㅅ

사립학교규칙 155, 173, 178, 191, 192, 194, 197, 204, 245, 301
사무엘 모펫 54
사이토 마코토(齋藤實) 153, 154, 186, 247
사찰령 181
산정현 교회 242
살마시우스(Claudius Salmasius) 266, 267, 268
상동교회 58, 116, 175
상동청년회 57, 175
서상륜 40
서재필 47
세키야(關屋貞三郎) 133, 135, 136, 137
소요리문답 32, 43
숭실대학 121, 141, 223, 224

스코틀랜드 장로교인 29
스코필드 132, 133, 140, 141, 142, 143, 144
스테드(William Thomas Stead) 117, 118
스티븐스 58, 176
시민 정부론 271
신교자유 171, 172, 190, 219
신도(神道) 171, 178, 180, 181, 182, 210, 211, 216, 217, 218, 219, 220, 224, 225, 233, 234, 236, 238, 239, 240, 241, 242, 244, 248
신사참배 16, 123, 124, 173, 210, 211, 212, 213, 214, 215, 216, 217, 218, 219, 220, 221, 222, 223, 224, 225, 226, 227, 228, 229, 230, 231, 232, 233, 234, 235, 236, 237, 238, 239, 240, 241, 242, 243, 244, 245, 246, 247, 248, 249, 250, 255, 258, 260, 277, 301, 302, 303
신사참배 반대운동 229, 231, 232, 234, 236, 237, 238
신성종 278
신익호 287
신흥우 47, 256, 257

**ㅇ**

아더 브라운(Arther J. Brown) 23, 50, 54, 123, 127, 158
아르벨라(Arbella)호 83
아우쿠스부르크의 강화조약 67
안병무 287
안창호 47
알미니우스파(Arminianism) 32
암스트롱(A. E. Armstrong) 142
애국반 244, 255, 258, 259
양주삼 256
언약신학 30
에딘버러 세계 선교대회 122, 128, 129
에비슨(O. R. Avison) 101, 124, 133, 137, 138, 139, 141, 298, 299
영국성공회 21, 82
오긍선 256
올리버 크롬웰 28

와타나베(渡邊暢) 133
왕권신수설 16, 265, 266, 271, 273, 278, 286, 305, 306
우가키 가즈시케(宇垣一成) 247
우호적 중립 55
웨스트민스터 표준문서 33, 35
위정척사운동 20
윌리엄 허치슨(William R. Hutchison) 22, 23
유각경 256
유대인 추방명령 283
유데우스(Philo Uudaeus) 268
유신헌법 287
유억겸 256
유형기 256
윤산온(G. S. McCune) 133, 144, 222
윤치호 47, 122, 126, 129, 130, 256
윤하영 255, 258
은둔의 나라 조선 20
을미사변 100, 104, 113, 296, 304
을사늑약 13, 105, 108, 113, 115, 117, 120, 147, 148, 297, 304

의화단 사건 52, 53, 54, 55, 295
이갑성 132
이기선 240, 241, 242
이노우에 다케시(井上毅) 169, 170, 250, 300
이동욱 256
이상설 115, 116
이성하 40
이수정 39, 40, 41
이승만 47
이위종 115, 116, 118
이응찬 40
이장식 64, 86, 90, 280, 281, 282,
이준 115, 116
이토 히로부미(伊藤博文) 50, 114, 174, 175, 176
인권선언 14

## ㅈ

자유주의 신학 23
장기의회(長期議會) 28
장로회 공의회 48, 295
장인환 58, 175
저다인(J. L. Gerdine) 126, 128

전덕기 목사 58, 116, 118
전통문화 27
정교분리원칙 12, 13, 14, 15, 16, 27, 57, 58, 62, 81, 93, 126, 130, 147, 149, 154, 158, 162, 169, 175, 223, 227, 228, 238, 246, 247, 260, 261, 294, 295, 296, 300, 303, 304, 305, 306, 307
정동구락부 46
정인과 255, 256, 258
정춘수 256
정하은 287
제 27회 총회 230, 242, 243
제네바 69, 70, 72, 73, 74
제암리 학살사건 132
제암리교회 사건 141
제임스 1세 265
제임스 6세 265
제임스 매디슨 90
조나단 디킨슨(Jonathan dickinson) 32
조미수호통상조약 20
조상숭배 25, 227, 228, 235
조선 통감부 50, 175

조선교육령 178, 191, 192, 201, 301
조선예수교연합공의회 206, 253, 254
조선적 기독교 249
조선총독부 121, 159, 178, 181, 188, 190, 191, 194, 195, 197, 201, 210, 212, 245, 248, 250, 252, 300
조선통감부 50, 175
조오지 낙스(George W. Knox) 40
조용기 274, 275, 276, 282, 284
조향록 287
존 가우처(John F. Goucher) 20, 21
존 낙스(John Knox) 29, 62, 72, 73, 74, 75, 76, 77, 232
존 로스(John Ross) 39, 40
존 로크(John Locke) 271, 272, 273
존 맥킨타이어(John MacIntyre) 39
존 윈스롭(John Winthrop) 83, 84, 85
존 카튼(John Cotton) 83, 86, 94
존 칼빈 29, 62, 64, 68, 69, 70, 71, 72, 73, 74, 76, 269

존 톰슨(John Thomson) 32
종교개혁 62, 66, 72, 73, 75, 76, 77, 265, 269
종교단체법 173, 205, 206, 207, 301
종교보국 250, 252, 254
종교자유령 91
종교적 관용 82, 87, 93
주기철 목사 242
주상호 47
주체적 수용 38, 39, 40, 41
중앙상치위원회 259
중일전쟁 211, 213, 235, 248, 249, 252, 253, 254
진보적인 신학 23
질레트(P. J. Gillett) 126, 128, 133, 144

ㅊ

차재명 256
차정식 282, 284
찰스 1세 28, 265, 266
찾아보기
채필근 256
천부적인 권리 14, 81, 296
천황숭배 210, 211, 212, 215, 224, 241
청교도 신학사상 237
청교도적 경건주의 158, 163
청교도적인 신앙 21, 22, 238
청일전쟁 45, 104, 112
찰스 샤프(Charles E. Sharp) 124, 198, 199
최성규 276, 277
최지화 259
춘생문 사건 103, 104, 113
치외법권 107, 122, 177, 192
친일내각 102

ㅋ

카스라 태프트 밀약 113
칼빈의 저항교리 70
칼빈주의 구학파 24
캐나다 장로회 21
코리아 리뷰 109, 110, 111

ㅌ

탈정치화 175, 176

태평양전쟁 250
토마스 제퍼슨 90, 91, 92, 95, 160, 296

## ㅍ

패트릭 헨리 91
포교규칙 155, 157, 158, 159, 163, 173, 178, 180, 181, 182, 183, 184, 185, 186, 187, 188, 189, 190, 204, 245, 254, 260, 301
포스머츠조약 113
풀턴(Darby C. Foulton) 233, 234, 235
프란시스 매케미(Francis Makemie) 30, 31
프로테스탄트 26, 66, 70
프린스톤 신학교 27, 28, 37, 229, 230
플리머스(Plymouth) 28, 30

## ㅎ

하세가와(長谷川好道) 143
한국기독교교회협의회(KNCC) 288
한상동 목사 242
한일 합방문 174
해리스(M. C. Harris) 50, 121, 122, 174, 176
헌트(William Brewster Hunt) 228, 229, 230, 231, 232, 233
헐버트(Homer Bezaleel Hulbert) 101, 104, 108, 109, 110, 111, 112, 113, 114, 115, 116, 117, 118, 119, 120, 121, 136, 148, 296, 297, 298
헤이그 밀사 109, 113, 115, 116, 118, 119, 297
헨리 루미스(Henry Loomis) 41
헨리 아펜젤러(Henry Gerhart Appenzeller) 21
호레이스 알렌(Horace Newton Allen) 21, 38, 41, 54, 56, 101, 102, 103, 104, 105, 106, 107, 108, 296, 297
호레이스 언더우드(Horace Grant Underwood) 21, 38, 39, 40, 41, 43, 101, 104, 122, 126, 127, 221, 222, 223, 296
홍록기 258

홍병천 256

홍성현 287

황국신민서사제창 243

황국신민화정책 215

황성기독교 청년회 57

황신덕 256

휘트모어(Whittemore) 124, 134, 135